城市物流系统可靠性优化研究

张 浩 著

中国财经出版传媒集团

经济科学出版社
Economic Science Press

图书在版编目（CIP）数据

城市物流系统可靠性优化研究/张浩著 . —北京：
经济科学出版社，2020.4
ISBN 978 - 7 - 5218 - 1446 - 0

Ⅰ . ①城…　Ⅱ . ①张…　Ⅲ . ①城市 - 物流 - 系统
可靠性 - 研究　Ⅳ . ①F252

中国版本图书馆 CIP 数据核字（2020）第 054705 号

责任编辑：张立莉
责任校对：齐　杰
责任印制：邱　天

城市物流系统可靠性优化研究

张　浩　著

经济科学出版社出版、发行　新华书店经销
社址：北京市海淀区阜成路甲 28 号　邮编：100142
总编部电话：010 - 88191217　发行部电话：010 - 88191522
网址：www. esp. com. cn
电子邮箱：esp@ esp. com. cn
天猫网店：经济科学出版社旗舰店
网址：http://jjkxcbs. tmall. com
北京时捷印刷有限公司印装
710×1000　16 开　13.25 印张　230000 字
2020 年 5 月第 1 版　2020 年 5 月第 1 次印刷
ISBN 978 - 7 - 5218 - 1446 - 0　定价：89.00 元
（图书出现印装问题，本社负责调换。电话：010 - 88191510）
（版权所有　侵权必究　打击盗版　举报热线：010 - 88191661
QQ：2242791300　营销中心电话：010 - 88191537
电子邮箱：dbts@ esp. com. cn）

序

　　物流系统的可靠性是物流系统论的一个重要组成部分。张浩教授的专著《城市物流系统可靠性优化研究》从可靠性的角度对城市物流系统进行了透彻的研究，以解决城市物流中的热点问题为出发点，在深入进行相关文献研究并认真分析城市物流发展现状的基础之上，运用物元分析、蚁群算法等研究方法和工具，结合我国城市物流系统的具体状况，围绕城市物流可靠性的测度、影响因素的提炼和优化等内容取得了多项创新性研究成果。作者不局限于理论的创新，通过算例分析推动理论的实际应用，并在解决现实问题的过程中得以完善升华，使得本专著兼顾了理论价值和实践价值。

　　这是一本具有深度的城市物流系统可靠性研究专著。作者张浩教授从事物流教学与科研已有十余年，本专著显示张浩教授在城市物流系统研究方面具有较深厚的功底及较高的学术造诣。专著行文思路清晰、严谨，内容安排科学、全面。在城市物流系统可靠性研究处于起步阶段的当下，本研究成果提出了相关理论体系，研究成果具有重要开创性意义，相信会吸引更多的专业人士关注城市物流系统，关注城市物流系统可靠性等领域的研究与发展。

　　作者在保证书籍专业性的同时，在内容、结构以及逻辑等方面，还考虑了读者的阅读体验。本专著图文并茂，可读性好。相信关注物流和供应链领域的广大读者能从本书中找到自己所需，共同关注城市物流系统可靠性问题。

北京物资学院副院长、教授、博士生导师
教育部物流管理与工程类专业教学指导委员会副主任

签名：何明珂

日期：2020 - 05 - 12

前　言

　　城市物流是为实现城市经济社会的可持续发展，通过对城市范围内各类商品的流动，特别是货物运输进行统筹协调、合理规划、整体控制，解决交通阻塞、环境污染、能源浪费等一系列物流问题，减轻城市环境负担，实现城市范围物流活动整体最优的过程。随着城市经济的不断发展、城市规模的不断扩大，客户对配送的要求更加多样化、个性化，频繁的交易活动导致社会物流量迅猛增长，这对城市物流的发展起到了一定的推动作用。与此同时，"城市病"也日益严重，城市物流发展与城市之间的矛盾日益凸显。城市内频繁、不合理的物流活动给原本就拥挤不堪的交通带来了更大的负担，同时降低了物流的效率。

　　可靠性研究在多个领域中已经得到了比较广泛的应用，但在物流系统中的研究却是近几年才逐步兴起的。目前，城市物流资源的浪费现象较严重，各类难以控制的事件使城市物流的可靠性缺乏保障，无法满足日益增长的城市需求，如节假日期间频繁出现的快递爆仓现象。遇到突发情况时，物流系统可靠度大大降低，如严重的自然灾害、突发的大型事故（如2020年新冠肺炎疫情等重大突发公共卫生事件）等都可能导致物流系统可靠性降低甚至崩溃。因此，将可靠性理论应用到城市物流系统的优化中，对于在日益复杂的市场环境中建立更加可靠的城市物流系统具有重要的现实意义。

　　提高城市物流系统的可靠性可以提高流通效率，保障流通安全。对制造企业而言，能够提高生产灵活度，降低缺货成本；对商贸企业而言，能够降低流通费用，为库存策略提供决策支持；对城市居民而言，能够保障商品的及时供应，提高居民生活水平；对于城市而言，能够缓解城市交通压力，改善城市环境，充分发挥城市物流蓄水池的作用，提高城市的核心竞争力，促进城市经济的合理化。因此，对城市物流系统的可靠性优化研究至关重要。

本书从可靠性的角度研究城市物流系统，以城市物流和系统可靠性理论为基础，以城市物流系统可靠性研究为主线，以物元分析和蚁群算法为主要研究工具，紧紧围绕城市物流系统可靠性的内涵、影响因素、测度、优化等问题展开研究。通过分析城市物流系统可靠性的影响因素与构成内容，进行可靠性测度的研究，建立城市物流系统可靠性优化模型。全书共7章，第1章为绪论。介绍了城市物流系统可靠性研究的背景、理论及现实意义，回顾了城市物流和系统可靠性的相关研究，并对研究现状进行了分析。第2章为相关理论。介绍了城市物流和系统可靠性的相关概念，为进一步的研究提供理论基础。第3章为城市物流系统可靠性的内涵。从概念和构成两个方面剖析了城市物流系统可靠性的内涵，为后文进行影响城市物流系统可靠性的因素提炼，阐述作用机理奠定了基础。第4章为城市物流系统可靠性影响因素。以分析城市物流与城市发展的关系为基础，对影响城市物流系统可靠性的因素进行逐层分析，并介绍了提炼关键影响因素的模型。第5章为城市物流系统可靠性测度。从供应商、配送中心以及客户的角度建立可靠性测度模型，并以各部分发生故障后对整个系统的影响程度为依据，对其进行影响程度的分析。第6章为城市物流系统可靠性优化模型研究。首先，以关键路段识别为基础对城市物流系统进行可靠性优化，建立基于畅通可靠性的模型并求解；其次，以广义成本函数为基础提出了城市物流系统可靠性分配模型。第7章为算例分析。从影响因素、可靠性测度和可靠性优化三个方面进行分析，并以生鲜农产品电商物流系统为例对城市物流可靠性分配模型进行算例仿真。

城市物流系统的可靠性研究处于起步阶段，本书就如何将可靠性理论融入城市物流系统中有着抛砖引玉的作用，在提高城市物流效率、促进城市经济发展、丰富相关理论体系等方面具有一定的现实意义与理论意义。希望能够对进一步推进城市物流系统的相关研究，吸引更多学者对城市物流系统可靠性进行研究。

本书在编写和出版过程中得到了何明珂、杨浩雄、崔丽、吕俊杰、王晶、张京敏等学者的大力支持和帮助，他们提出了很多宝贵且有益的建议，在此表示衷心的感谢。我的学生许慎思、黎宏、刘阔、张楠、赵鑫等，在文献整理、模型构建、数值仿真以及校稿等方面付出了辛勤的劳动，在此也表示衷心的感谢。

　　本书的出版得到了北京市哲学社会科学项目（北京市商贸流通业智慧化与非首都功能疏解研究，项目号：17GLB013）以及北京市"高精尖学科建设（市级）—工商管理"项目（项目号：19005902053）的资助，在此表示衷心的感谢。

　　本书在编写过程中参考了大量的相关文献，包括国内外专家和学者的著作、报告和论文，并将参考文献尽可能地列在书后的参考文献中，但其中难免存在遗漏情况，在此特向被遗漏的作者表示歉意，并向所有的作者表示最诚挚的感谢。

　　本书是在 2014 年 5 月出版的《城市物流系统可靠性优化研究》（第一版）的基础上修订而成的第二版。

　　本书可能存在纰漏之处，敬请各位学者和专家指正，并衷心希望能够和对该研究领域感兴趣的朋友共同研讨。

张　洁

2019 年 10 月

目　　录

第 1 章

绪　论

城市是商品的集散中心，在经济发展中起着"增长极"的作用，带动整个区域经济的发展，具有强大的物流需求。城市物流就像人体中的血管，遍布于整个城市系统，是满足城市生产生活的需要，保障城市运行的物流服务支撑系统，也体现着一个城市的竞争能力。城市物流是在城市内进行的区域性物流活动，其发展程度应该与城市的整体发展程度相匹配，其对城市经济、社会、环境发展的作用应能够支持该城市进行具有可持续性的发展。城市物流的基础设施完备先进、运作效率高、能源利用率高，对环境友好，除了能支持城市发展、居民日常生活中的物流方面的需求，还能促进城市经济、社会、环境具有可持续性的发展。反之，低效率、以牺牲环境为代价的城市物流发展、运作势必会限制城市综合发展[1]。随着城市化进程的加快、城市规模的扩大、人口密度的提高，城市对物流的需求也越来越大，城市迫切需要建立高效、规范的城市物流系统，以满足城市的发展、人民的需求。然而，城市中的交通拥堵导致庞大的物流需求与有限的道路交通资源之间的矛盾日益呈现，城市物流的可靠性问题也正逐渐凸显出来。

1.1　研究背景及意义

1.1.1　研究背景

物流是"第三利润源泉"，也是"十大朝阳行业"之一，我国政府部门对物流业给予了高度重视，印发了一系列关于促进物流业发展的政策措施，加大对物流业政策支持力度。例如，商务部发布的《关于加快我国流通领域现代物流发展的指导意见》（2008）、国务院印发的《物流业调整和振兴计划》（2009）、国务院办公厅发布的《关于促进物流业健康发展政策措施的意见》（2011）、《关于深化流通体制改革加快流通产业发展的意见》（2012），切实减轻物流企业税收负担，加大了对物流业的土地政策支持力度。国务院印发的《物流业发展中长期规划（2014－2020年）》（2014）、国家发改委发布的《物流业降本增效专项行动方案（2016－2018年）》（2016）、国务院办公厅发布的《推进运输结构调整三年行动计划（2018－2020年）》（2018）、国家发改委和交通运输部联合发布的《国家物流枢纽布局和建设规划》（2018），切实有效地缓解了我国物流业成本居高不下的难题，助力物流业更好更快发展。交通运输部等7部门联合印发的《关于加强和改进城市配送管理工作的意见》（2013）提出了完善管理体制机制、提升基础设施保障能力、强化运输市场管理、优化通行管控措施、加大执法监督力度、加快科技推广应用等方面的意见，为城市配送健康有序发展创建良好的体制机制和政策环境。这些政策法规的制定和完善不仅促进了物流业自身平稳较快发展和产业调整升级，也促进了服务和其他支撑产业的调整与发展，对于促进产业结构调整、转变经济发展方式和增强国民经济竞争力具有重要意义。在国民经济运行的过程中，一方面，物流业既消耗其他产业的产品和服务；另一方面，也为相关联的产业提供产品和服务。现代物流业是一个跨行业、跨部门的新兴复合型产业，它涵盖了从事物流经济活动中的企业、政府部门，包括不同的业态。作为现代流通中的一个重要的组成部分，物流业与国民经济的发展紧密相关，尤其是城市物流的健康发展更是保障各行业平稳运行的基础，是加快城市经济发展、提高流通效率的重要一环[2]。

以北京市为例，分析其物流产业的关联特性，图1.1表明，在经济活动中，物流业与其他行业之间存在着广泛、密切的技术经济联系。北京市物流业属于"低附加值、高带动力"的产业，对上游产业的带动力较强。在北京市经济生产的中间环节，北京市物流业所占的比重较大，其在支持其他经济部门的生产过程中起到了重要的作用。从产业关联分析中可以看出，物流业，通信设备、计算机及其他电子设备制造业，批发和零售业，化学工业，石油加工、炼焦及核燃料加工业，交通运输设备制造业，金融业等产业与物流业关联紧密，这些行业的发展与物流业息息相关。因此，城市物流的可靠性直接影响着相关行业的有序、平稳发展。

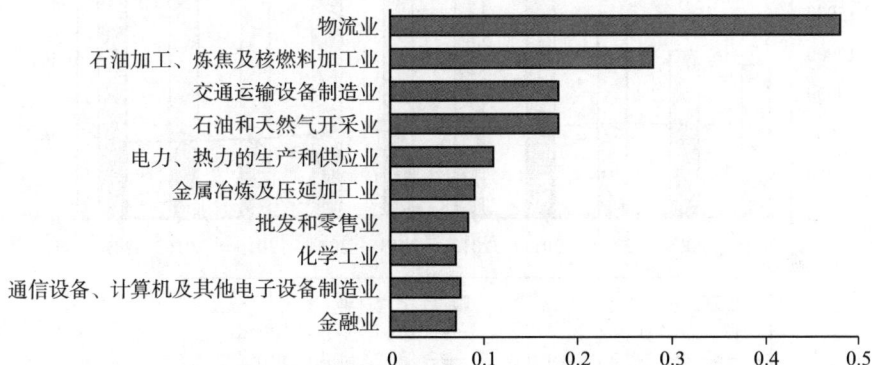

图 1.1　北京市物流业和部分行业完全消耗系数

资料来源：[2]吴海建. 北京市物流产业特征及产业关联统计分析 [J]. 中国流通经济，2011（9）：40－44.

以北京市为例，如图 1.2 所示，2008～2017 年，北京市的地区生产总值翻了近 3 倍，2017 年地区生产总值达到了 28014.9 亿元，经济的快速增长为北京市现代物流业的发展提供了广阔的空间。另外，从北京市的产业结构来看，三次产业的比例呈现三二一的格局，第三产业为支柱产业，2017 年三次产业的比例分别约为 0.43%、19.01%、80.5%。北京是综合性产业城市，也是旅游城市，人民生活水平较高，这些因素导致北京巨大的物流需求量。因此，建立可靠、灵活的城市物流系统以保证城市需求刻不容缓。

城市规模的扩大、经济的增长促进了城市商品市场的繁荣，城市物流需求也与日俱增，客户需求的多样化、随机性对物流配送也提出了更高的挑战。客户对配送时间的及时性和配送地点的准确性有了更高的要求，个性化的订货方式要求配送服务快速反应，因此，合理地规划城市物流系统至关重要。高效的城市物流系统能够满足人民物质生活的需要，节约社会成本，提高居民的生活质量。图 1.3 所示为我国直辖市近 8 年来的城市年

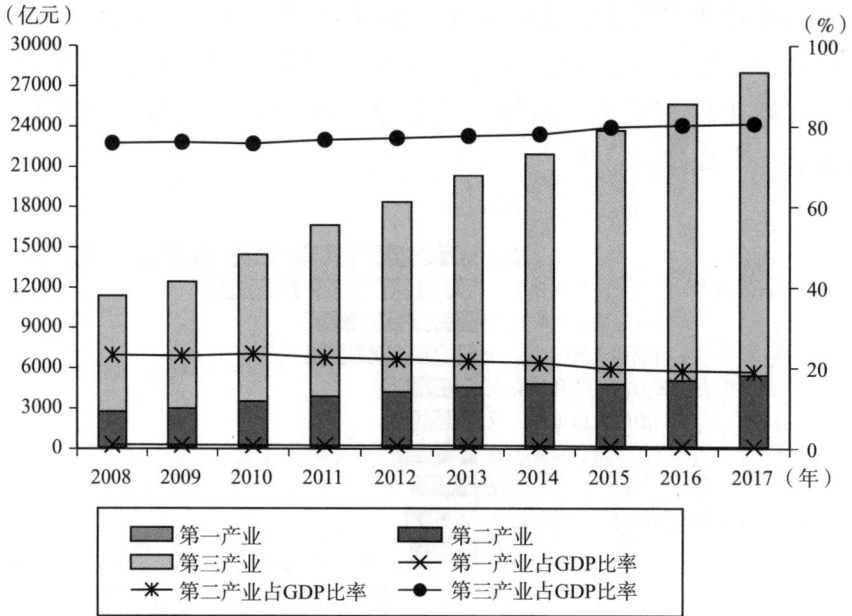

图1.2 北京市经济及产业结构的变化

资料来源：[3]北京市统计局，国家统计局北京调查总队．北京统计年鉴2018［M］．北京：中国统计出版社，2018.

货运总量。然而，目前城市物流的发展不能满足不断增长的城市物流需求，各类难以控制的事件使城市物流系统的可靠性缺乏保障，无法与快速发展的城市经济和社会相匹配。如2012年电商"双十一"产生的巨大销售量使得快递公司出现爆仓、延误等现象。"双十一"网购促销大战使得某些电商销售额再创新高，其直接后果是"双十一"过后，激增的网购包裹往往带来快递配送难题。来自圆通官网企业新闻的统计数据显示[4]，2018年11月11日当晚接单量再破亿元，比2017年提前了6小时53分钟；来自中国邮政局统计数据显示，2018年"双十一"期间（11～16日），全国邮政快递企业共处理邮（快）件18.81亿件，同比增长25.8%。其中，快递业务量峰值出现在"双十一"当日，处理量达4.16亿件，比上年增长25.68%，是日常处理量的3.2倍，再次刷新了我国快递最高日处理量的纪录。

（万吨）

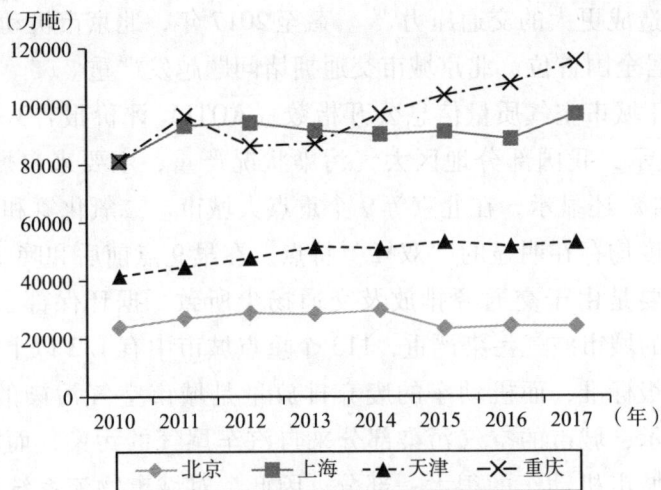

图 1.3　全国直辖市主要运输方式货运总量

资料来源：[3] 北京市统计局，国家统计局北京调查总队 . 北京统计年鉴 2018 ［M］. 中国统计出版社，2018.

[5] 上海市统计局，国家统计局上海调查总队 . 上海统计年鉴 2018 ［M］. 中国统计出版社，2018.

[6] 天津市统计局，国家统计局天津调查总队 . 天津统计年鉴 2018 ［M］. 中国统计出版社，2018.

[7] 重庆市统计局，国家统计局重庆调查总队 . 重庆统计年鉴 2018 ［M］. 中国统计出版社，2018.

　　然而，随着中国城市化进程的进一步加快，不管是从城市经济发展，还是从城市空间结构，城市交通运输布局及城市基础设施建设考虑，伴随城市发展所衍生出一系列负面效应逐渐凸显，制约着城市物流的发展。随着城市规模的不断扩大，城市人口的急剧增加，产业转移趋势越发明显。与此同时，"城市病"也日益严重，如交通拥挤、资源紧缺、城市居民生活质量下降等问题都在阻挡着城市的进步。

　　城市交通建设持续的投入使城市交通基础设施承载能力大大增强，也极大地支持了城市的社会经济发展。但是随着城市人口的持续增加、城市机动车保有量的迅猛增加，交通事业与不断增长的城市需求存在着很大的差距，城市交通存在着诸多问题，远不能满足不断增长的需求。党的十九大报告指出，过去五年我国城镇化率年均提高 1.2 个百分点，8000 多万农业转移人口成为城镇居民[8]。《中国统计年鉴 2018》中的数据显示，截至 2017 年我国的城镇化率已经达到 58.52%[9]。《投资蓝皮书：中国投资发展报告（2013）》显示，到 2030 年我国的城镇化率将达到 70%，城市、城镇的居住人口将超过 10 亿人，而城市道路基础设施建设速度与城镇化速度的脱节势必会造成更大的交通压力[10]。截至 2017 年,北京市机动车保有量为564 万辆,居全国首位,北京城市交通拥堵问题越发严重。

《2012 年城市空气质量信息公开指数(AQTI)评价报告》(以下简称《报告》)显示,我国部分地区大气污染状况严重,主要来自燃煤、交通、扬尘。《报告》还显示,在北京等 9 个重点大城市,二氧化氮和 PM10 的 24小时平均浓度均存在明显的"双峰"特点,在早 9 点前后和晚 21 点前后出现峰值,主要是由于交通源排放及交通扬尘所致。据环保部公布的数据,中国约 1/5 的城市空气污染严重,113 个重点城市中有 1/3 以上空气质量达不到国家二级标准,而机动车的废弃排放量是城市空气污染的主要来源。以上数据显示,城市的空气污染部分来自汽车尾气的污染,而城市物流的配送车辆占城市机动车的很大一部分,因此,对城市物流系统的规划,有助于优化车辆的配置,降低汽车尾气污染。

严重的自然灾害、突发的大型事故等也可能导致物流系统可靠性降低甚至瘫痪,从而严重影响经济发展和市民的生活保障,如 2011 年的日本核辐射危机,广东、浙江、江苏、福建、上海、重庆等多个城市出现抢购食盐事件。尽管当时的盐储存充足,但突发事件下食盐的市场供应并不到位,导致居民心理恐慌,造成了负面的影响。

城市经济的发展和城市物流的发展是相辅相成的,城市经济的形成是城市物流存在的条件,城市物流是城市经济的有机组成部分。城市是商品的集散中心,而城市物流则是支撑城市正常运转的支柱。城市发展中所需要的生产、生活资料需要高效、合理的物流体系支撑。城市建设高效的物流体系对企业而言,能够缩短商品流通时间,降低物流成本,让企业专注于主营业务。对整个社会而言,可以优化资源配置,降低社会总成本。

物流作为经济链条中降低交易成本、提高区域竞争力的不可或缺的环节,成为城市化进程的重要支撑。科学合理的城市物流体系能够提高突发事件下城市物流抗风险能力,推动产业集群,促进城市经济的平稳、高效发展,更好地满足生产生活资料的需要。因此,如何在复杂多变的城市系统中构建一个可靠性的城市物流体系是迫切需要解决的问题。

1.1.2 研究意义

城市作为经济的增长中心，人口、交通环境、政策等限制使得城市物流的发展面临越来越严重的挑战。在全球化经济背景下，研究城市物流系统可靠性，能够保障城市生产生活资料的需要，能够更加合理地配置资源，降低社会成本。本书首先通过对影响城市物流系统可靠性的因素加以分析和提炼，明确这些因素的影响方式和作用机理，从而提出城市物流系统可靠性的多学科协同优化设计模型，最后设计能有效反映城市物流系统可靠性规律的优化思路和方法，同时本书研究还以城市生鲜农产品电子商务的物流配送系统为例，按照上述思路，在分析生鲜农产品电商及其物流特点的基础上，提炼影响生鲜农产品电商物流的影响因素，通过构造贝叶斯网络模型明确其中的关键影响因素，并以此为基础，考虑单元的可靠度、复杂度以及成本构建系统可靠度分配模型，从而对系统可靠性进行优化，提出相应的改善建议。从研究现状来看，城市物流系统的可靠性研究还处于起步阶段，对于城市物流可靠性的构成、特性、判定、评估、控制等都将是未来的研究热点。因此，对于城市物流系统可靠性的研究具有重要的现实意义和理论意义。

1.1.2.1 现实意义

（1）有利于促进城市社会经济平稳快速发展。物流业是衡量地方经济是否繁荣的重要标志，也是判断一个城市区域地位和辐射能力的基本指标，是国民经济的综合性和支柱性产业之一，对城市经济的发展具有重要的促进作用。物流业蕴含着巨大的发展潜力，而城市正是培育这样一种高成长性产业的基石。城市物流系统的可靠性直接影响城市经济的平稳运行，例如，近年来，由于电子商务的发展，某电商适逢促销打折的时期，面对消费者突然激增的需求，快递企业经常出现爆仓的情况，但城市物流系统的发展与城市物流需求的增长存在差异，使经济链条运行不畅。同理，在本书所举城市生鲜农产品电子商务的物流配送系统的例子中，拥有毛利率高、网络消费需求潜力大以及回购率高等特点的生鲜农产品电子商务是公认的电子商务领域的"蓝海"，然而生鲜农产品自身易腐易损的特点，对现有的城市物流系统的可靠性提出了更高的要求。因此，在当今经济快速发展的时期，加大对城市物流系统可靠性的研究力度，构建以可靠性为核心城市物流系统的优化机制，有利于保持社会和经济发展的稳定性。

现代物流业拥有相对完整的节点和线路网络体系，能够减少经济活动过程中的交易成本，提高经济活动的效率和水平。现代物流业的发展有助于降低供应链中各环节的交易费用。

（2）有利于保障居民生活质量。中共十八大报告中明确提出："加强社会建设，必须以保障和改善民生为重点。提高人民物质文化生活水平，是改革开放和社会主义现代化建设的根本目的。要多谋民生之利，多解民生之忧，解决好人民最关心最直接最现实的利益问题。"[11]中共十八届三中全会作出的《中共中央关于全面深化改革若干重大问题的决定》中也明确指出："紧紧围绕更好保障和改善民生，促进社会公平正义，深化社会体制改革，促进共同富裕。"中共十九大报告中指出："要坚持在发展中保障和改善民生，增进民生福祉是发展的根本目的。必须多谋民生之利、多解民生之忧，在发展中补齐民生短板、促进社会公平正义。"[8]城市物流的配送是一项关系到社会稳定的民生工程和城市居民息息相关的重要物资供给，如"米袋子""菜篮子""农超对接"等民生工程建设，生活必需品的战略储备等都需要可靠的、有效的城市物流体系作为保障。如果不能保障生产生活品的供应，不仅会影响人民的基本生活，还会给社会安全和稳定带来巨大的冲击，进而引起更广泛的损失。对我国城市物流系统可靠性进行协同优化，能有效降低用户的物流成本，节约物流活动的社会劳动和能源消耗，保障产品供给和物价稳定。

（3）有利于提升城市管理水平，提高城市竞争力。城市物流是一个城市区域经济核心竞争力的重要组成部分，也是城市经济发展水平的重要标志。提供高效和可靠的物流服务是基本的性能要求，是建设现代化城市的重要一环，是显示城市管理水平的重要方面。一般而言，一个城市的核心竞争力主要表现为生产力与流通力的联合效应。在生产力相对稳定的条件下，流通力成为决定城市竞争力的重要影响因素。流通力低，不仅本地的生产能力不能有效实现，还会造成外部通道的流通不畅，将会严重削弱城市的竞争力。研究城市物流系统可靠性优化，不仅能弥补本地生产能力的不足，还能够通过内外交流、优势互补的方式提升城市的辐射力和影响力，增强城市的综合竞争力。

（4）为城市相关职能管理部门提供有效的决策依据。近年来，我国政府对物流业的发展十分重视，相继出台了一系列的政策法规，为物流业的健康发展构建了一个平台。科学的物流政策对于解决城市交通拥堵、城市环境污染等物流的外部不经济性具有一定的积极作用；完善的政策对推进物流行业健康、有序发展，提高城市物流效率也具有重要意义。目前，我国现行的一些政策法规在一定程度上扶持了物流业的发展，但是一些政策在联系实际和具体执行力度上的缺陷，反而成为制约现代物流业发展的瓶颈。还存在着缺乏系统性、时效性不强、可操作性不强、缺乏发展现代物流的法定标准和存在发展的"政策真空"等问题。现代物流是跨部门、跨地区、跨行业的复合型产业，涉及城市管理的方方面面，如交通、产业布局、电子商务、商品流通等，其可靠性管理与多个政府部门职能相关联，能够为相关部门制定和完善城市物流管理和调控政策提供客观和科学的决策依据。

1.1.2.2 理论意义

（1）丰富了物流管理理论体系。城市物流系统是一个多维度的复杂系统，其可靠性程度对城市经济和社会的平稳运行有着重大的影响。对城市物流系统的可靠性优化模型和方法研究，已成为物流管理领域中越来越多研究者关注的热点问题。对城市物流系统可靠性优化的研究尚处于探索阶段，缺乏完善的城市物流系统可靠性的理论体系。从现有的研究成果来看，城市物流系统可靠性相关的文献较少，城市物流系统具有区别于其他物流系统的典型特征，直接关系到民生和社会稳定，其可靠性构成、运行、演化、测度等方面，在理论研究上还未涉及，该领域的研究正在逐步受到重视。世界发达国家和地区如美国、日本、欧洲等经过多年的探索发展，大多建立了比较完善、科学的城市物流系统。而我国城市物流系统的可靠性研究还处于起步阶段。本研究以城市物流和系统可靠性理论为基础，分析城市物流系统可靠性的内涵及影响因素，建立城市物流系统可靠性的测度模型，并从节点和线路两方面对城市物流系统的可靠性进行估计、优化，使该领域形成较为完整的理论体系。同时，本书以城市中生鲜农产品电子商务的物流系统为例，提出了基于贝叶斯网络的生鲜农产品电商物流失效模型以及可靠性分配模型，丰富了生鲜农产品电商的理论体系，在考虑生鲜农产品和电子商务各自特点的情况下，明确了生鲜农产品电商的物流特点、模式以及存在的问题。有助于减少生鲜农产品在物流环节中的损腐率，促进生鲜农产品电商更好地发展。

（2）提出了城市物流可靠性研究的创新研究途径与方法。对于城市物流系统可靠性的研究，现有成果中还没有一套有效的科学方法描述和分析其内在运行机理和演化规律。本书在充分分析和融合物流管理理论、系统可靠性理论、系统科学、复杂性科学以及现有研究成果的基础上，对城市物流系统可靠性内涵进行重新界定，突出强调其可靠性不仅反映了完成规定功能的能力，更加反映了城市物流和城市经济社会发展的协同性。在分析影响城市物流可靠性因素的基础上运用物元分析、灰色关联度计算等方法提炼出关键因素，并分析其作用机理。基于可靠性的城市物流网络系统是近年来研究的热点问题，本书结合现实中的热点问题构建典型模型，在节点和线路的可靠性优化过程中考虑失效、不确定需求影响，建立基于可靠性的节点规划和基于畅通性的线路优化，为该领域今后的研究方向提供了一个新的解决思路。

（3）揭示了内在的科学规律。本书从信息、运营能力、技术设备可靠性、政策法规和不可抗力五个方面对影响城市物流系统可靠性的关键因素进行提炼，分析其作用机理。通过分析城市物流与城市经济的关系揭示出城市发展对物流的保障、促进作用，城市物流发展对城市商贸、交通、环境的影响。通过对城市物流系统可靠性优化和仿真，能够有效揭示出城市物流系统可靠性的演化规律、估计城市物流系统的可靠性、模拟城市物流系统可靠性、采用仿真的手段进行研究，也有助于科学规律的演示智能化、精细化和可视化。

综上所述，在中国城市化发展的大背景下，物流产业的发展已成为城市化进程的重要支撑。对城市物流系统可靠性优化的研究，属于物流管理领域研究的热点之一，现在正处于探索阶段，本书针对城市物流系统多因素、复杂性的特点，应用仿真模拟的方法，旨在构建以可靠性为核心的城市物流系统优化体系，为城市物流系统可靠性制定优化策略、构建优化模型、设计优化方法。在理论层面，为研究城市物流系统可靠性这一类科学问题提供更有效的研究视角和路径，在可靠性优化策略、模型和方法方面实现创新，有利于丰富和完善物流管理理论；在现实层面，有利于促进城市经济均衡发展，合理配置城市资源、保障民生、缓解城市化进程中所产生的交通、环境等经济社会压力，为相关部门制定调控政策提供依据。

1.2　文　献　综　述

1.2.1　城　市　物　流

国外学者对城市物流的研究较早，他们很早就注意到城市物流对城市经济可持续发展的促进作用，相继提出了城市物流的概念。1999 年，日本学者谷口荣一（E. Taniguchi）教授正式提出城市物流的概念，即"在市场经济形势下，以城市为界限，在对企业的物流活动、运输效率、物流成本的优化过程中，必须综合考虑城市交通基础设施、道路动态交通情况、交通运输成本和资源浪费等因素"。随着城市经济的不断发展，城市物流的重要性日益突出，国内外的许多学者都对此展开了深入的研究[12]。

日本是最早对城市物流进行研究的国家，继谷口荣一提出了城市物流的概念后，日本的谷口、汤普森和山田（E. Taniguchi，R. G. Thompson & T. Yamada，1999）将城市物流的概念进行延伸，提出城市物流是由个体企业全面优化城市区域物流和交通行为的过程[13]。

国外的研究学者认为，现代城市物流的发展能够缓解城市运输造成的负面影响，例如，对城市交通、城市环境、城镇居民生活的不利影响[14]。并围绕此目标展开了对城市物流的研究。

（1）为减少城市物流活动带来的不利影响而进行的研究。城市物流的发展为城市工业、商贸业的发展提供了有效的保障，为城市居民的生活提供了便利。但同时也带来了很多负面影响，例如，城市交通拥堵问题、环境污染问题等，如果不能很好地解决这些外部不经济性，不仅会影响城市的发展，还会严重影响民生。为此，一些学者进行了相关的研究旨在弱化城市物流的负面影响。爱德华多和罗梅罗（Eduardo & Romero，2010）提出了一种多因素评价模型。该模型通过将政府处理城市货物运输外部性的力度量化为城市货物运输指数（UFTI），从而对政府处理城市货运问题的表现进行评价[15]。徐文瑞（2017）分析了通过生命周期法分析、评价城市物流系统的思路，得出了共同配送和第三方物流专业配送服务模式，可以同时兼顾企业规模化运营以及减低单位环境所做出的牺牲，这在一定程度上指明了城市物流配送未来的发展方向[16]。

（2）为提高城市物流运作效率所进行的研究。城市物流的效率体现了城市的生产、生活需求得到快速、有效满足的程度，直接影响了城市的物流系统水平。一些学者通过对城市运输配送等环节的优化，提出了一些具体的解决方法。许（Sheu，2006）提出了一个以动态客户群为基础的物流资源分配方法，计算结果表明，该模型可以解决随时间变化的客户需求问题和物流资源的动态管理问题，使城市物流配送需求得到快速响应，优化了物流资源配置[17]。伍德斯玛（Woudsma，2008）等基于空间自回归模型来研究运输系统的绩效与土地利用之间的关系，研究结果表明，城市物流用地的滞后性造成了运输的拥挤，从而影响了运输网络的可达性[18]。萨沙耶（Sathaye，2010）等考虑到大气层晚上的稳定性比白天更高，故研究在不增加环境污染的情况下，提高夜间物流运输活动的效率[19]。范月娇（2015）运用考虑技术进步因素的基于柯布 - 道格拉斯生产函数的随机前沿分析面板数据模型研究了我国国家级流通节点城市的物流产业平均效率，结果表明，平均效率较低最主要是受到信息化水平和产业结构的制约，并且不同城市的物流业平均效率在时间和空间维度上的差异较大[20]。

（3）对城市物流规划与设计的相关研究。一些学者对城市物流的规划进行了研究。例如，城市物流配送中心的选址、配送车辆的路径规划设计等问题，利于资源的优化配置，提高城市物流的运作效率。诺斯基和扎格利斯（L. K. Nozick & L. E. Zegolis）等对城市物流规划、城市配送中心空间布局进行了分析研究。劳拉·米德、斯托克和尤拉·利佩拉（Laura Meade，E. R. Stock & Jukkakopela）等利用网络分析等多种方法研究了城市物流战略管理。尤里（Yurimot，2002）从社会运输系统的角度，从环境和商业效率两方面考虑，确定城市公共物流设施的最佳数量和位置，其研究在东京都市圈得到应用。欧美国家也较早开始了对城市层面的物流研究[21]。特雷弗和克里斯多佛（Trevor Hale & Christopher R. Moberg，2005）主要研究了应急物流供应节点的选择，特别是针对节点应急物资存储量的多少建立了定量模型[22]。巴尔塞洛（Barcelo，2007）等考虑到城市交通的动态流，建立了一个动态交通仿真模型，通过收集车辆当前位置、速度等动态数据输出车辆行驶路径，优化了资源配置[23]。玉川（Tamagawa，2010）等运用学习模型来解决基于时间窗预测的车辆路径问题，考虑城市货运交通利益相关者的行为，研究结果表明，实行车辆限行和扣除高速公路通行费对改善环境具有很大的作用[24]。阿瓦斯蒂和乔汉等（Awasthi Anjali & Chauhan Satyaveer S. et al.，2011）运用亲和图找出评价城市物流规划的标准，包括技术、社会、经济和环境，让利益相关者对规划方案进行评分，采用层次分析法评价城市物流规划方案的有效性，在可行方案中找出最优的方案[25]。埃姆克（Ehmke，2012）等为城市物流服务提供者提供了一种基于时间窗的车辆路径规划系统，为车辆路径的选择提供决策依据[26]。赵琨、白怡和史晓霞（2018）基于众多城市都存在货车限行、限制进入中心城区的时间以及区域等交通限制的现状，通过 VRPTW 的建模方法，对城市物流配送路径进行了优化，并使城市物流配送成本通过油耗管理降到最低[27]。

莱恩纳特（Linet，2004）对救灾物流决策支持系统和多阶段多目标的救灾物资配送问题进行了研究[28]。杰西等（Jesus et al.，2005）研究了政府构建城市物流系统的途径[29]。亚历克斯（Alex J.，2007）在考虑配送失效风险的情形下，利用决策树来求解物流服务供应商的最优数量，考虑在每个供应商发生失效的可能性相等与不相等的情形下建模与求解问题[30]。满尾（Mitsuo，2008）研究了城市物流系统网络的模型构建。寿格、约翰和龙一（Toshinori Nemoto, Johan Visser & Ryuichi Yoshimoto）等探讨了在信息和通信技术价格大幅度降低的条件下，信息和通信技术对城市物流系统的影响。埃达尔、巴利斯和奥基艾（Erdal Kayacan, Baris Ulutas & Okyay Kaynak，2010）提出在数据量较少或数据缺失的情况下，采用 GM（1，1）模型能够获得较为理想的预测效果[31]。金和田（Jin Tongdan & Tian Yu，2011）对可靠性设计和库存水平进行考察，比较了各种货物的情况，制定了一个优化模型，解决了多阶段下库存控制政策[32]。

由于国外城市物流发展较早，市场机制完善程度较高，因此，国外的学者对城市物流的中观研究十分有限，较少有学者从城市经济发展、城市产业结构的角度来研究物流业与城市经济的关系。目前，大部分学者将研究集中在物流系统的规划层面。

近几年，随着城市的发展，关于城市物流的研究逐渐成为热点，虽然国内对城市物流的研究比较晚，但是学者在城市物流的研究领域也取得了一定的成果。

（1）城市物流理论方面。方虹（2006）是国内对城市物流研究较早的学者，她对城市物流产业展开了深入的研究，论述了城市物流资源整合与优化管理的重要性，阐明了城市物流业的发展只有依托城市区位优势和特色形象，才能提高城市吸引力和竞争力水平[33]。丁明磊和刘秉镰（2010）研究了城市物流系统与城市经济增长的关系与作用机制[34]。雷凯（2010）分析了物流对经济发展的内在作用关系。通过定量和定性分析的方法从物流业对经济增长、经济结构优化以及经济质量提升三个方面进行实证分析，明确了物流业对经济发展的作用演化趋势[35]。刘秉镰和陈伟博（2011）分析了我国城市物流在存在问题及根源的基础上，从外部动因与内部构成两方面构建了城市物流的理论框架，并对未来城市物流的发展趋势进行了展望[36]。汪鸣（2013）在分析城市物流作用的基础上，提出我国发展城市物流业的基本战略，即面向区域的工业和商贸业的发展要构建区域制造中心和分拨中心；面向城市自身的需求要发展高效、准确的城市配送[37]。朱长征（2013）从管理理念、城市物流基础设施、城市物流配送技术及信息化水平四个方面分析了我国城市物流发展过程中面临的主要问题，针对这些问题提出了促进我国城市物流发展的对策和建议[38]。龙华和海峰（2015）研究了物流业对我国城市化进程的积极作用，阐述了其内在逻辑[39]。管水城和申贵成（2018）基于可持续性视角，探究了城市经济与物流协调发展的重要影响因素，得出了城市经济与物流协调发展很大程度上取决于其自身的发展水平的结论，并且得到了两个影响协调发展的因果链[40]。

城市物流的需求预测是进行城市物流系统规划的基础和前提，通过预测把握未来的发展趋势才能够有效地指导物流系统的规划与设计。国内学者关于物流量预测模型方面的研究已经比较多，理论和实际研究都达到了一定的水平。周艳辉（2009）论证了神经网络在非线性预测方面具有较高的准确性，因此，采用定性和定量结合的分析方法构建神经网络智能模型，并采用 BP 算法求解出园区的未来物流量[41]。骆世广、叶赛和胡蓉（2010）等探讨了物流量的预测可以采用自适应迭代支持向量机方法，并选取了不同的建模方式进行去查对比，结果表明，通过多输出支持向量机的方法对物流量的预测可行有效[42]。阮清方和缪立新等（2011）结合遗传算法和 BP 神经网络算法，对城市物流系统中的需求量进行了预测，提高了物流需求量预测的广度和可信度[43]。邓敬春和杨梅（2013）结合四阶段法的特点，提出了四阶段法在物流需求预测中的应用思路，分析了物流需求预测各阶段的预测方法、模型。较好地解决城市物流的预测问题，为城市物流基础设施布局规划提供依据[44]。文培娜（2016）从货运量角度出发，分析影响货运量的社会经济因素，并以北京市为例创造了城市物流需求的 BP 神经网络预测模型[45]。我国学者对物流需求预测方面的研究方法涉及灰色预测法、神经网络预测法、Holt-winter 预测法、指数平滑预测法等。李捷、陈彦如和杨璐（2018）基于支持向量、遗传算法、粒子群算法和 BP 神经网络，创造了两阶段组合预测模型 GSPS – BPNN，并证实了该模型在预测准确度及预测稳定性方面优于单阶段单一预测模型[46]。王晓平和闫飞（2018）分别建立基于灰色模型、支持向量机、BP 神经网络、RBF 神经网络以及遗传神经网络的农产品冷链物流需求预测模型，并从模型对变量之间相关关系的描述能力及预测准确度两方面评价，从而证明了遗传神经网络用于农产品冷链物流需求分析效果更佳[47]。蔡婉贞和黄翰（2018）建立了一种基于 BP – RBF 神经网络的组合预测模型，并证明相较于单一预测模型具有更高的预测准确度，显著降低发生较大误差的概率[48]。

（2）对城市物流运作效率评价的研究。城市物流的运作效率直接反映了城市物流的水平，影响着城市经济的发展、人民的生活质量。一些学者对城市物流的效率进行了深入的研究。童孟达（2002）从现代物流需求、服务供给、发展环境和发展成效四方面构建了现代物流发展的评价指标体系[49]。史秀苹（2004）等考虑到城市物流系统的整体性，从城市物流活动和城市物流的影响两部分建立评价指标体系[50]。吕璞（2009）等结合城市物流的特点，认为研究城市物流要考虑它与辐射区经济发展的关系，建立了物流发展能力、能耗和环境以及物流发展环境构成的评价指标体系[51]。王阿娜（2010）建立了包括物流发展能力和发展环境及影响的评价指标体系，并以此为基础从纵向和横向对大连市的物流发展水平进行了研究[52]。王玫和兰洪杰（2015）建议使用城市物流性能这一指标来全面评价城市物流发展状况，创造了用城市物流运作输入、输出以及运作效率评价城市物流性能的指标体系，为将来全面评价城市物流提供先例[1]。钟耀广和张智勇（2016）构建了电子商务共同配送评价指标体系，运用模糊层次分析法，假设政府以提高公共服务为目标，设定配送的资源、能力、质量、服务质量、营运风险可控性和贡献能力六项指标，并证明政府以提高公共服务为目标时选择第三方为主的共同配送模式，可以获得最优的社会效应[53]。

（3）对城市物流系统规划方面的研究。崔丽和何明珂（2009）考虑到低碳时代的城市物流规划，要加强低碳技术的应用，以保证可持续发展[54]。王皓（2010）根据城市物流的特点，从基础设施、物流园区、信息系统和发展政策等方面提出了城市物流规划的步骤[55]。周骞、周霞和刘军等（2011）以畅通可靠度为基础，对城市物流配送运输网络进行了优化，并运用蚁群算法求解，结果表明，该模型提高了城市物流配送的可靠性[56]。胡琳（2011）构建了物流配送中心选址优化的双层规划模型，提出了一种改进的粒子群优化算法，通过仿真证明了方法的可行性和有效性[57]。王国花、刘晋霞和王广先（2011）在基于物流量的物流园区数量模型的基础上，引入物流节点空间分布理论，以我国物流园区为例，分析计算物流中心和配送中心三级物流节点数量[58]。龙行先、吴瑶和郭胜会（2012）针对城市时变交通中车辆路径的问题，建立了城市物流配送车辆路径的数学模型，并利用两阶段算法进行求解，证明了该算法的有效性[59]。何珊珊、朱文海和任晴晴（2013）针对突发事件下需求的不确定性，采用相对鲁棒优化方法建立了基于时间、成本最优的多目标数学模型，验证了其在需求不确定下选址－路径方案的最优性[60]。龚梦和祁春节（2013）以江苏省为例，通过实证分析提出了物流网络规划的理想模式，给出了江苏省城市物流网络的具体规划[61]。张宏达等（2014）发现了道路交通状态、配送时间窗、配送路径以及城市物流配送需求的空间差异对城市物流配送系统时间可靠性的影响最为突出，并从物流配送路段、路径以及网络三个层次创造了城市物流配送系统时间可靠性评估模型[62]。杨建华和高卉杰（2016）建立了北京市城市物流业碳排放影响因素的通径分析模型，指出1998～2012年物流基础设施建设是碳排放增长的最主要影响因素，最后给出了北京市物流业低碳化发展的对策[63]。

物流设施布局的优化问题常用的建模方法有随机规划模型、模糊规划模型、动态规划模型、多属性决策方法、混合决策方法。求解手段主要有拉格朗日算法、分枝定界法、遗传算法、模拟退火算法和禁忌搜索算法等。国内外学者对于此类问题的研究主要侧重于算法的设计，目标函数以单目标为主，求解算法主要是启发式或进化算法[64]。但是建模时对城市物流系统的特点研究不多，参数的设置比较理想化，还存在着进一步深入的研究空间。

自 20 世纪 90 年代以来，日本以及欧美国家的学者就已经开始了对城市物流的研究。就目前的研究成果来看，国内外关于城市物流系统的研究主要集中于对物流的需求预测、物流配送的路径规划、物流网点的布局设计等城市物流系统某个环节的研究。早期的研究主要集中在城市物流系统规划设计等方面，而近期研究则主要关注城市物流与城市的可持续发展[65]。目前，很多国家的政府都已经意识到发展城市物流对城市经济发展、城市综合竞争力的提升有着重要的作用，政府相关部门纷纷开展保障城市物流健康、稳定发展的工作，重视城市物流系统的规划。然而城市物流的概念提出不过十多年，相关理论的研究落后于实践，理论研究的深度还不够[66]。相对来说，国外学者对城市物流与城市两者之间的关系方面研究较少，国内学者对城市物流系统规划、设计的方法还处于起步阶段[67]。总体而言，目前国内外对于城市物流的研究尚处于起步阶段，还有待更多的学者进行深入的、系统的研究和论证。

在城市物流系统规划设计中还有大量的问题需要深入研究与探讨，尤其是在以下几个方面：一是城市物流系统具有区别于其他系统的特点，如范围的限定，城市政策、城市发展规划的制约因素，因此，在系统规划中应建立适用于城市物流系统的网络优化模型。由于城市物流系统易受突发事件等因素影响，具有不确定性特点，因此，对于城市物流需求的预测、城市物流系统的规划需要考虑其波动性因素，构建可靠性的城市物流系统。二是城市物流系统整体规划的研究较少。城市物流系统是一个庞大、复杂的系统工程，需要对其中的组成部分合理优化配置，达到系统整体最优的目标。目前的研究重点大多为城市物流的某个环节，如配送中心的选址、配送路径的优化、库存的控制等。虽然城市物流的运营能力直接影响着城市物流的发展，但是城市物流是一个复杂、动态的系统，在进行系统的规划时还应考虑到信息、政策法规以及不可抗力等影响因素，这些因素对城市物流的规划也起着至关重要的作用。三是目前学者缺乏对城市物流影响因素的系统研究。城市物流是一个复杂的系统，其平稳运行受到系统内部、外部等诸多因素的影响。这些因素的数量众多，因素之间存在着错综复杂的联系，很难将所有的影响因素一一罗列，分析其作用机理。虽然影响城市物流运作效率的因素很多，因素之间的关系很复杂，但是在进行城市物流系统的优化研究时必须将这些影响因素考虑在内。可以通过关键影响因素提炼模型分析重要的因素，对各个因素进行逐步地完善。四是研究城市物流与城市环境的关系时应该全面考虑，既要分析积极作用，也要考虑负面影响。随着城市化进程的不断提高，城市物流的飞速发展，"城市病"的问题日益突出，如交通拥堵、环境污染。这些不仅影响了城市居民的生活，还影响了整个城市的发展。对城市物流全面研究，有助于发挥城市物流的优点，解决其外部不经济性。

1.2.2 系统可靠性

在近代科学技术突飞猛进的发展过程中，可靠性技术随着生产和科学技术的发展而产生。可靠性工程科学是一门涉及数学、物理、化学、电子、机械、环境、管理以及人机工程等众多领域以解决可靠性为出发点的综合性交叉学科。虽然最初可靠性技术是为了适应产品的高可靠性要求而发展起来，但是随着科学技术的发展，可靠性已被用于各个领域。因此，系统可靠性的定义在不同的学科领域也有着不同的内涵，但总体上系统可靠性被定义为系统在规定的条件下和规定的时间内完成规定的功能的能力。可靠性研究最初是被广泛用于单个电子元件的可靠性评估上，直到20世纪60年代以后，可靠性研究逐步扩展到一般产品的可靠性，以及更为复杂的关联系统可靠性。可靠性研究在物流系统中的研究是近几年才逐步兴起的。目前，已经有一些国内外学者开始对物流系统的可靠性展开了研究。

哈米德、阿尤布和阿扎宾等（Hamed，S.，Ayyoub，B. & Al‒Zabin，N. et al.，2010）基于对系统可靠性优化问题中的链接重要性和成本约束的考虑，在临界约束下采用遗传算法对复杂系统的可靠性进行研究[68]。刑和吴等（Xing，Y. Y. & Wu et al.，2010）基于考虑在系统可靠性评估时，现场试验样本容量小易造成估计的不准确，提出了一种针对系统可靠性增长及时修正的动态贝叶斯评价方法。该方法直接采用现场测试数据，从各个阶段的系统开发过程来评估系统的可靠性[69]。郭（Guo S. X.，2010）基于适当的不确定性的描述，提出了一种解决动态系统的稳定问题的鲁棒可靠性方法。该方法为不确定系统的二次稳定性和稳定提供了必要和充分条件，并适用于参数不确定的边界情况[70]。安德烈亚（Andreja Križman，2011）研究了物流结构可靠性的测度方法及其收敛效度的算法。徐和李（Chaug-Ing Hsu & Hui-Chieh Li，2011）分析了在需求波动情况下的供应链网络设计的可靠性评估和调整[71]。莫希特和亚达夫（Mohit Kumar & Shiv Prasad Ya-dav，2012）使用不同类型的直觉模糊号码，通过非线性规划技术构建隶属函数的直觉模糊数的计算功能和非隶属函数的模糊可靠性。王、李和陈（Jianhua Wang，Dan Li & Difang Chen，2012）在贝叶斯（E-Bayes）估计和多层 Bayes 估计的系统可靠性参数中讨论了系统的可靠性参数的贝叶斯估计和 E Bayes 估计的财产零故障日期[72]。

钱进、张涛（2008）提出了一种增强的扩展面向对象 Petri 网模型，以用于复杂关联系统可靠性的分析[73]。尹晓伟、钱文学、谢里阳（2009）利用贝叶斯网络提出一种基于 BN 的多状态系统可靠性建模评估方法，进而运用概率分布表表达关联结点的状态，建立多状态 BN 模型。能够根据原件多种状态概率直接计算系统可靠度[74]。陈国华等（2009）从供应商、制造商、分销商三个方面，分析供应链失效的原因，提出了一种基于故障树分析法的供应链可靠性诊断方法，采取蒙特卡罗仿真的方法，求解相关可靠性指标和诊断关键因素[75]。陈德良和陈治亚（2010）从概率的角度以物流系统中客户的缺货量为测度，定义了物流网络供应点的可靠性、弧可靠性和物流网络可靠性，并构建了单层网络可靠性模型[76]。此后，又提出了物流网络的可靠性优化问题，并构建了基于服务可靠性和成本的双目标机会约束规划模型[77]。焦雨洁、穆东（2010）基于自然灾害与公共突发事件的考虑探究了能源应急物流系统的结构可靠性和运行可靠性[78]。陈成、薛恒新（2011）为了保证供应链的正常运作，构建了一种基于 MAS 的供应链可靠性综合评估模型[79]。蔡鉴明、李夏苗、杨光华（2011）在应急物流运输路径行驶时间的时变性以及时变安全可靠性的基础上，研究了地震灾害应急物流运输的路径选择问题[80]。刘琴、孙林岩（2011）提出基于概率重要度来指派部件的可靠度算法，通过与已有算法进行比较分析，新的算法有效提高了复杂系统和大规模系统可靠性优化的计算效率[81]。刘勇、马良（2012）提出了一种求解复杂系统可靠性优化问题的方法——混合万有引力搜索算法，基于万有引力定律的寻优机制指导群体进行全局搜索，并采用序列二次规划算法进行局部搜索，通过比较该算法具有很高的可行性和有效性[82]。阮渊鹏、何桢（2013）在考虑系统由部件选择传播引起的共因失效的同时，提出了一种面向复杂系统的机遇蒙特卡罗模拟与元胞自动机集成的可靠性评估方法，算法打破了传统方法只能解决简单系统可靠性评估的局限性，使其应用范围更加广泛[83]。杨乐昌和郭艳玲（2018）综合运用直接先验分布、间接先验分布与融合先验分布，重构了经典贝叶斯推理算法，创造了以贝叶斯推理与信息提取融合为基础的系统可靠性分析法，是一种基于自更新权重系数的贝叶斯混合算法[84]。张玉刚、孙杰和喻天翔（2018）认为，复杂度和失效危害是直接影响系统可靠性分配的因素，用以确认分配单元可靠性时的权重相对大小，将工作环境、技术水平、改进成本等认定为间接影响因素，运用相对分散性用于计算复杂度和危害度并刻画系统组成单元失效性，最后创造出基于 Vine Copula 函数考虑组成单元间不同失效相关性的串联系统可靠性分配模型[85]。王任泽等（2019）针对系统可靠性分析共因失效这一重要难点，创造了将共因失效组中的部件全部由本组等效共因失效部件替换的新算法，能将一切共因失效组一次性完成，可谓处理共因失效分析比较合适的方法[86]。

在物流系统的可靠性研究领域，现有文献的研究焦点都在于物流系统可靠性的度量、评价和预测，着重采用了蒙特卡罗仿真的方法、故障树以及概率分析等方法建立了物流系统可靠性的评估模型，取得了一定的研究成果。从研究趋势上看，学者们越来越注重将复杂性科学的理论方法应用到系统可靠性的研究中，非线性规划技术和智能方法在该领域的应用越来越广泛和深入。

未来系统可靠性的研究趋势可能主要集中在以下两个方面：一是缺乏对各种随机因素对系统可靠性的影响机理研究，各种突发事件对系统的通行能力和需求造成影响，如路径选择的变化，出行次数的变化等，在进行系统可靠性研究时，首先应明确影响因素对系统可靠性的作用机理。二是缺乏单元可靠性及考虑失效情况下的系统可靠性评价，系统的可靠性优化必须以单元可靠度评估为基础，突发事件下当某些单元失效时势必会对整个系统可靠性造成一定的影响，要明确其影响的作用机理及后果。

1.2.3　研究评述

城市物流系统是融多项功能为一体的综合性系统，存在着地域的限制和城市的属性。城市物流系统为城市经济和市民生活服务，是保障城市功能正常发挥的服务型系统。城市物流系统的内容广泛、规模庞大、管理复杂，是城市资源整合的基础，其可靠性程度对城市经济和社会的平稳运行有着重大的影响。对城市物流系统的可靠性优化模型研究已成为物流管理领域中越来越多研究者关注的热点问题。目前，该研究尚处于探索阶段，未来研究的趋势可能集中在以下几个方面。

1.2.3.1　城市物流系统可靠性理论不完善

城市物流系统有其自身的特点，具有固定的范围和区域限制，受到政府政策、城市规划等因素的影响，城市物流系统的运行状态直接关系到城市经济的发展、民生和社会稳定。然而从现有的研究成果来看，城市物流系统可靠性研究的相关文献很少，大多数研究集中在城市物流系统或是系统可靠性方面，并未将两者结合起来考虑，城市物流系统的可靠性构成、运行、演化、测度等方面，在理论研究上还未涉及。

1.2.3.2　科学系统性的城市物流系统可靠性优化模型与方法不足

城市物流系统是一个复杂、动态的系统，是由城市物流配送、信息、仓储等子系统构成的有机整体。现有的相关文献基本是从物流中的某个环节或要素出发进行孤立的研究。例如，仅从城市物流需求预测或是城市物流节点选址方面进行城市物流的优化研究。然而，城市物流系统中的部分是相互依存、相互作用、相互制约的，系统是所有部分构成的复合统一整体。如果仅从某个环节出发研究城市物流系统势必会影响研究的科学性和整体性，无法全面地揭示出城市物流系统的运行机理。从协同的视角对整个城市物流系统可靠性进行设计、分配和优化的研究不足，无法反映城市物流这一类复杂系统所特有的运行与演化规律。城市物流和城市的运行具有紧密的关系，城市发展带来的一系列需求的增加为物流业提供了良好的平台，稳定、可靠的城市物流系统有助于促进城市经济的发展。现有的优化模型只针对可靠性或是畅通性进行独立的设计，而忽略了城市物流与城市经济社会运行的协同性。在考虑城市物流系统的优化时，要先明确好城市运行和城市物流的关系，在此基础上进行物流系统的优化时才有助于城市经济的进一步发展。

1.2.3.3　智能算法的引入/物流产业的智慧化

当前我国的物流行业正处于空前的战略机遇期，党的十九大就提出了一系列国家重大发展战略，为发展智慧物流，推进物流业高质量发展指明了方向。例如，要适应"制造强国"战略，支持智能制造、服务型制造转型升级；要顺应"全面开放新格局"战略，打造符合"一带一路"倡议需要的智慧物流服务网络，积极融入全球供应链体系[87]。此外，国务院、国家发改委等相关部门也接连出台了许多支持物流业创新发展的政策，有效地调动了物流从业者的积极性，推动了传统物流业的转型升级，并结合互联网大数据、云端、人工智能等高新技术，使我国物流业迎来了"智慧化时代"，既是互联网信息时代下行业发展的客观需要，也是我国成为国际供应链强国的必经之路。物流业的智慧化升级必然会带动城市物流的智慧化，产生新的产品、服务、模式等新生事物，这方面的相关理论知识还有待于人们去探究发现。

城市物流系统可靠与否影响着我们日常生活的方方面面。例如，生活必需品的配送关系到城市居民的生活质量以及城市的生存发展，可靠的生活必需品配送可以提升居民的生活幸福感，有利于城市的发展；城市的特点之一便是人口、建筑密集，这就要求危险品的配送必须保证全过程的安全、可靠，稍有不慎，后果将不堪设想。因此，城市物流系统可靠与否的重要程度可见一斑，值得我们进行深入细致的研究。

本书将以目前城市物流系统可靠性研究为基础，针对其不足之处，以城市物流和系统可靠性理论为基础，以城市物流系统可靠性优化模型为研究对象，借鉴系统科学、复杂性科学等理论知识，以建模、仿真和验证为主要研究方式，将优化、仿真和实证相结合进行研究。研究内容如下。

（1）以城市物流和系统可靠性的相关概念为基础，提出城市物流系统可靠性的内涵、特性、构成等。从城市物流网络结构的视角，分析物流系统的可靠性，包括节点可靠性和连接节点的弧可靠性。

（2）研究城市物流系统可靠性影响因素与构成内容。从城市物流系统的构成要素及其相互关系探索城市物流系统作为一个整体对城市商贸、民生、交通的影响作用。研究城市物流系统可靠性的影响因素。城市物流系统作为一个整体，会受到内外部环境因素，如天气状况、交通状况、城市突发事件、内部运营、信息化程度等因素的影响，以完成物流活动的各个环节为研究逻辑，包括供货、备货、配货、存储、加工、运输等过程，即贯穿城市物流的每一个节点和链路，应用物元分析法从信息、运营能力、技术设备、政策法规以及不可抗力五个方面提炼关键影响因素，通过统计决策，明确影响城市物流系统可靠性的因素。

（3）城市物流系统可靠性测度研究。首先，对城市物流系统进行可靠性估计。根据城市物流系统可靠性统计特性，将一种多层贝叶斯估计方法应用于样本可靠性评估中。其次，建立城市物流系统可靠性测度模型。从微观上明确城市物流系统的可靠性测度模型、方法和指标。从城市物流可靠性构成要素中提炼关键要素，以关键要素为主要测度指标，设计可靠度测度模型与方法，对实证样本的可靠性进行测度。

（4）城市物流系统可靠性优化模型研究。畅通性是影响城市物流系统可靠性的一个重要因素，在进行优化研究时以畅通可靠性理论为基础，考虑客户需求随机变化的条件，借鉴多目标规划的思想，将可靠性和经济性、畅通性相结合，设计城市线路优化模型。模型将体现城市资源、物流资源和物流需求之间的协同配置和协同发展。

第 2 章

相 关 理 论

物流产业是"第三利润源泉",物流业的发展将会带动整个城市乃至区域的发展。城市是生产、流通、消费的聚集地,城市中生产、生活产生强大的物流需求。城市物流是为城市服务的物流,是以满足人们生产、生活需要,保障城市平稳运行的物流服务的支撑系统。随着城市化进程的加快、城市规模的扩大、人口密度的提高,城市物流规模也与日俱增,由城市物流引发的一系列的城市问题,如交通拥挤、环境污染等,从而使得城市物流系统的规划显得尤为重要。

2.1 城 市 物 流

2.1.1 城市物流的概念

城市物流存在的先决条件是城市经济的形成。城市经济的形成是社会再生产各环节在城市空间上的集中表现。城市规模的扩大、城市经济的发展,会促进城市商品市场的繁荣,随着商品的流转,城市物流应运而生[88]。

20世纪70年代,城市成为"物流各种负效应的聚集地",因此,学者提出了城市物流这一概念。日本东京大学的谷口等(Taniguchi et al.,1999)定义城市物流:在市场经济中,考虑城市交通环境交通堵塞和能源消耗的同时,由个体企业全面优化城市区域内物流和交通行为的过程。我国学者魏修建认为，城市物流是在一定的城市规划约束下，为实现城市商品流通最优化的目的，与运营、监管等有关的物流活动体系[89]。

具体来说，城市物流是在一定的城市规划约束下，通过应用先进的信息技术，在城市范围内实现物品的包装、装卸、搬运、运输、配送、仓储、流通加工及其他运营管理活动的最优化，同时努力降低物流活动对城市交通、环境和能源消耗带来的负面影响的一种综合性的活动[89]。

从物流的功能来看，城市物流主要包括六大功能：（1）装卸搬运功能，指对货物进行垂直、水平方向上移动的物流作业，也是其他物流活动必要的中间衔接环节；（2）包装功能，为了保证货物安全、便于运输和储存、促进销售而进行的不同方式、不同程度的包装，一般分为工业包装和销售包装两种；（3）储存功能，与运输功能同为物流系统中的两项核心功能，以保护货物使用价值、价值和方便进行必要加工活动为目的而进行的堆存、管理、保管、保养、维护等一系列活动[90]；（4）运输功能，物流系统中的另一项核心功能，物流效率的高低很大程度上依赖于运输方式的选择，需要从多方面进行综合考虑；（5）信息处理功能，依靠现代化的信息技术手段保障物流系统的正常运行；（6）流通加工功能，根据《中华人民共和国标准物流术语》（GB/T 18354 - 2006）对流通加工功能的定义：物品在从生产地到使用地的过程中，根据需要施加包装、分割、计量、分拣、刷标志、挂标签、组装等作业的总称。

从物流的层次来看，城市物流可以划分为企业物流、行业物流和社会物流三个部分。

从物流的分类来看，城市物流可以根据作用、活动范围以及活动的主体进行分类。

按照作用不同可分为五类，分别为：（1）供应物流，企业为保证自身生产经营的照常进行而不间断地组织一切所需品供应的物流活动，目标是保证企业正常生产所需品的按时、精准供应，并掌控这一过程中的成本支出；（2）销售物流，在企业间销售活动过程中产生的物流活动，通过使买方需求得到满足从而实现销售为目的，具有极强的服务性；（3）生产物流，制造企业所特有的一种物流活动，因物料、半成品等按照工艺流程在各加工点间进行移动而产生，与生产流程同步[90]；（4）回收物流，为了减少资源的浪费或污染而对生产到销售整个过程中产生的边角料、废料以及残次品等进行处置的物流活动；（5）废弃物流，仅以环境保护为最终目标，只要有益于减少污染，就根据实际需要送至专门处理机构进行妥善处置。

按照物流活动的范围差异可分为三类，分别为：（1）宏观物流，也称社会物流，即社会总体再生产的物流活动，以社会为范围，面向社会；（2）中观物流，也称行业物流，具有鲜明的行业特点；（3）微观物流，也称企业物流，从国民经济宏观角度是指消费者和企业所从事的物流活动[90]。

按照物流活动的主体分类，除了大众所熟知的卖方物流（第一方物流）以及买方物流（第二方物流），随着物流的不断发展又逐渐出现了第三方物流和第四方物流。第三方物流也称合同制物流，根据《中华人民共和国标准物流术语》（GB/T 18354—2006）对第三方物流的定义：独立于供需双方的客户提供专项或全面的物流系统设计或系统运行的物流服务模式。第四方物流是一个供应链的集成商，通过运用信息技术、整合能力以及其他资源，为客户提供所需的一套完整的供应链解决方案从而获利，并非是物流活动的利益方，而是供需双方及第三方的领导力量[90]。

城市物流研究的问题众多，包括运输、搬运、包装、配送等环节，以及与工业、商贸业、交通、环境等各个方面。例如，城市物流的需求预测是进行城市物流系统规划的基础和前提，通过预测把握未来的发展趋势才能够有效地指导物流系统的规划与设计。城市的物流系统规划除要参照需求预测的结果，还要以现有的市场规律、物流状况为基础，考虑城市未来的发展需要，对城市经济、文化、社会的影响，从社会的整体利益出发，对物流资源进行合理配置，力求以最小的社会消耗完成高效益的城市物流，提高城市物流效益。除了如何提高城市物流运作效率，关于如何评价城市物流的运作效率，同样值得人们去研究。城市物流系统的规划涉及众多部门，城市中存在着不同的利益主体，他们的需求、目标并不相同，城市物流系统的规划要综合考虑政府、企业、居民的诉求，将各方面的利益尽量统一起来，达到系统整体最优的目标。从城市的工业到商贸业，再到整个城市的经济、社会等活动都需要以物流为平台，随着城市规模的不断扩大，城市化率的不断提高，物流需求变得多样化、随机化，物流运作复杂化。因此，高效、可靠的城市物流系统已成为促进城市经济发展、提高城市居民生活水平的重要一环，直接关系到城市效率的发挥，决定了城市经济的发展。此外，近年来随着与城市物流相关的交通拥堵、空气污染等城市问题的日益严重，关于减少城市物流活动带来的不利影响的相关研究也流行起来。

2.1.2 城市物流的性质及特点

城市物流是中观物流，其出发点是保证城市生产、生活需求的满足，包括商品在城市内部的流转和与城市外部的交换。与物流相比，城市物流多了一个边界，考虑了地域的限制和城市的属性。城市物流系统规划是在城市界限范围内，以实现城市物流系统整体最优化为目标。它不仅具有一般意义上的物流属性，还需要考虑地域上的限制和城市的属性。因此，在研究城市物流系统的可靠性问题时应充分考虑城市物流系统的特点。

2.1.2.1 城市物流的性质

城市发展产生城市物流，城市物流是城市发展的基石。城市经济的发展产生了对生产和生活资料的需求，促进了对城市物流的需求。城市物流中涉及四类主要的利益相关者，即企业、第三方物流、居民和政府，它们都有着自己特定的需求导向。企业倾向以较少的成本支出获得较高水平的物流服务，随着客户需求的不确定性，企业开始寻求运输频次的增加，以降低库存，满足客户不断变化的需求。物流企业追求以最低的物流成本完成客户交给的物流任务。但由于城市交通阻塞以及其他突发事件的影响，物流企业在城市中的物流活动常常面临各种困难。居民是指在城市里工作和生活的人。他们不喜欢货车驶入当地的街道，造成交通阻塞，从而影响自己的出行，即使是给他们运输必需品的车辆。另外，他们希望尽量减少城市交通阻塞、噪声、空气污染和交通事故。政府的目标是在满足城市对物流活动需要的基础上，尽可能地缓解交通阻塞，改善环境[38]。

2.1.2.2 城市物流的特点

（1）物流需求量密集，节点多，分布广，半径小。城市历来是人口密集之处，城市物流需求量自然十分密集。以北京市为例，根据《北京统计年鉴 2018》的数据显示[3]，截至 2017 年末，北京市常住人口数量为

2170.7 万人，全市常住人口密度为每平方千米 1323 人，其中以东城、西城常住人口最为密集，分别为每平方千米 20330 人和 24144 人，城市物流需求量密集程度可想而知。城市物流为生产生活服务，不仅为工业企业输送生产必需品，还为居民生活配送生活必需品。生产企业、超市、商店、消费者都是物流的配送节点，这些节点在城市的范围内，因此，配送半径小。近年来，随着消费方式的接连升级与现代化，以及电子商务的高速发展等因素的影响，使得城市配送的形式也随之发生了变化，呈现出新的特点，在配送过程中体现了小批量、多品种、时效性强和门到门的特点。城市作为社会经济活动的中心，城市物流信息规模大，波动幅度大，信息的覆盖面广，信息的发源地、处理地点、传递路线和使用节点分散在广泛的区域，并且变动频繁。城市物流涉及的领域广，包括生产、流通以及消费领域，涉及社会再生产的每一个环节[88]。城市物流的规模受到城市内部经济社会的发展情况和周边区域的双重影响。

（2）运输距离短，主要为公路运输。城市物流包括城市输入物流、城市输出物流和城市内部物流，相对于区域物流来说，由于城市物流是以城市范围为界定的，从而决定了城市物流不涉及长距离、大规模的物流服务，而是主要以短途运输为主。城市物流大部分为公路运输，少部分涉及航运和管道运输，基本不涉及航空、铁路运输。小批量、多品种、高效率、近距离决定了城市运输工具具有小型化的趋势。但是，目前我国的物流效率和效益都十分低下。城市中企业原材料的运输很大一部分是各企业使用自备的载重汽车。大部分情况下都是单程运输，较高的空载率造成了严重的资源浪费情况。这种物流运输率的低下直接导致了燃油的浪费、空气的污染、交通的拥堵，对整个城市的交通造成了负面的影响[91]。

（3）制约因素多，物流对象复杂。城市物流系统是以城市为平台的物流系统，其研究重点是如何配置资源满足城市生产和生活的需要。城市物流要考虑地域限制和城市属性的双重影响，在有限的城市空间内，高密度地分布着各种商业旅游设施、文化体育设施、教育医疗设施、居民住宅等建筑物及生产、生活设施，很多城市的发展规划都对物流基础设施的位置作了相应限制。城市空间内这些都会影响和制约物流网点的布局和路线的选择，城市的规划建设一般会早于城市物流的建设，导致了城市物流发展的滞后性、多变性。此外，在交通运输方面很多城市都制定了相应的管制条例。例如，大型车辆的通行时间、限号政策等，这些城市特有的特点都成为城市物流发展的制约因素。

城市物流中物质资料的流动，既包括城市生产中所需要的原材料、设备等，也包括城市的生活资料，还包括城市废弃品的流动[88]。首先，物流从事人员复杂。不仅有供应商、物流企业、消费者，还有政府部门。其次，对象复杂，种类多。包括农副产品、工业半成品、制成品，这些对象各自对物流的要求不同。因此，需要综合考虑其规模庞大、目标众多、结构复杂的特点对城市物流系统可靠性进行研究。城市物流是连接生产和消费的桥梁，系统内的要素易受外部的自然、社会、经济方面的影响。脆弱的城市物流系统可能会导致整个城市的瘫痪，因此，城市物流系统应当在突发事件下保持灵活性和可靠性，提高处理需求突变的能力。

（4）城市物流与城市内企业关系密切。城市物流与企业物流相互影响，两者密不可分[92]。城市物流是城市范围内的物流，是由全部城市内的企业物流组成的，每一个企业的物流活动都是城市物流的组成部分。因此，一些物流功能、物流基础设施，既属于企业物流，又属于城市物流。例如，企业的原材料、半成品、产成品的储存，既可以认为是企业的存储，又可以看作城市的存储。企业高效、可靠的物流配送系统不仅会给企业带来更低的物流成本、更高的生产效率，同时还可以有效缓解城市交通拥挤的压力。同样，物流的运输功能、配送功能、装卸搬运功能、包装功能、流通加工功能、信息处理功能等都既可以认为是企业物流的功能，又可以看作城市物流的功能。城市作为物流的一个节点，起着货物集散、转运的作用。企业的物流活动汇集成城市的物流活动，然后服务城市内部的需求，与城市外部互通有无。企业是城市物流存在的前提条件，城市物流是连接企业与外部桥梁的纽带，沟通企业与外界环境[91]。

城市功能的发挥离不开城市物流，城市物流能够合理地配置资源。城市物流系统是复杂、动态的，其运行受城市发展规划、城市路网规划、城市政策的多重影响。存在着"效益背反"的矛盾，物流系统中某一功能要素的优化和利益发生的同时，必然会存在另一个或几个功能要素效率的低下。如果处理不好将会导致整个物流系统效率的低下，最终损害整个城市物流系统的利益。在研究城市物流系统的可靠性问题时应综合考虑各要素的需求，寻求整个系统的最优化。城市物流基础设施的合理规划不仅是城市物流系统功能有效发挥的重要前提条件和必要基础，也关系到整个城市经济的发展和城市居民的生活水平。城市物流活动中涉及的工业、商贸业也都与城市的发展和规划有着密切的关系。随着我国城市化进程的加快，建立一个高效、可靠的城市物流系统迫在眉睫，不仅关系到城市功能的正常发挥，还对缓解交通压力、保障民生、促进城市发展具有重要的意义。因此，从城市物流系统的构成要素及其相互关系探索城市物流系统作为一个整体所反映出来的运行规律是可靠性优化模型和方法研究的前提和基础[93]。

2.1.3　城市物流的发展模式

根据现代物流的特点，考虑城市的经济、区位等因素，城市物流的发展模式主要有工业带动型、商业带动型、交通枢纽型和港口带动型等发展模式[88]。

不同地区的城市具有不同的经济结构，其在国民经济中的作用和地位也是不同的。

2.1.3.1　工业带动型

工业型城市指以钢铁业、重化工业、矿产开采业、机械制造业等为主的城市，这些城市具有发达的工业经济。城市物流应为工业企业的产品搭建服务平台，引导仓储、运输、配送企业发挥协同作用。通过提高社会资源的综合利用效率，提高工业原材料、半成品、产成品的物流组织水平带动城市发展。例如，中国"煤都"——抚顺市，从原本单一的煤矿城市发展为现在的兼有石油、钢铁、机械、炼铝、电力等工业的综合性工业城市。辽中南工业基地是我国众多重工业基地中最重要的一个，其规模居国内之首。区内以煤、铁为主的矿产资源以及石油资源十分丰富，加之方便的交通和优良的工业基础均对重工业的发展有所助益。每一个工业基地的繁荣发展都离不开几个主要工业中心（城市）。其中鞍山和本溪的钢铁工业、沈阳的机械工业以及大连的造船工业等都是我国重工业的骨干力量。

以沈阳为例，沈阳的工业建设和交通运输发展可谓相辅相成。沈阳作为我国东北地区的铁路枢纽之一，是京哈铁路、沈大铁路、沈吉铁路、哈大高铁等多条铁路干线的交会点。此外，沈阳桃仙国际机场作为全国八大区域性枢纽机场之一，也是我国东北地区的航运枢纽，地处距市中心 20 千米的沈阳市南郊，是中国东北地区与国际联系的窗口。

2.1.3.2　商业带动型

商业城市是担负一定区域商品流通的中心城市，如我国的广州、上海等城市。人口众多、区域商业活动集中为城市商业的发展提供了良好的条件[94]。商业城市一般都是区域内较大的商品生产基地，具有很强的消费能力，拥有较完善的商品流通体系、信息交换的设施和手段，以及便利的交通运输条件。这类城市的发展可以通过合理组织城市内商业物流活动推动城市的发展。

以上海为例，根据《上海统计年鉴 2018》的数据显示[5]，2000 ~ 2017 年，上海市第三产业生产总值翻了 8.5 倍，由 2000 年的 2503.54 亿元增至 2017 年的 21191.54 亿元。与此同时，上海市铁路运营里程由 257 千米增长至 465 千米，增幅 81%。公路运营里程由 5970 千米增至 13322 千米，增幅 123%。

2.1.3.3　交通枢纽型

交通枢纽城市位于综合交通网络的交会处，拥有多种运输方式和重要线路，是沟通城市的桥梁，如北京、天津、上海、郑州等城市。这些城市的基础设施比较完善，组织运输能力比较强，在发展中应充分发挥交通优势，优化线路，提高运输效率。利用交通枢纽城市的特点带动城市的发展。

以郑州为例，郑州是郑州铁路枢纽大部分主要组成站的所在地，我国多条铁路大动脉交会于此，形成联系南北贯穿东西的交通要冲之地，地处北京铁路枢纽、济南铁路枢纽、西安铁路枢纽、武汉铁路枢纽等几个国内大中型铁路枢纽中央，在全国铁路网中位置优越，被誉为"中国铁路的心脏"。郑州铁路枢纽基础设施完善，仅郑州市区内便拥有高铁站三个，普通火车站、货运站以及编组站各一个。完善的基础设施，加上较强的组织运输能力使得郑州铁路枢纽的客运量、货运量、中转作业量以及列车编解作业量等多项数据居于全国路网前列。

2.1.3.4 港口带动型

港口型城市是位于江河、湖泊、海洋等水域沿岸，拥有港口并具有水陆交通枢纽职能的城市，如我国的上海、大连、广州。这些城市地理位置优越、港口条件优良。应突出港口集货、存货、配货的优势，以临港产业为基础，以信息技术为支撑，以优化港口资源整合为目标，发展具有涵盖物流产业链所有环节特点的港口综合服务体系。加强对周边物流的辐射能力，提高物流组织效率，带动城市的发展。

以大连为例，"以港立市，以港兴市"道出了大连这座城市的发展历程。大连港地理位置优越，位于东北亚经济圈中心，是我国北方面向太平洋与国际联系的海上门户。大连港所拥有原油、矿石、汽车、粮食以及客运码头的能力在国内外名列前茅，处于领先地位，配套设施、服务齐全。大连港的飞速发展有效带动了城市的发展，城市配套的基础设施发展也有着耀眼的成绩：航运方面，以大连港客运码头为起点，航线目的地遍布烟台、威海、蓬莱、天津等国内城市以及韩国仁川；铁路方面，沈大铁路在大连设有多座车站，将沈阳和大连联系起来，哈大高铁、丹东快铁也相继开通，助力于大连的发展建设；公路方面，以沈大高速为例，将大连港与我国东北地区的国家公路网连接起来，使辽东半岛上的众多城市联系起来，为大连港、大连乃至整个辽东半岛的发展提供了便利。

2.2 系统可靠性

2.2.1 概述

可靠性是一门重要的工程学科，可靠性工程的诞生离不开社会的需要、科学技术的发展。有关可靠性问题的相关研究起源于第二次世界大战，由于军事技术装备的复杂性特点导致了它的故障率极高，因此，开始了对可靠性的研究。虽然可靠性工程的研究最先始于军事领域，但是随着其不断发展，可靠性工程广泛应用于许多领域，在提高企业经济效益方面起到了重要作用。我国可靠性工程研究起步晚，虽然发展速度很快，但是与发达国家的研究水平仍然存在着很大的差距。

2.2.1.1　可靠性的基本概念

根据国家标准 GB - 6583 的规定，可靠性是指产品在规定的条件下、规定的时期内完成特定功能的能力。可靠性研究的内容不仅包括设备、元件，还包括系统。可靠性的定义指出，可靠性的三要素是"在规定的条件""规定的时期""完成规定功能的大小"。研究可靠性工程的重要工具之一是概率论和数理统计，因此，可靠性理论的很多内容与概率论中的知识存在着密切的关系。

"规定的条件"是指产品或系统使用、运行时的环境条件和工作条件，包括气候条件、物理条件等。例如，相同型号的轿车在高速公路和在崎岖的山路上行驶，其可靠性的表现就并不相同，因此，在研究可靠性时必须指明规定的条件。

"规定的时间"是指产品规定了的任务时间。随着产品任务时间的增加，产品出现故障的概率将增加，产品的可靠性会逐渐下降。因此，在研究可靠性时要明确规定的任务时间。例如，一辆汽车使用了 5 年之后和在刚刚出厂时的可靠性相比，它出故障的概率显然大了很多。

"规定的功能"是指产品规定了的必须具备的功能及其技术指标。所规定的产品功能的多少和其技术指标的高低，直接影响产品可靠性指标的高低。例如，汽车的技术指标包括动力性指标、燃油经济性指标、操控稳定性指标和行驶平顺性指标等，那么规定的功能是这些指标都需要考虑，还是仅需要考虑一到两个指标，所得出的可靠性指标是大不相同的[95]。

系统的可靠性定义为"单元在给定条件和给定时间内完成规定功能的概率"[96]。网络的可靠性定义为，假设由一些节点和弧所组成的一个图成为一个网络 S。设 x 是网络 S 中的任意一段弧，"系统正常"事件表示为 S，"弧 x 失效事件"表示为 x。在给定的网络 S 中，已知一段弧 x，在固定时刻 T 正常工作的概率 $P_x = P(x)$。网络的可靠性可以定义为系统 S 在时刻 T 正常的概率，即 $R_T = P(S)$。

2.2.1.2 可靠性研究的原理及内容

可靠性从另外一个角度来看，便是结构的失效率。失效率是指工作到某一时刻尚未失效的产品，在该时刻后，单位时间内发生失效的概率。失效率越高，可靠度越低；反之，则可靠度越高。求解失效率的基本方法有直接积分法、数值模拟法和非概率不确定性等。

直接积分法是以基本积分表和基本运算法则为基础通过代数或三角的恒等变换，把积分化成基本积分表中的形式而求解积分的一种方法。此方法适用于求解结构简单的情况。通常是分析问题的手段，不直接应用于实际工程中。数值模拟法是以电子计算机为手段，通过数值计算和图像显示的方法，达到对工程问题和物理问题乃至自然界各类问题研究的目的。是如今计算失效概率应用率最高的一种方法。数值模拟法原理简单，分析结果可靠，比较适用于实际的应用。非概率不确定性是一种新的方法，适用于大型、昂贵、数据样本不充足的系统的失效率分析。通过集合模型，输入不确定因素从而得到不确定性的变化范围。此外，求解失效率的方法还包括模糊不确定性、近似解析法、数值积分法等[95]。

作为一门新兴的学科，可靠性具有自己的体系、方法和技术。包括以下三个研究分支。

（1）可靠性工程。可靠性工程是指为了保证产品或系统在设计及运行过程中达到预定的可靠性功能，应采取的技术方案及组织管理措施。可靠性技术贯穿于产品的生命周期和系统运行的全过程中。

第一，可靠性设计。通过前期的设计来奠定系统的可靠性基础。通过建立可靠性模型预测产品或系统的可靠性，分析失效的机理，在此基础上设计可靠性。

第二，可靠性试验。通过仿真模拟对产品或系统的可靠性进行试验。在一定的时间、费用约束下研究产品或系统的可靠性，找出其中的薄弱环节，并针对这些环节进行改进。

第三，运行阶段可靠性。在系统运行过程中维持系统的可靠性，进行早期故障的排除和缺陷的处理研究。通过对系统运行时进行可靠性监视、预测、诊断，维持较高的可靠性。

对系统全过程的可靠性进行监控，使之在一定的费用条件、时间范围内达到最高的可靠性。或是在满足规定可靠性功能大小的前提下降低费用、缩短时间。对系统全过程、各环节的可靠性进行组织和协调。

（2）可靠性物理。可靠性物理的研究最早开始于 20 世纪 60 年代，当时半导体器件迅速发展，经常出现失效，失效的原因多和物理学关系密切，失效物理学由此产生。可靠性物理主要是从产品机理方面研究其不可靠性，为研制可靠度高的产品提供依据。

（3）可靠性数学。研究产品发生故障的统计规律，主要涉及产品或系统的可靠性预测、分析、设计、评估等技术的数理统计方法。研究产品生命周期、系统运行全过程的可靠性设计、分析、预测、评估、分配和验收等技术中可用的数理统计学方法。例如，航天飞机由轨道器、助推器、外贮箱等部分组成，每个部分由几百、几千个基本元件组成，任何一个元件发生问题都可能造成严重的事故。又如，城市物流系统中某个环节出现问题，将会导致整个系统的崩溃，影响到城市的基本生产、生活[97]。

2.2.1.3　可靠性研究的意义

进行可靠性研究具有重要的理论意义和现实意义。

（1）进行可靠性研究可以降低事故发生的概率。产品和系统的可靠性不仅影响着企业的发展，还会对人身安全造成威胁。1996 年，我国"长征三号乙"运载火箭进行了首次发射，在飞行约 22 秒时，火箭头部坠地，随即发生剧烈爆炸，星箭全部损失，并造成人员伤亡[98]。通过对产品和系统的可靠性进行研究，找出其中的薄弱环节，可以降低故障的发生概率。

（2）进行可靠性研究能够有效降低总费用。要提高产品或系统的可靠性，前期需要投入大量费用进行环境的模拟分析，进行可靠性预测、分析、实验，等等。然而进行可靠性研究后，产品或系统可靠性在很大程度上得到提高。这样能够有效降低维修费用和停机费用，避免不必要的经济损失，从而降低总费用。虽然可靠性工程的前期投入费用较高，但是考虑到总成本以及服务效率等方面，对可靠性工程的先期投入是必不可少的。

（3）进行可靠性研究能够提高系统利用率。产品可靠性的提高意味着失效率的减少，停机的概率降低，这对提高系统利用率起到了重要的作用。对于城市物流系统来讲，提高物流系统的可靠性，可以高效地为城市工业、商贸、民生进行服务，改善城市交通环境，增强城市核心竞争力，促进城市经济的腾飞[95]。

可靠性研究在多个领域中已经得到了比较广泛的应用，但在物流系统中的研究却是近几年才逐步兴起的。物流网络可靠性是指物流网络系统在实际连续运行过程中充分完成正常运输、仓储、装卸搬运等物流功能的能力。物流网络系统抵抗冲击的能力是指系统在失效冲击后物流系统提供相应物流服务功能的能力[96]。

2.2.2 可靠性特征向量

可靠性特征向量是用来表示产品总体可靠性高低的各种可靠性指标的总成。可靠度、失效率等指标都是可靠性特征向量。

2.2.2.1 可靠度

可靠度是指产品在规定的条件下和规定的时间内，完成规定功能的概率[96]。一般记为 R。系统的可靠度函数记为：

$$R(t) = 1 - F(t) = \frac{N - n(t)}{N} \tag{2.1}$$

就概率分布而言，它表示在规定的条件下和规定的时间内，无故障地完成规定功能而工作的部分占全部工作部分的百分率。

2.2.2.2 失效率

失效率是工作到某时刻 t 时未失效的产品，在该时刻 t 以后的下一个单位时间内发生失效的概率，记为 $\lambda(t)$[99]。失效率的估计值是指在某时刻 t 以后的下一个单位时间内失效的产品与工作到该时刻尚未失效的产品数之比，记为 $\hat{\lambda}(t)$。

设有 N 个产品，从 $t = 0$ 时开始工作，到时刻 t 时产品的失效数为 $n(t)$，而到时刻 $(t + \Delta t)$ 时产品的失效数为 $n(t + \Delta t)$，即在 $[t, t + \Delta t]$ 时间区间内有 $\Delta n(t) = n(t + \Delta t) - n(t)$ 个产品失效，则定义该产品在时间区间 $[t, t + \Delta t]$ 内的平均失效率为：

$$\bar{\lambda}(t) = \frac{n(t + \Delta t) - n(t)}{[N - n(t)] \cdot \Delta t} = \frac{\Delta n(t)}{[N - n(t)] \cdot \Delta t} \tag{2.2}$$

失效率的估计值 $\hat{\lambda}(t)$ 为:

$$\hat{\lambda}(t) = \frac{\text{在时间}(t, \ t+\Delta t)\text{内单位时间失效的产品数}}{\text{在时刻 } t \text{ 仍正常工作的产品数}} = \frac{\Delta n(t)}{[N-n(t)]\Delta t}$$

$$(2.3)$$

2.2.3　系统可靠度及计算

2.2.3.1　物流单元可靠度

物流系统是由多个物流单元有机构成的, 对物流系统的可靠度研究是基于物流单元可靠度的。

物流单元的可靠度是指物流单元在规定时间和规定条件下, 提供物流服务保持在一个规定允许偏差范围内的概率。如图 2.1 所示, 虚线之间表示的是物流单元服务允许的偏差, 曲线表示物流单元实际的物流服务能力变化[96]。

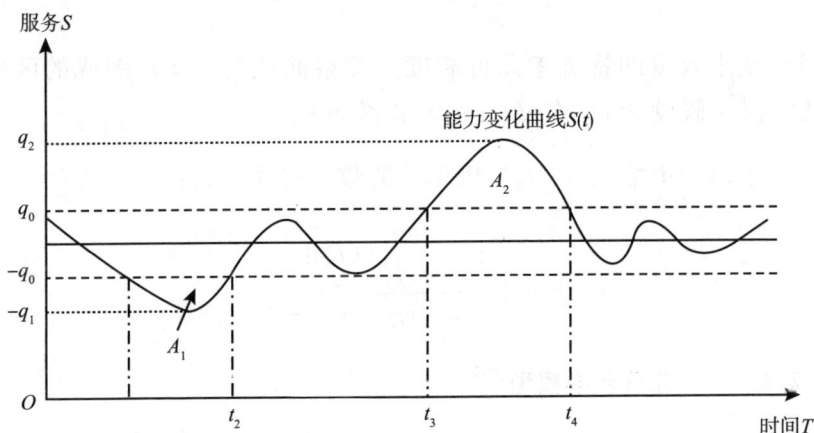

图 2.1　物流单元服务能力曲线

资料来源:[100] 余小川, 季建华. 物流系统的可靠度及其优化研究 [J]. 管理工程学报, 2007 (1): 67 – 70.

(1) 面向服务质量的物流可靠度[96]。在面向服务质量的物流可靠度分析中最传统的是 7R 理论。7R 理论是将恰当的质量、恰当的数量、恰当的价格、恰当的商品, 在恰当的时间, 送到恰当的场所、恰当的顾客手中。

定义：

$Q = \{I_1, I_2, I_3, I_4, I_5, I_6, I_7\}$ ——评价指标的集合；

$Q^*(I_j)$，$j = 1, 2, \cdots, 7$——第 j 个指标规定的取值；

$Q(R_j)$，$j = 1, 2, \cdots, 7$——T 时期内第 j 个指标的实际取值。

则第 j 个在考察期 T 内的服务质量可靠度为：

$$R_j = \frac{Q(I_j)}{Q^*(I_j)} \tag{2.4}$$

（2）基于时间的物流单元可靠度[96]。在 T 时期内，物流单元的服务水平在区间（t_1，t_2）和（t_3，t_4）的偏差超过规定的范围是不可靠的。

定义：

t_{j1}，t_{j2}，$j = 1, 2, \cdots, n$——第 j 次观察到物流单元输出偏差超限的起止时间；

n——观察次数。

则物流单元 U 的可靠度为：

$$R_u = 1 - \frac{\sum_{j=1}^{n}(t_{j2} - t_{j1})}{T} \tag{2.5}$$

（3）基于数量的物流单元可靠度。考察曲线与 $S = q_0$ 围成的区域 A_1，计算其面积［假设 $S(t)$ 在（t_1，t_2）连续可积］。

$A_1 = \int_{t_1}^{t_2} S(t)dt$ 在（t_1，t_2）内单元的数量可靠度为：

$$R_u = 1 - \frac{\int_{t_1}^{t_2} S(t)\,dt}{2 \times q_0 \times (t_2 - t_1)} \tag{2.6}$$

2.2.3.2 可靠度数学模型[99]

（1）串联系统的可靠度。系统的所有组成单元中任一单元的故障都会导致系统故障的系统称为串联系统。串联系统的可靠性框图如图 2.2 所示。

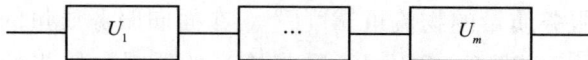

图 2.2 串联系统可靠性框图

设有 n 个单元的系统 S，"系统 S 可靠" 记为 Ω_S，"单元 i 可靠" 记为 Ω_i，"单元失效" 记为 $\overline{\Omega_i}$，系统正常工作事件是 Ω_i 的交集，即：$\Omega_S = \bigcap\limits_{i=1}^{n} \Omega_j$。

串联系统的可靠度为：

$$R_S = P\left[\bigcap\limits_{i=1}^{n} \Omega_j\right] = P\{\Omega_1\} P\{\Omega_2 | \Omega_1\} \cdots P\{\Omega_1 | \Omega_{i-1}, \Omega_{i-2}, \cdots, \Omega_1\}$$

$$(2.7)$$

$P\{\Omega_1 | \Omega_{i-1}, \Omega_{i-2}, \cdots, \Omega_1\}$ 表示单元 1 到 $i-1$ 均有效时，单元 i 也有效的条件概率。

串联结构的物流系统组成简单，易于协调，控制度比较高。但是其中任一环节出现问题就会使整个系统陷入瘫痪。串联的单元越多，系统的可靠度越低。因此，为了提高串联系统的可靠度，一是简化系统设计，减少系统中的单元数；二是提高系统中薄弱单元的可靠度[97]。

（2）并联系统的可靠度。组成系统的所有单元都发生故障时，才发生故障的系统称为并联系统。并联系统的框图如图 2.3 所示。

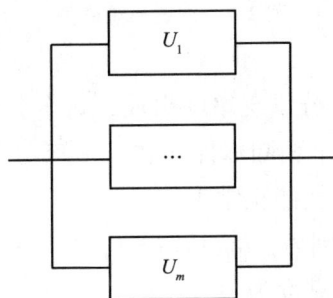

图 2.3　并联系统逻辑结构

系统的失效事件为各单元失效事件 $\overline{\Omega_i}$ 的交集，单个单元失效事件 $\overline{\Omega_i}$（$i = 1, 2, \cdots, m$）相互独立时，系统的可靠度数学模型为：

$$R_s(t) = 1 - \prod\limits_{t}^{n} [1 - R_s(T)] \qquad (2.8)$$

并联结构大大降低了对组成物流系统的物流单元的要求，使整个物流系统具有更大的灵活性。但是这种结构的物流资源利用率较低，物流成本较高。

（3）混联系统的可靠度。混联系统分为串—并联系统和并—串联系统，如图 2.4 所示。

（a）

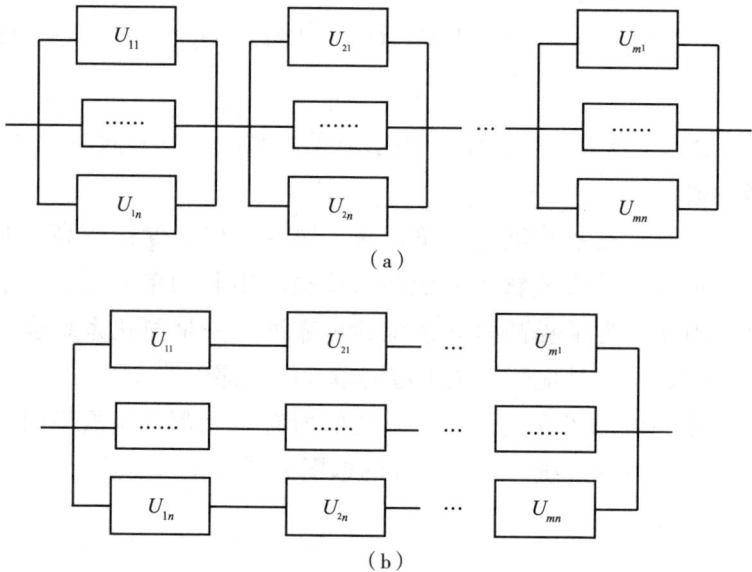

（b）

图 2.4　混联系统模型

串—并联模型由 m 个分系统串联组成，每个分系统内部部件是并联的。设第 i 个分系统内部有 n 个相同部件并联，系统功能是各部分系统内至少有一个部件正常工作，系统就能正常工作。

若各部件的可靠度分别为：$R_{ij}(t)(i=1,2,\cdots,m;j=1,2,\cdots,n)$，

则串—并联模型的可靠度为：

$$R(t) = \prod_{i=1}^{m} \left\{ 1 - \prod_{j=1}^{n} \left[1 - R_{ij}(t) \right] \right\} \tag{2.9}$$

并—串联系统由 m 个分系统并联组成，每个分系统内部部件是串联的。系统功能是至少有一个分系统正常，系统就能正常工作。

并—串联模型的可靠度为：

$$R(t) = 1 - \prod_{i=1}^{m} \left\{ 1 - \prod_{j=1}^{n} \left[1 - R_{ij}(t) \right] \right\} \tag{2.10}$$

（4）网络系统的可靠度。系统除了串联、并联模型之外，还有研究网络系统可靠度的模型，例如，交通网络系统的可靠度模型。根据节点失效和

不失效的标准划分，网络系统可分为节点不失效模型和节点可失效模型[101]。

第一，节点不失效模型。网络系统由节点和节点间的弧构成。假设弧之间相互独立，且只有正常和失效两种状态；节点不失效时可靠度为 1。问题可以描述为，设 G 是一个网络，r_i、r_j 是网络中的两个节点，求从 r_i 到达 r_j 的概率。

第二，节点可失效模型。节点可失效的模型以图论为研究工具，系统由节点和边构成，节点和边都具有能否正常工作的概率。一般情况下，节点可失效网络的可靠性包括网络的生存性和抗毁性。

网络的生存性是指对于节点或链路具有一定故障概率的网络，在随机性破坏作用下能够保持网络连通的概率。研究的是网络拓扑结构和随机性破坏对整个网络可靠性的影响，生存性不仅和网络的拓扑结构有关。

网络的抗毁性是指在拓扑结构完全确定的网络中，研究在确定性破坏的影响下网络保持连通的能力。是在中断部分节点之间的联系时至少需要破坏网络中的节点或链路的数量。抗毁性只和网络拓扑结构有关[102]。

2.2.4　系统可靠性失效分析

城市物流系统的结构日益复杂，功能日益完善，因此，对可靠性的要求也越来越高。造成系统失效的影响因素众多，因此，系统的失效分析成为研究系统可靠性的重要组成部分。

2.2.4.1　系统故障树分析

故障树分析（fault tree analysis）技术是美国贝尔电话实验室于 1962 年开发的，是系统可靠性的重要分析方法之一。故障树分析是把所分析系统的最悲观的故障模式作为分析的目标，然后寻找出直接导致这一故障发生的全部影响因素，再继续找出影响下一级事件发生的全部直接因素，通过这样的层层查找分析，直到找出不能再进一步查找的因素为止，包括定性分析和定量分析。定性分析的主要目的是寻找导致与系统有关的不希望发生的原因和原因的组合，即寻找导致顶事件的所有的故障模式[99]。定量分析的主要目的是当给定所有底事件或基本事件发生的概率时，求出顶事件的概率及其他定量指标。故障树分析能对各种系统的危险性进行辨别识别，不仅能够分析故障的直接原因，还能揭示出故障的潜在原因。

故障树包括以下内容：（1）系统可能发生的灾害故障，即确定顶事件；（2）系统内部固有的或者潜在的危险因素，包括由于人工误操作因素；（3）各个子系统及各要素之间的联系、制约关系，即输入（原因）与输出（结果）的逻辑关系，并用专门的符号标示。

故障树分析通过故障树图的形式表现出来，故障树图是一种逻辑因果关系图，它根据元件状态（基本事件）来显示系统的状态（顶事件）。用图形化"模型"路径的方法，表示了一个系统从一种可预知的或不可预知的故障事件失效出发，利用逻辑符号将基本事件相联系的"模型"。

2.2.4.2　故障树的建造

进行故障树分析分为三个阶段，即编制故障树、定性和定量分析、制定预防对策和改善系统，如图 2.5 所示。

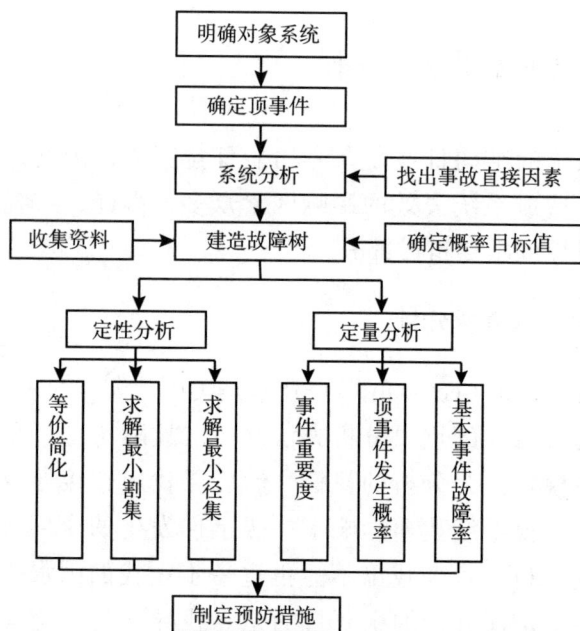

图 2.5　故障树分析的步骤

首先，熟悉所分析系统状况和所有参数是成功运用故障树分析法的前提。其次，还应统计所分析系统以往的、可能发生的事故，将后果严重且发生频繁的事故作为顶事件。然后调查和事故相关的全部原因事件及一切因素，从顶事件起，依次找出直接原因的事件，直至满足分析深度要求，依照逻辑关系画故障树，并以其结构确定各基本事件的结构重要度。根据事故统计、分析的结果，求解各事故发生的概率，进而求出顶事件的发生概率，逐步完成故障树分析。

故障树分析通过对导致灾害故障的各种因素及其逻辑关系进行全面、形象的描述，揭示已发生的故障和潜在故障的直接影响因素，通过定性和定量的分析，有利于发现系统中潜在的隐患，查明系统的缺陷，为改进安全设计，制定预防措施和采取管理对策提供依据。

第 3 章

城市物流系统可靠性的内涵

城市物流对城市经济的发展起着至关重要的作用。城市物流必须通过系统的分析、研究进行管理，形成一个可靠的城市物流系统，满足不断增长的城市物流需求，保证城市经济的平稳发展。城市物流系统的可靠性既具备物流的基本特征，同时具有自身的特征。高效的城市物流系统将运输、仓储、装卸搬运、包装、配送、流通加工以及信息处理等物流活动同生产、消费环节结合起来，进行有效的资源配置，从而降低社会总成本，减轻城市的交通压力，促进城市经济的快速发展。

3.1 城市物流系统可靠性的概念

3.1.1 城市物流系统

3.1.1.1 内涵

城市物流系统是指在一定的时间和空间范围内，由城市内的物流企业、物流基础设施、物流对象、物流信息等要素构成的具有组织城市物流功能的整体[88]。主要包括：物流基础设施设备，即物流节点、物流线路、包装设备、搬运和装卸设备等；物流信息平台；物流管理等。城市物流是一个复杂、动态的系统，涉及社会经济的各方各面，与企业、消费者、政府众多部门、众多行业有着密切的联系。与物流系统相比多了一个边界，加上地域的限制和城市的特有属性。城市物流系统同一般系统一样具有输入、转换和输出三个功能，通过输入和输出与社会环境进行交换，主要受内部环境以及外部环境（法律法规、财政政策、社会环境、信息技术等）的影响，并对外部的社会、经济、环境等产生影响，具有输出对输入的反馈机制，其基本模式如图 3.1 所示。

输入	系统转换	输出
劳动力 资金 物力资源 能源 信息	物流管理活动 物流作业活动 物流设施设备 物流信息处理 物流技术	效益 服务 信息 污染
环境	反馈	环境

图 3.1　城市物流系统基本模式

城市物流系统的要素主要分为基础设施要素、信息平台要素和政策要素三类[13]。

（1）基础设施要素。按照物流运动程度的大小，物流过程是由运动过程和相对停顿过程构成的。物流运动过程中的停顿将不同的运动形式连接起来，因此，"运动—停顿—运动"构成了物流活动。物流基础设施由进行运动的线路和进行停顿的节点两部分构成。

根据性质可以将城市物流节点划分为物流基础设施节点和物流企业节点。物流基础设施节点是指所有进行物资中转、集散和储运的节点，包括港口、空港、公路枢纽、大型公共仓库及现代物流中心、物流园区等，是城市物流网络中连接物流线路的节结之处。物流企业节点是指从事物流活动的经济组织，至少从事运输（含运输代理、货物快递）或仓储一种经营业务，并能够按照客户物流需求对运输、储存、装卸、包装、流通加工、配送等基本功能进行组织和管理，具有与自身业务相适应的信息管理系统，实行独立核算、独立承担民事责任的经济组织。包括运输型物流企业、仓储型物流企业和综合服务型物流企业等。物流企业是承担城市物流活动的专业化组织，在优化资源配置、促进城市物流发展中起着重要的作用。城市中的物流通道可以划分为城市内部通道和城市对外通道。城市对外通道沟通、联系了城市与周边区域，城市内部通道为城市内的需求服务[103]。

（2）信息平台要素。在互联网、电子商务高速发展的大环境下，人们对于订单追踪的要求越来越高，订单状态更新的及时、准确程度已然成为顾客满意度的重要影响因素。同时，及时准确的物流信息有助于企业更好地控制库存、应对突发状况的发生，甚至减少不利情况的发生概率，从而节约成本。这些都推动了人们开始关注原本并不引人注意的物流信息。

物流信息平台为物流服务供需信息的交互或交换提供服务。是在计算机技术的基础上，将物流相关信息进行协调、整合，为物流服务供需方提供基础信息服务。日常生活中，一个专业的物流信息服务网站就是一个典型的物流信息平台，如中国物通网、物流全搜索等。物流信息化平台通过汇总、处理、输出多方物流信息，为企业和个人提供决策依据，并指导、协调、保障其物流活动的正常进行，有助于提高物流参与方的工作效率，进而促进整个社会工作效率的提高。

（3）政策要素。物流政策是指国家或地方政府制定的推进城市物流发展、保障现代物流健康、有序运作的政策法规。主要有基础设施供给政策、管理与诱导性政策以及经济型政策。例如，国务院印发的《物流业中长期规划（2014－2020年）》（2014）、国家发改委发布的《物流业降本增效专项行动方案（2016－2018年）》（2016）、国务院办公厅印发的《关于推进电子商务与快递物流协同发展的意见》（2018）等政策切实改善了我国物流业现状，为我国物流业的未来发展指明了方向。

3.1.1.2 层次结构

城市物流系统是一个复杂的巨系统，由人力、物力、财力和信息等要素构成，涉及庞大的物流、资金流和信息流。城市物流系统各个要素之间相互联系、相互影响，共同构成了城市物流系统的结构。根据城市物流的具体特点，可以将城市物流系统的结构表述为如图3.2所示的金字塔结构[13]。

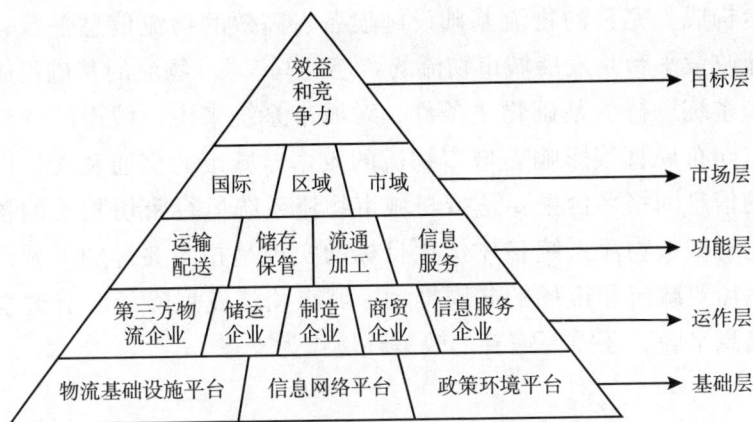

图 3.2　城市物流系统层次结构

城市物流系统的目标是完善现代物流服务网络体系，形成布局合理的物流节点网络体系和多种运输方式相配套的综合运输体系，打造"货畅其流"的城市物流环境，提升整个城市的综合竞争力与城市居民的生活质量。具体来说，是促进城市产业集群，降低城市物流成本，带动城市经济的发展；为企业的生产经营活动提供良好的物流环境；改善城市环境，缓解城市交通压力，提高城市的核心竞争力。

城市物流系统的市场层是指城市物流所服务的市场，服务需求主要是城市内部的生产、生活物流需求，和城市之间的货物流通。

城市物流系统的功能层是指城市物流提供的专业化物流服务，包括运输、储存、装卸、搬运、包装、流通加工、配送以及信息处理等，这些基本功能有效地组合、协调，便构成了城市物流的总体功能，使得整个系统合理、高效地实现总目标。

城市物流系统的运作层是推动整个系统的主体，是物流运作活动计划、组织、协调、控制的工作过程。多样化的企业性质和业务经营构成了城市物流系统的主体。第三方物流企业将制造企业、商贸企业等不同性质的主体联系起来，这些企业协调运作，将商品从生产到提供给消费者之间的一系列业务进行无缝的衔接，最终达到提高客户满意度、节约交易成本的目标。

城市物流系统的基础层是城市物流活动得以开展的平台。基础层既包括硬件平台又包括软件平台，由物流基础设施平台、信息网络平台和政策环境平台构成。完善的物流基础设施设备、高效的物流信息平台，以及健全的物流政策平台是发展城市物流的"三驾马车"。物流的基础设施设备是组织物流系统运行的基础物质条件，对城市系统来说，城市的物流设施与网点的空间布局直接影响着城市物流的效率、城市的交通和民生问题。城市物流的信息网络平台主要是指与城市物流系统运行密切相关的各种信息系统，它对城市物流系统整体优化目标的实现是相当关键的。城市物流的健康发展需要政府和市场的共同推动，城市物流发展除了要有健全的设施设备、信息平台，还需要完善的政策环境作为支撑。

3.1.2　城市物流系统可靠性

3.1.2.1　内涵

城市物流系统的可靠性是在考虑城市发展规划、城市物流需求变化、人口分布等要素的基础上，以市场为导向，以企业为主体，以城市物流服务为依托，考虑城市物流对经济、环境、民生的影响，合理选择运输方式，调整城市路网规划，协调系统内各单元，使城市物流资源得到合理配置，提高城市完成物流功能的概率。城市物流系统的可靠性研究要以城市总体规划、市场规律和城市资源为立足点。近几年来，我国的城市正在进入快速发展的阶段，每个城市都根据自身的特点制订整体规划，而城市物流系统是城市总体规划的组成部分，城市物流系统应与城市的整体规划相协调，相互促进、整合发展。既要考虑城市将来的发展需求，又要立足于目前市场需求。如果盲目追求规模大、技术新、功能全，而忽略了城市目前的经济发展状况和将来的发展趋势，会造成物流系统与城市需求脱节的情况，阻碍城市经济的发展。

城市物流系统的可靠性可以从城市配送网络结构的角度进行分析。配送网络的可靠度由节点可靠度和连接节点的弧可靠度共同构成，通过计算节点和弧的可靠度可以得出整个配送网络的可靠度。假设一个节点 i 和连接它与下一个节点的弧 $i{\rightarrow}j$ 为一个基本单元 r，则节点的可靠度为 r_i，弧 $i{\rightarrow}j$ 的可靠度为 $r_{i{\rightarrow}j}$，那么这个基本单元的可靠度可表示为：

$$R_{ij} = r_i \cdot r_{i{\rightarrow}j} \tag{3.1}$$

设网络任意基本单元 x_{ij} 处于连通状态时的值为 1，处于不连通状态时的值为 0，即基本单元的连通概率 P 在 $x_{ij}=1$ 时的值为 R_{ij}，$x_{ij}=0$ 时的值为 $1-R_{ij}$，那么该网络基本单元的畅通期望值为 $E(x_{ij})=R_{ij}$。假设由基本单元构成的配送网络从始端节点到末端节点的通路共有 m 条，则 $[i,j]\in P_m$，那么其中任意一条通路的可靠度可表示为 $\prod_{[i,j]} x_{ij}$，整个网络为通路的可靠度可表示为：

$$R = E\left\{1 - \prod_{m=1}^{m}\left[1 - \prod_{[i,j]\in P_m} x_{ij}\right]\right\} = 1 - \prod_{m=1}^{m}\left[1 - \prod_{[i,j]\in P_m} R_{ij}\right] \qquad (3.2)$$

3.1.2.2　作用

随着经济和社会的迅速发展，商品和客户也逐步朝着多样性变化，从而导致了现代经济系统中存在着越来越多的不确定性，而物流系统作为连接生产和消费的桥梁，其可靠性程度对企业、经济乃至社会的平稳运行有着重大的影响。城市物流可靠性水平不仅反映了物流系统本身各组成单元彼此联系又相互协调工作的能力，而且也反映了城市物流是否能够稳定持续地保障城市经济和社会快速发展，并与之相匹配的能力。

（1）提高企业经营效率。城市物流能够有效服务商流，除了非实物交割的期货交易，一般的商流都必须伴随相应的物流过程，在整个流通过程中，物流实际上是以商流的后继者和服务者的姿态出现的。例如，电子商务必须依靠物流实现，否则会退化成一纸空文。城市物流能够保障生产，从原材料的采购到生产的各工艺流程，再到产品的销售都需要物流的支持，就整个生产过程而言，实际上就是系列化的物流活动。合理化的物流，通过降低运输费用而降低成本，通过优化库存结构而减少资金占压，通过强化管理而提高效率，使得企业的利润得以实现。可靠的城市物流系统依靠其节点和线路网络体系，能够减少企业经济活动过程中的交易成本，利用其整体的功能提高企业运营的效率和水平。有助于降低交易成本，提高物流运作效率，提升企业的竞争力。

（2）促进城市经济发展。物流业是城市经济新的增长点，现代物流业能够带动运输、保管、包装、装卸、流通、加工及相关信息活动等多行业、多部门的发展。物流也有利于促进区域产业结构的优化，物流业是复合型的服务产业，涉及领域广，在促进产业结构调整、带动产业集群发展、实现产业结构优化方面发挥着重要作用。物流业有利于增强城市的综合竞争力，城市的核心竞争力主要表现为生产力与流通力的联合效益，物流业则是构成这种流通力的要素之一。物流业有利于完善城市的基础设施，通过发展城市物流完善交通网络建设，提高城市基础设施水平，有利于城市的可持续发展。城市物流系统的可靠性直接影响到城市经济的平稳运行。可靠的城市物流系统有利于城市吸引外资，形成以城市为中心的区域经济，使得城市的经济结构的布局更合理，提升城市的竞争力，从而促进整个城市经济的发展。因此，构建以可靠性为核心城市物流系统优化机制，有利于保持社会和经济发展的稳定性。

（3）维护社会平稳运行。实际上，生活的每一个环节，都有物流的存在。通过运输配送过程，可以满足居民对生活必需品的供应需要；通过先进的储藏技术，可以让居民购买到新鲜的果蔬肉蛋产品；搬家公司周到的服务，可以让人们轻松地乔迁新居。城市物流的配送是一项关系到社会稳定的民生工程，城市生产、生活必需品都需要可靠的、有效的城市物流体系作为保障。如果不能保障生产生活品的供应，不仅会影响人民的基本生活，还会给社会安全和稳定带来巨大的冲击，进而引起更广泛的损失。

经济的持续发展可以逐渐将客流、商流、资本流等各种生产要素聚集在一起，但狙击最终是为了商品的扩散，若没有发达的流通和商业贸易作保障，生产的大量产品就会积压，从而影响商品价值和使用价值的实现，经济的运转就会中断。因此，在经济发展的进程中，合理发达的物流系统在其中起着基础性的作用。城市物流系统作为城市经济系统的重要组成部分，为城市的经济安全、社会安全提供了保障，如何构建一个可靠性的城市物流系统，使之在发生突发事件的情况下为城市生产、生活提供安全保障，具有十分重要的意义。

3.2　城市物流系统可靠性的构成

物流网络的构造有两个组成部分，即点和线。点也成为节点，是物流基础设施比较集中的地方，包括工厂、配送中心、车站、码头等。线是连接节点的路线，广义指所有可以行驶和航行的陆上、水上、空中路线；狭义仅指已经开辟的，可以按规定进行物流经营的路线和航线。点和线的有机联系形成了物流网络。

物流系统可靠性的构成可以从物流网络的构成要素进行划分，即节点的可靠性和线路的可靠性。

3.2.1　节点可靠性

物流节点是指物流网络中连接物流线路的结节。是指所有进行物资中转、集散和储运的节点，包括港口、空港、火车货运站、公路枢纽、大型公共仓库及现代物流（配送）中心、物流园区等。节点可靠性是指节点在规定的时间内能够提供一定数量的货物的能力。物流节点的作业是十分复杂的，往往需要进行货物的仓储、包装、装卸搬运等环节，因此，物流节点的可靠性可以从仓储子系统的可靠度、包装子系统的可靠性、装卸搬运子系统的可靠性等角度考虑。如图3.3所示，将影响这些子系统的因素分为技术设备因素、人员操作因素、外部因素、客户需求变动因素四个方面。

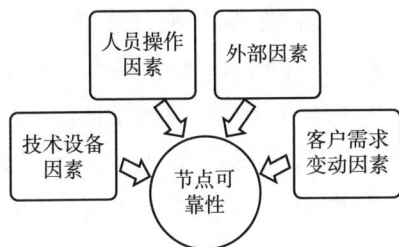

图 3.3　节点可靠性的影响因素

3.2.1.1　技术设备因素

（1）设施设备。设施设备是物流节点的重要组成要素，包括物流包装、仓储、装卸搬运过程中的设备设施，担负着物流作业各个环节的多项任务，在物流节点中处于十分重要的地位。物流中心是集约了多种物流设施、综合功能和基础作用的特大型物流节点，是集约化、大规模的物流设施的集中地和多种物流线路的交会地，具有综合功能、集约功能、转运功能、集中库存功能、指挥功能和调节优化功能等，物流中心选址以及内部设施规划的不合理将会严重影响整个物流中心甚至城市物流系统的功能实现。外部交通设施，例如，港口、机场、铁路是一个城市与外部物流相联系的基本交通设施。如果这些交通设施失效，将会影响整个物流的运行。

随着城市的改建和扩建，城市内部原有的许多仓储设施被拆除，物流设施离城市中心区域越来越远。由于物流业利润率低，投资回收期长，创造的利润少，物流企业在大多数城市发展过程中普遍面临着"落地难"问题，其生存空间被进一步挤压，城市内部的物流设施越来越少。

物流设施设备是物流全过程高效、优质、低成本运行的保证，离开物流装备物流节点的运行效率就会极其低下甚至无法运行和瘫痪。先进的物流设施与设备对城市物流的可靠性影响固然重要，然而选择适合本企业的设施设备对于城市物流的可靠性影响同样重要。先进性是指物流设备的性能越来越先进，自动化程度越来越高，具体体现在速度更快、准确度更高、稳定性更好上。随着仓库规模的扩大与快速客户响应这一矛盾的出现，物流企业要做到在极短的时间内完成拣选、配送任务，不断提高物流新生力量的运行速度和处理能力，就需要拣选系统、输送系统等物流设备朝高速运转目标发展。此外，在物流设备的规划选择上，要选择适合企业的设备，用最小的投入达到目标。例如，沃尔玛（中国）物流中心、BIG－W（澳大利亚）物流中心、联华（上海）物流中心、7－11（台湾）物流中心，这些企业的物流中心中的设施设备选择迥异。现代物流设备的体现不是在于是否花大量经费购进先进技术，而是体现在是否选择了适合自己的设施设备。

（2）物流技术。物流技术是指流通技术或物资输送技术，是把生产出的物资进行移送、储存，为社会提供无形服务的技术。物流技术是与现实物流活动全过程紧密相关的，物流技术水平的高低直接关系到物流活动功能的完善和有效地实现。物流技术包括物流预测、库存控制、物流包装等基本技术方法。物流业所涵盖的内容日新月异，新的物流技术和概念对物流业的发展起着至关重要的作用。例如，条码技术、EDI技术、射频技术、GIS技术、GPS技术等极大地促进了物流业的发展。如果不能很好地运用物流技术，将会造成节点物流服务能力不足的情况。例如，近年来伴随电子商务的飞速发展，其相关产业也进入了发展的春天，特别是与电子商务关系最密切的物流业，无论是在业务总量上，还是在市场规模上都得到了快速的提升，但发展过程中也出现了快递业爆仓的实际问题。快递爆仓反映的是快递企业因业务处理能力有限，在极短时间内收件量远远超出同时点派件量，导致在其货仓中形成大规模的包裹沉淀，进而出现配送大面积延迟甚至相关业务短时瘫痪的现象。其中一个重要的原因是快递过度依赖劳动力，技术升级驱动力不足，现阶段国内的快递业仍然属于劳动力密集型产业，没有将先进的物流技术运用到物流的运作过程中[104]。

物流技术的有效利用有助于保障城市物流节点的可靠性。例如，将 RFID 技术应用在蔬菜冷链物流中，在加工环节中，能够有效确保在生产线上对原材料、各种配料的来源信息进行记录，使产品在加工环节的各个流程中均置于严格的监督、控制和管理中。在运输环节中可以对蔬菜产品实现温度等相关信息的实时监控，更加智能、高效，提高配送的准确度。在销售环节中可以实现对保质期的监控，实时补货。RFID 可以使蔬菜冷链物流的每一个环节的效率更高，提高整个系统的可靠性。

（3）信息系统。物品的流动也伴随着信息的流动，信息在城市物流系统的节点中扮演着重要的角色。物流信息在建立物流战略计划中发挥着重要作用。在预算的制定、订货、库存控制、装卸搬运、包装、配送等具体物流运作的计划阶段，如确定物流节点布局、确定补货策略、规划运输路线等，都发挥着重要作用。如果物流信息不准确、不及时，会造成缺货，原材料的短缺导致企业无法顺利完成生产，生活必需品的短缺导致居民日常生活需求无法得到满足。在运输过程中信息的滞后无法有效保证商品质量，降低客户满意度。对于整个物流决策，信息的缺乏将会造成全局性的失误。

城市物流信息的通畅直接影响企业的经营。物流信息的低可靠度会影响城市内工业、商贸业的活动。例如，企业在运输商品时必须充分了解需求量、运量、天气等相关信息，才能组织运输。企业在装卸搬运时，要了解货位的情况、货物的相关信息，否则可能会造成重复搬运，影响货物的质量。企业在储存货物之前要掌握目前的库存数量、规格等相关信息，才能合理进行货位的分配，提高仓库的利用率，为出库提供便利。

如果节点在物流信息方面没有统一的平台，各个子系统之间的信息沟通将十分困难，将会导致错误信息或信息延误，使得各个节点之间信息传递困难，从而影响整个系统的可靠性。

3.2.1.2 人员操作因素

从业人员素质与城市物流的可靠性有着密不可分的关系，人力资本决定了我国物流业的发展高度，所以物流业从业人员的素质对物流业的发展是至关重要的[105]。

（1）包装过程。包装是一项基础工作，给流通环节贮、运、调、销带来方便，如装卸、盘点、码垛等。也起到保护商品免受日晒、雨淋、灰尘污染等侵袭的作用。包装是决定配送成功的重要环节，也是影响城市物流节点可靠性的重要因素之一。由于人员包装不当、包装不完全等会给储存带来不便，延误货物的配送。

（2）储存过程。储存是满足顾客需求，应对突发状况的保证，是保证城市物流配送系统可靠性的重要一环。储存要根据以往的经验和客户订单，有计划有周期地进行。如果储存量过大，会造成储存成本增加。货物的大量囤积，不仅会延长资金运转周期，对于更新换代快的产品来说，大量的囤积也会带来一定的风险。操作人员是否做好出入库检查，定期盘库，核对货物质量和数量直接影响节点的可靠性。

（3）装卸搬运过程。装卸搬运在整个物流过程中起着衔接的作用，直接影响后续作业的顺利进行。据统计，铁路运距低于500千米时装卸时间将超过实际运输时间，工厂每生产1吨成品需进行252吨次的装卸搬运，其成本为加工成本的15.5%[106]。因此，提高装卸搬运效率对于提高物流效率和降低成本具有直接作用[107]。装卸搬运活动的基本动作包括装、卸、堆垛、入库、出库以及连接上述各项动作的短程输送，是随着运输和储存而产生的必要活动。

装卸搬运会影响其他物流活动的质量和速度，在装卸过程中如违反操作规程进行野蛮装卸，容易使货物包装和货物本身受损；装卸车时间所占比重过大，会影响货物的收发速度和周转速度。

由于从事装卸搬运活动的人员素质、操作技能水平较低，装卸搬运活动具有很大的分散性，难以大规模采用机械设备，这大大增加了装卸搬运作业的难度，增加了作业时间，导致效率低下。由于装卸搬运活动琐碎难以进行系统分析，企业在装卸搬运过程中缺乏系统考虑，装货时多忽略卸货的问题，入库后未考虑出库的方便性，导致环节之间衔接性差，执行效率低。造成该活动随意性较强，导致过多的无效活动，降低了物流速度，更多地造成了货物的损失。据统计，在装卸搬运活动中，货物损坏的概率要高于运输和仓储活动，过多的装卸搬运活动使得货物损坏概率大大增加[107]。

　　我国是一个人口大国，我国物流业的发展依赖于廉价劳动力的现象还普遍存在，因而，目前我国物流从业人员尤其是一线人员的教育程度普遍不高，拥有技术等级的一线人员更是少之又少。物流业中的快递员是与消费者直接接触最多的人员，目前许多快递人员依然存在着暴力分拣的现象，这不仅影响了货物的质量，还对企业的形象造成了负面的影响。搜狐网和《法制日报》联合做的一次调查显示，客户对快递公司的服务存在着不满，在对快递公司服务的满意度调查中，"不满意"的占到 29.76%。对快递公司不满意的原因选项中，选择"被快递公司寄丢物品"的占到 8.61%，选择"投递员服务态度恶劣"的为 13.25%。快递从业人员是当前与消费者直接接触最多的工作人员，其服务意识和服务态度直接影响了客户的满意度以及服务的可靠性。此外，物流业从业人员较低的专业素质和服务意识也很难适应新的发展需要，专业化技能型、管理型物流人才的匮乏，导致先进的软硬件物流技术无法得到广泛运用，从而制约物流业的发展。

　　不少物流企业陷入了"低技术陷阱"，他们宁愿多雇一些工人，追求生产的低成本，也不愿意投资去做技术更新和提高工人素质的工作，更少使用先进的设备。这些物流企业技术进步动力不强、自主创新能力不高。现阶段可能不会凸显矛盾，但随着我国劳动力供给的减少，人口红利的逐渐消失，未来高额的劳动力成本将可能成为企业发展的负担。近几年，声控分拣和光控分拣已经得到了一定的应用，自动化仓储系统也得到了一定程度的发展，高新技术在物流业中的广泛应用是未来的趋势所在。因此，中国物流业目前的这种状况是不利于自身的可持续发展的。企业发展应该有前瞻性，要看到物流业未来的发展方向，否则可能就会被淘汰。

　　物流人员素质和操作因素对我国物流业发展产生了一定的影响，物流业结构的升级慢于产业结构和消费结构升级，难以满足更高水平的物流需求，削弱了整个物流系统的可靠性。

3.2.1.3 外部因素

（1）政策因素。在我国，政策对于物流的发展有着重要的意义，政策的变化对于物流产业的发展会产生重大的影响。我国城市物流发展过程中存在着政府职能的不完善。主要包括政府的物流管理体制有待完善、政府对现代物流的指导不足、政府对物流市场的调控监管不到位等问题。城市物流的发展需要城市基础设施系统的建立、物流企业网络的完善、物流系统和物流标准化建设以及营造良好的物流企业发展的环境。由于政策的不可预测性带来了一系列的不确定性，这将直接影响城市物流系统的可靠性。

2010 年国家发展改革委编制了《农产品冷链物流发展规划》（以下简称《规划》）。《规划》提出，将进一步提高肉类和水产品冷链物流水平，增强食品安全保障能力。《规划》明确了农产品冷链物流发展的七项主要任务：一是推广现代冷链物流理念与技术；二是完善冷链物流标准体系；三是建立主要品种和重点地区农产品冷链物流体系；四是加快培育第三方冷链物流企业；五是加强冷链物流基础设施建设；六是加快冷链物流装备与技术升级；七是推动冷链物流信息化。《规划》从物流设施设备、技术、信息平台等方面进行了规划，有助于促进城市冷链物流系统体系的进一步构建。2011 年，国务院办公厅下发了《关于促进物流业健康发展政策措施的意见》（以下简称《意见》）。《意见》提出以下几条意见：要切实减轻物流企业税收负担，加大对物流业的土地政策支持力度，促进物流车辆便利通行，加快物流管理体制改革，鼓励整合物流设施资源，推进物流技术创新和应用，加大对物流业的投入。2011 年，国务院办公厅下发了《关于加强鲜活农产品流通体系建设的意见》，本意见明确了以加强产销衔接为重点，加强鲜活农产品流通基础设施建设，创新鲜活农产品流通模式，提高流通组织化程度，完善流通链条和市场布局，进一步减少流通环节，降低流通成本，建立完善高效、畅通、安全、有序的鲜活农产品流通体系，保障鲜活农产品市场供应和价格稳定的目标。2014 年，国务院印发了《物流业发展中长期规划（2014 - 2020 年)》，在总结我国物流业发展现状与面临形势的基础上，提出了三大发展重点、七大主要任务、十二大重点工程以及九大保障措施，以期加快发展我国的现代物流业，促进物流业健康发展。加快物流业发展是推进供给侧结构性改革、增加公共产品和公共服务供给的重点方向，为解决物流领域长期存在的成本高、效率低等突出问题[108]。2016 年，国家发改委发布的《物流业降本增效专项行动方案（2016－2018 年）》，指出了四项重点行动：简政放权，建立更加公平开放规范的市场新秩序；降税清费，培育企业创新发展新功能；补短强基，完善支撑物流高效运行的设施和标准体系；互联互通，建立协作共享和安全保障新机制。此外，还有五项保障措施：加大对重要物流基础设施建设的投资支持；完善落实支持物流业发展的用地政策；拓宽物流企业投资融资渠道；发挥好行业协会作用；加强组织协调和督促检查[109]。2018 年国务院办公厅印发了《关于推进电子商务与快递物流协同发展的意见》，提出六方面意见以提高电子商务与快递物流协同发展水平：一是强化制度创新，优化协同发展政策法规环境；二是强化规划引领，完善电子商务快递物流基础设施；三是强化规范运营，优化电子商务配送通行管理；四是强化服务创新，提升快递末端服务能力；五是强化标准化、智能化，提高协同运行效率；六是强化绿色理念，发展绿色生态链[110]。

政府对物流的促进政策包括设施设备的建设，先进技术的推广，物流信息平台的构建等，这些政策在一定程度上促进了城市物流的发展。但是有些政策存在着滞后性的问题，不能与目前城市物流发展的速度相适应。

（2）突发事件。突发事件是指突然发生，造成或者可能造成重大人员伤亡、财产损失、生态环境破坏和严重社会危害，危及公共安全的紧急事件。例如，春节等节假日消费高峰对商业物流配送系统的巨大影响。日本核辐射事件导致北京市市民集中购买包括食盐在内的生活日用品现象。突如其来的非典型肺炎，带动了防治非典型肺炎药品与物品的巨大需求。面对这种亟须的、短期高峰型的需求，城市物流系统的可靠性面临着巨大的挑战，如何在短时间内组织配送，保障供应是亟须解决的问题。这不仅关乎着物流系统的稳定性，更关乎着民生甚至社会稳定性的问题。突发公共事件具有突发性、复杂性、破坏性、持续性等特点，许多突如其来的自然灾害会导致物流运作过程的中断、物流节点的失效。因此，突发事件也是城市物流配送系统不确定性的重要因素。

3.2.1.4 客户需求变动因素

物流是连接生产和市场的桥梁，由于需求的敏感易变，物流系统表现出多变性和不确定性[111]。2009 年 3 月，《货运车辆》杂志社与北京道略咨询公司联合展开了关于物流企业物流需求变化问题的调查活动，累计共调查全国物流公司和运输公司 100 家，调查结果如图 3.4 所示。需求的变化几乎对所有物流企业均有影响，物流需求的变化对物流企业的库存策略、运输策略等均有影响。

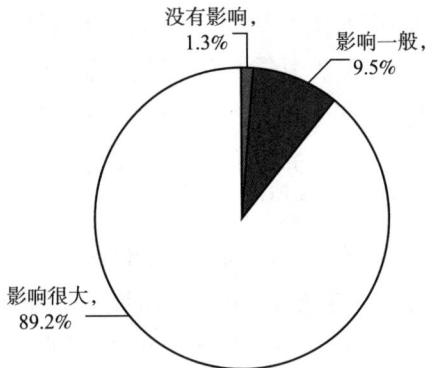

没有影响，
1.3%

影响一般，
9.5%

影响很大，
89.2%

图 3.4 物流需求的变化对物流企业的影响程度

资料来源：[112]吴清一. 物流需求变化对企业影响较大，物流企业调整业务结构以应对［J］. 物流技术与应用（货运车辆），2009（2）：26 - 27.

物流需求的变化包括客户对产品的在途质量的要求更高、需求的数量不确定性更高等变化，这对物流的灵活性和可靠性提出了更高的要求。例如，随着冷链物流的发展，需要先进的冷藏保鲜技术保证货物在途的质量。客户需求突然增加或减少时如何组织配送才能满足需求、降低成本。如图 3.5 所示，物流需求的变化直接导致物流企业运输增速的回落，作为物流企业，运输的增长量是很重要的一项评价指标。作为物流运输基础设备的货运车辆，需求的变化对其性价比和技术升级提出了更高的要求，需要应对更灵活、更高要求的运输需求。需求的变化还对物流服务商的运作模式和服务质量产生了直接的影响，物流企业如果不提高运作的灵活性和可靠性，在应对需求变化时势必会影响城市需求的满足。

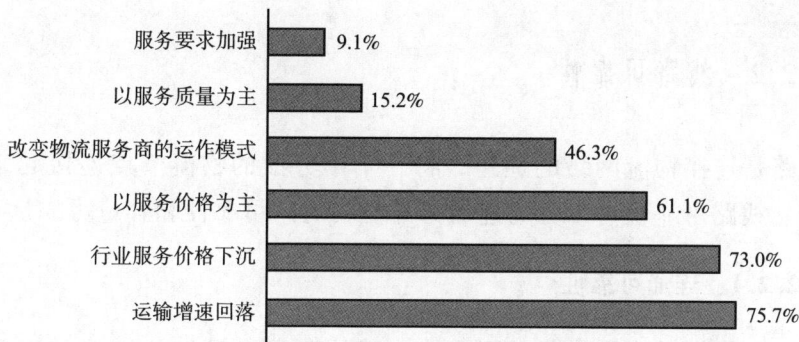

图 3.5　物流需求变化对物流企业的影响

资料来源：[112] 吴清一. 物流需求变化对企业影响较大，物流企业调整业务结构以应对 [J]. 物流技术与应用（货运车辆），2009（2）：26－27.

确定性需求的情况下物流企业预先能够了解客户的需求情况，从而合理地保证库存水平组织运输。但是随着城市经济的不断发展，城市居民的需求变得更加多样性、随机性，这就对物流企业的配送提出了更高的要求。从客户需求的角度来说，主要是由于客户对于订单的频繁改动和订购的不规则性，对于需求预测造成影响，又会导致仓储、调度等随之发生相应的改动。需求的不确定性主要来源于预测方法的不正确性、决策的失误、客户需求的易变性。

电子商务这一新型的贸易方式使人们不再受地域的限制，客户能以非常简捷的方式完成过去较为繁杂的商业活动。借助于互联网技术，缩小了生产与消费之间的时间和空间，人们不受传统购物的诸多限制，使消费者行为发生了一些有别于传统行为模式的新变化。（1）与乐趣并存的购买模式。当今城市生活压力大，消费者由于时间有限缺乏到实体店购物的时间，但是他们又有很大的消费需求，希望通过购物的方式缓解生活、工作的压力，满足猎奇心理。某些电商满足了消费者的这一心态，让他们足不出户便可享受到购物的乐趣。（2）个性化的消费模式。随着人们生活水平的提高，人们的消费观念不断转变，消费者在购买过程中更强调产品的差异性和个性化。

这些都是客户需求的变动因素，如果不能找到需求变化的内在规律，将会影响物流的仓储、运输、流通加工等一系列的过程，从而影响系统的可靠性[113]。

3.2.2 线路可靠性

线路是连接物流网络的通道，将一个个分散的物流节点连接起来，建立联系。线路可靠性可以分为连通可靠性、时间可靠性和容量可靠性。

3.2.2.1 连通可靠性

连通可靠性是指网络节点间保持连通的概率。朝仓（Asakura）对可靠性的定义为：

$$R_p = \sum \prod_{j=1}^{n} r_j^{y_j} (1 - r_j)^{1-y_j} \Phi(y) \tag{3.3}$$

其中，R_p 表示路网对路径 p 的连通可靠性；y_j 表示路段 j 的状态，用 $0 \sim 1$ 变量表示，路段 j 连通取 1，否则取 0；r_j 表示路段 j 畅通的概率，y 是状态变量向量。

$$\Phi(y) = \Phi(y_1, y_2, \cdots, y_n) = \begin{cases} 1, & PI(y) \leqslant c \\ 0, & PI(y) > c \end{cases} \tag{3.4}$$

如果性能指标 $PI(y)$ 小于等于给定的阈值 c，系统状态 $\Phi(y)$ 为 1，否则为 0。

连通可靠性反映的是道路单元是否连通，表示路网处于临界状态的概率。适用于评价由于灾害导致的极端条件的路网研究。

3.2.2.2 时间可靠性

时间可靠性是车辆在规定的时间内从起点到终点的概率，是评价出行时间稳定性的指标，适用于日常路网运行情况的评价。

贝列托（Belletal）提出利用灵敏度分析的方法计算时间可靠性，其计算公式如下：

$$\min[h^T \ln(h) + \alpha g^T h] \tag{3.5}$$

$$\text{s. t.} \quad m(1-\delta) \leqslant Ah \leqslant m(1+\delta) \tag{3.6}$$

$$t(1-\delta) \leqslant Bh \leqslant t(1+\delta) \tag{3.7}$$

$$h \geqslant 0 \tag{3.8}$$

h 表示路径流量，g 表示对应的路径费用，A 表示路径的相关变量矩阵，

B 表示起止点与路径相关变量矩阵，t 表示起止点间的交通流量，m 表示检测到的路径流量，δ 表示容差系数。式（3.6）表示路段的估计流量与实测流量的差距在规定范围内，式（3.7）表示路径的估计流量与起止点的流量一致。通过公式求解出出行时间，假设其服从正态分布，根据式（3.9）求得时间的可靠性。

$$R_j = P_r(g_j \leqslant g_j^o) = \Phi\left(\frac{g_j^o - \mu}{\delta}\right) \tag{3.9}$$

其中，R_j 表示路径 j 的时间可靠性；g_j 表示路径 j 的出行时间；g_j^o 表示规定出行时间。

3.2.2.3　容量可靠性

容量可靠性的概念是由陈（Anthony Chen）等提出的。容量可靠性是指在一定的服务水平下，路网容量能满足一定交通需求水平的概率。首先，要确定路网的最大容量，即路网储存容量系数：一个已知需求的 OD 矩阵扩大若干倍后，将其分配到路网上时既不会大于路段通行能力，也不会超过预先规定的流量与容量之比，这个最大的倍数称为路网储存容量系数。建立双层目标规划模型：

$$\max\mu \tag{3.10}$$

$$\text{s. t.}\quad v_a(\mu q) \leqslant c_a \tag{3.11}$$

其中，$v_a(\mu q)$ 表示路段 a 上的平衡流量；c_a 表示路段 a 的通行能力；μ 表示路网储存容量系数；q 表示 OD 需求矩阵。

$$\min z = \sum_{a \in A} \int_0^{v_a} t_a(x)\,dx \tag{3.12}$$

$$\text{s. t.}\quad \sum_{r \in R} f_r = \mu q_w \quad \forall w \in W \tag{3.13}$$

$$v_a = \sum_{r \in R} f_r \delta_{ar} \quad \forall a \in A \tag{3.14}$$

$$f_r \geqslant 0 \quad \forall r \in R \tag{3.15}$$

其中，W 表示路网中的所有路径；R_w 表示 OD 对 w 间的所有路径；Z 表示用户平衡目标函数；v_a 表示路段 a 上的交通流量；$t_a(v_a)$ 表示路段 a 的行驶时间；q_w 表示 OD 对 w 间的实际交通需求；f_r 表示路径 r 上的交通流量；δ_{ar} 表示 0 ~ 1 变量，如果路段 a 在路径 r 上，则 $\delta_{ar} = 1$，否则 $\delta_{ar} = 0$。

可以利用这个系数计算路网的容量可靠性，是现有路网对预期交通需求水平 D 的满足程度的评价，$R(D) = P(\mu \geq D)$。

$R(D)$ 表示路网在需求水平为 D 时的可靠度，路网容量可靠性的上下界由预期交通需求水平决定，当 $D = 0$ 时，$R(D) = 1$；当 $D = \infty$ 时，$R(D) = 0$，即在没有交通需求时，路网 100% 可靠；当需求水平无限大时，路网的可靠度是 0。

容量可靠度用来评价交通条件恶化的情况下路网容量满足一定需求水平的概率。表示现有路网水平对于预期需求能否满足的情况。容量储存系数依赖的路段通行能力的计算需要大量实际数据支持，很难得到。容量可靠性描述了司机的路线选择行为，假定司机对路况全面了解，不适用于偶发性交通事件对司机路线选择行为的分析。

3.2.3 网络可靠性

在城市物流系统中行使各项物流职能的物流节点，以及使各个分散的物流节点建立联系的物流线路，共同构成了城市物流系统的物流网络。

3.2.3.1 物流网络中节点的分类

物流节点是物流系统中不可缺少的一部分，是发挥各种物流功能的重要场所。随着现代物流的发展，物流节点逐渐变得差异化，但各个节点各有异同，界限并非十分显著，加之各个节点并未定型，其功能、效用、结构、工艺等都随着现代物流的发展而发展。所以学者们对于物流节点的分类尚无明确的结论。本书将试以物流节点的主要功能进行分类。物流节点示意图如图 3.6 所示。

（1）转运型节点。货物的运输有时并不能依靠一种运输方式完成，运输过程中会有运输方式转换的环节，这就需要转运型节点的存在，将原本耗时费力的转换过程变得效率化。例如，铁路运输中的编组站，水路运输中的码头、港口以及航空运输中的空港等皆属此类节点。

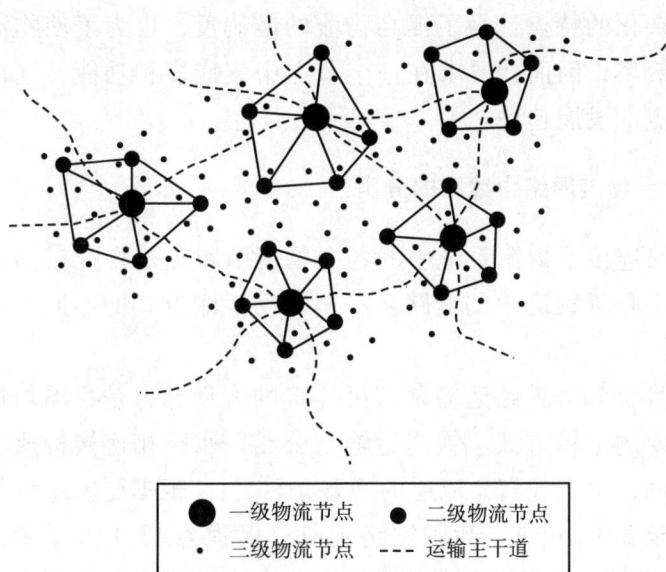

图 3.6　物流节点示意

（2）储存型节点。在物流系统中的职能以存放货物为主的物流节点，有效提升了企业生产的灵活性以及面对突发状况的能力。在物流系统中，各类型仓库均属于此种类型的节点。随着现代物流的不断发展，储存型节点逐渐有了新的外在表现，例如，前置仓就是储存型节点的新形势之一。

（3）流通型节点。指发挥组织、协助货物在物流系统中进行移动功能的物流节点。随着现代物流的发展，这类节点主要以流通、配送中心的形式而存在。

需要特别指出的是，现实生活中存在一个物流节点包含两种或以上的物流节点的功能的情况，这是为了满足日常运营实际需要的结果。例如，流通型节点中通常会设置小型的仓库，因而节点就具备了储存的功能。对于这种情况，一般按照节点的主要功能进行归类，若各功能并非独立，而是相互协作共同完成任务，则该节点属于综合型节点。

（4）综合型节点。指拥有两种或以上功能，且各功能在日常工作中并非独立，而是相互协作，共同完成任务的物流节点。这类节点设施、设备齐全，工艺流程协调、高效，基本上能够独立满足物流服务中的各种需求，是一种集多功能于一身的集约型节点。这种节点的出现源于现代物流日益大量化、复杂化的特点，为了提高物流的准确度，也为了使物流系统更加简化、更具效率，因而，要求在一个节点中集成多种功能，这也是现代物流中物流节点的发展趋势之一。

3.2.3.2　物流网络中线路的分类

物流线路连接了物流系统中的各个物流节点，是物资在物流系统中运动的路径，也是货物运输的线路。本书根据运输方式的不同，对物流线路进行了分类。

（1）铁路运输。铁路运输是国民经济的大动脉，是我国现代化运输中的一种最主要的运输方式。铁路运输与公路、水路相连接构成了四通八达的交通运输网，是实现商品流通的必备条件[90]。根据国家统计局公布的数据显示，截至 2018 年末，我国铁路营业总里程为 13.1 万千米，铁路完成货运量为 40.3 亿吨，货物周转量为 28820 亿吨·千米，分别占当年全国货物运输量和周转量的 7.8% 和 14.1%。同期全国铁路完成旅客运量为 33.7 亿人次，周转量为 14147 亿人次·千米，分别占当年全国旅客运输量和周转量的 18.8% 和 41.3%。

我国铁路网是由"五纵三横"八条主要铁路运输干线组成的。将铁路干线相连的车站是枢纽车站，主要包括北京、郑州、成都、徐州、兰州等。"五纵"指的是五条南北走向的铁路干线：京哈、京广铁路，京哈铁路途经京、冀、津、辽、吉、黑等省市，京广铁路途经京、冀、豫、鄂、湘、粤等省市；京沪铁路，途经京、冀、津、鲁、皖、苏、沪等省市；京九铁路，跨京、津、冀、鲁、豫、皖、鄂、赣、粤九省市；太焦—焦枝—枝柳铁路，途经晋、豫、鄂、湘、桂等省市，将同蒲、京包、石太、京广、陇海、湘黔、黔桂等铁路干线和长江水系联系起来，是中国中部地区同京广线平行的又一条纵贯南北的交通大动脉，包括太焦铁路、焦枝铁路、枝柳铁路等；宝（成）、（成）昆铁路，起自陇海铁路西段的宝鸡，南到昆明，途经陕、川、黔、桂等省市[90]。"三横"指的是三条东西走向的铁路运输干线：连云港—阿拉山口铁路，途经苏、豫、陕、甘、新五省份，包括陇海铁路、兰新铁路、北疆铁路等；北京—包头—兰州铁路，包括京包铁路和包兰铁路，京包铁路，既是一条晋煤外运线，又是一条与蒙古国、俄罗斯相连国际线的一部分，包兰铁路自内蒙古包头至甘肃兰州；沪昆铁路，途经浙、赣、湘、黔、滇六省，包括沪杭、浙赣、湘黔、贵昆铁路干线。

我们再来看看国外铁路发展历史及现状。纵观美国铁路发展史，始于19 世纪 30 年代，第一条铁路即巴尔的摩—俄亥俄铁路，于 1830 年建成运行，其大规模的建设完成于 20 世纪 20 年代，其中美国铁路总里程在 1916年达到历史最高水平，约 41 万千米。此后，为了加速公路、航空的繁荣，改善铁路垄断运输市场的局面，美国政府对铁路市场进行了多种形式的干预，造成了其规模的迅速衰退，大量铁道线路被迫封存、拆除，路网长度一直处于缩减状态。这种情况一直到美国政府采取了一系列放松对铁路管制的措施才得以缓解，例如，著名的斯塔格斯法等，有效促进了当时铁路市场的复苏[114]。尽管经历过一段"寒冬"，时至今日，美国的铁路总里程数依然大幅领先其他国家，居于世界首位。美国货运铁路网发展趋势主要是东西走向的，而南北走向的线路较少。在芝加哥、加利福尼亚南部、新奥尔良、得克萨斯、辛辛那提及东海岸都存在瓶颈区段。现阶段，美国的铁路网拥堵线路不到总数的 1%，但随着运输方面的需求日益增长，路网不足的弊端将日益凸显[115]。

提到德国的铁路就不得不提"Netz 21"方案，对德国铁路的现代化基础设施建造和通信设备的升级改造产生了重要影响。早在 20 世纪初，德国的铁路网就已大致形成了，但在经历第二次世界大战后路网规模发生了大规模的缩减。根据"Netz 21"方案设想，新型路网将根据发挥的作用以及基础设施的等级进行分类，包含三种路网：优先网，由铁路长途高速客运网、货运网和城市快速铁路组成；能力网，主要是长、短途和货物列车共线混合运行路线；地区网，对前两种路网进行补充[116]。

此外，国外著名的铁路客运例子也有很多。例如，日本的新干线，它与法国 TGV、德国 ICE 以及中国 CRH 同为世界著名的高速铁路系统，是高速铁路系统的先驱者，为后续其他国家的高速铁路发展积累了宝贵的经验，中国和谐号的发展就借鉴了相关的经验、技术。1964 年，开通运行的东海道新干线是全球第一条进行商业运营的高铁线路，将东京、名古屋以及大阪三大都市圈连通起来。再有欧洲的欧洲之星，从大不列颠岛到欧洲大陆，横跨英吉利海峡，将英国伦敦、法国巴黎和里尔以及比利时布鲁塞尔连通起来。从伦敦圣潘克拉斯车站出发，最快 2 小时 16 分钟到达法国巴黎，1小时 53 分钟到达比利时布鲁塞尔，大大提升了人们的出行效率，是伦敦至巴黎最受欢迎的线路。

（2）公路运输。根据国家统计局公布的数据，截至 2018 年底，全国公路总里程达 484.65 万千米，其中高速公路 14.26 万千米。全国民用汽车拥有量 23231 万辆，其中载客汽车 20555 万辆，载货汽车 2567.8 万辆。公路客运量 136.7 亿人，占客运总量的 76.2%；货运量 395.7 亿吨，占货运总量的 76.8%。[117]

全国的公路网主骨架主要由"五纵七横"12 条国道主干线、交通枢纽及信息系统组成。"五纵"指的是同三、京福、京珠、二河、渝湛五条高速，"七横"指的是绥满、丹拉、青银、连霍、沪蓉、沪瑞、衡昆七条高速。

（3）水路运输。我国幅员辽阔，海岸线绵长，江、河、湖、川众多，水资源丰富。所以水路运输自古时起，一直沿用至今，历史悠久。

目前，我国已形成了布局合理、层次分明、功能齐全、优势互补的港口体系，沿海港口基本建成煤、矿、油、箱、粮五大运输系统，内河航道基本形成"两横一纵两网"的国家高等级航道网[90]。根据国家统计局《中国统计年鉴 2018》的数据显示[9]，截至 2017 年末，全国共拥有万吨级及以上泊位 1913 个，内河航道通航里程达 12.7 万千米。

（4）航空运输。我国的航空运输事业从改革开放后得到了较快的发展，21 世纪初，我国成功加入世界贸易组织（WTO），中国对外贸易额的激增更是促进了这一发展势头。根据国家统计局《中国统计年鉴 2019》数据显示[117]，截至 2018 年末，我国民用航空航线 4945 条，其中国际航线 849 条，国内航线 4096 条。旅客运输量 6.1 亿人，旅客周转量 10712 亿人·千米；货物运输量 739 万吨，货物周转量 262.5 亿吨·千米。拥有民用航班飞行机场 233 个，民用飞机 6134 架，其中民用运输机 3639 架。根据国际民航业发展的经验，未来我国的航空业仍将有着较高的增长率。

（5）管道运输。管道运输的运送能力大，连续性强，运输成本低，运输过程中能耗少。管道运输作业操作高度专业化且作业自动化，并且便于管理。运送的产品不需要包装，且损耗小，设备、设施占地少。所需的前期准备工作较其他运输方式更简便，建设周期短，投资较少。缺点在于运送的货物品种单一，运输速度慢，只能适应单向、定点、运量大的流体，因此，灵活性低。此外，管道运输的维修难度较其他运输方式而言难度也更大。综合管道运输的优缺点，当前管道运输主要用于油、气两种资源的运输，一些化工产品等流体也可经管道运输。由于管道运输的诸多优点，所以其备受青睐，呈快速发展趋势。

（6）多式联运。指需要两种及其以上的运输方式（运输工具）相互协作，共同参与完成的运输过程。需要特别指出的是，这里所指的至少两种运输方式，一般是两种不同的运输方式，如海陆、陆空、海空等。

各种运输方式均有自身的长处和短处。例如，水路运输的运输量大，运输成本高，但是运输速度慢，连续运输能力差；公路运输机动灵活，可以达成特有的货物门到门运输，但运输量不大，对环境影响严重；铁路运输的主要优点是对气候影响有较强的适应能力，能够深入和横贯内陆实现货物长距离的准时运输，但前期的建设准备工作所需投资大、时间长，运营中的编组工作费时；而航空运输则是长距离运输中速度最快的运势方式，但运量小，运费高昂，且易受自然条件影响。综上，多式联运可以结合不同运输方式的长处，追求更高的运输。

3.2.3.3　网络可靠性

网络可靠性最早出现在对通信网络的研究中，随后随着研究的发展逐渐延伸到计算机网络和工程系统等多个领域之中[118]。不同网络的可靠性定义有所差异：路网可靠性，由诸多外界因素影响而具有不确定性的路网容量能满足一定的交通需求的概率[119]；公交网络可靠性，在现有公交网络的营运条件下，居民可接受出行费用的同时，能将顾客按时送至目的地的概率，或者从另一个角度上看，也可以定义为公交系统发生故障时，乘客不能被按时送至目的地的概率[120]。

（1）网络可靠性测度。网络可靠性的测度归纳起来主要是网络的抗毁性、网络的生存性以及网络的有效性三种[118]。

第一，网络的抗毁性。衡量的是破坏一个网络的难易程度，或者说在"最坏的情况"下网络拓扑结构的抗打击能力。抗毁性测度指为了使网络崩溃需要摧毁的最少节点数或边数，一般运用黏聚度和连通度来衡量[121]。

第二，网络的生存性。指的是网络在受到破坏，出现部分故障甚至崩溃的情况下，网络依然能及时完成任务的能力[122]。

第三，网络的有效性。指的是网络出现部分失效时，使用者对其提供的服务性能指标的满意度，衡量的是网络的业务性能[123]。

（2）网络可靠性计算。网络可靠性的计算方法主要为两大类：解析法和模拟法。

解析法的基本思路是将复杂的网络化变成一些简单系统的组合，如串联系统、并联系统等。再利用这些简单系统的可靠度按照原来的逻辑关系计算求解原复杂系统的可靠度[124]。贺国光和周良生（2008）通过网络树的角度研究了网络系统，探究最小路集法和最小割集法的适用原则，并创造了网络系统可靠性的简化算法[125]。张焱（2009）将物流网络看作由若干的OD对构成，运用不交化处理过的最小路法，对物流网络的可靠性进行了测算[126]。朱婷婷（2013）以最小路集法为基础，求出煤炭物流网络可靠度计算表达式，提出了基于可靠性约束的煤炭物流网络优化模型[127]。蔡鉴明（2012）运用传统GO法研究了地震灾害情况下，具有时变性特点的物流运输网络的可靠性问题，提出了可能性GO法，以预测地震灾害发生时应急物流运输网络的可靠性[128]。文静（2016）在研究医疗药品的冷链物流网络优化问题时，以时间可靠性来衡量网络服务性能，并提出了时间可靠性在该网络中的计算方法[129]。唐磊、徐兵以及黄国日等（2016）通过研究得出结论，模拟法在处理复杂配电系统时更合适，而解析法处理结构简单的配电系统更合适[130]。

模拟法是依靠计算机技术，将系统放置于一定的环境条件下，对各要素的相互作用进行模拟实验，以求得数值解的一种数量分析法。根据问题的类型，模拟法可以分为随机模拟、模糊模拟、模糊随机模拟等[227]。梁惠施、程林和刘思革（2011）运用蒙特卡罗时序模拟法，创建了对于含微网的配电网络可靠性的评估方法[131]。

解析法的主要优点是概念清楚明白、模型准确度高。但该方法难以同时考虑系统中存在的多种不确定因素，也不易处理变量之间的相关性[124]。模拟法直观、易于被掌握、理解，适用于处理较复杂的因素，尤其是变量之间的相关性。因此，对于一些难以运用解析法求解的复杂问题，运用模拟法处理起来将会更有效[126]。

第 4 章

城市物流系统可靠性影响因素

现代物流业已成为推动经济发展的"助推器",成为衡量一个城市经济实力的重要标志[132]。目前,我国正在经历一个空前的城市化进程。据统计,我国县级以上的城市已有 600 多个,已经形成了一个庞大的城市网。城市是商流、物流、信息流、资金流和人才流的中心,并以此影响和带动农村的发展,不管这个城市是工业城市、商贸城市或旅游城市,都必须形成一个点线面结合的综合物流体系,才能保证商流、物流、信息流、资金流和人才流的有序高效流动[91]。

但是,城市物流系统优化是一项复杂的系统工程,与多个部门联系密切,涉及城市的方方面面。在对城市物流系统进行可靠性优化研究之前首先要明确影响城市物流系统的影响因素以及这些因素对城市物流可靠性的作用机理以及各因素相互之间的关系,以此为基础的城市物流系统的优化才有意义。

4.1 城市物流与城市发展的关系

经济的发展将生产要素聚集在一起,最终是为了商品的扩散,而发达的流通业是必要的保证,实现商品的价值和使用价值,保证城市经济的正常运转。城市物流是保证城市基本运转的重要支柱,城市内的商贸、工业、民生都离不开城市物流的支撑。城市物流是城市经济的主要构成因素之一,对城市整体经济运行具有重要的拉动作用,是城市经济平稳运行的保证。据统计,在发达国家,物流产业每提高两个百分点,城市的 GDP 将提高 1

个百分点[133]。城市建设高效的物流系统可以优化资源配置，保证企业生产的持续性、交货的准确性、可靠性，使企业能够集中力量专注于提高产品和服务质量；降低社会总成本，优化资源配置，提高城市的经济竞争力。物流促进城市多个行业的发展，蕴含着巨大的发展潜力，是城市经济新的增长点。

（1）健全的城市物流系统能够有效推动城市经济的发展。一是，城市物流对优化城市的产业结构起着重要的作用。城市物流的发展促进第三产业、带动相关产业的发展，优化第一、第二、第三产业的结构。形成以第三产业为主的发展模式，增强城市的竞争力。二是，城市物流的发展能够增进城市与周边区域的交流沟通，把周边区域的商品运至城市满足城市的需要，也能够将城市的商品运送到周边区域，实现经济和社会的互补，极大地增强城市的辐射范围和能力，实现城市与周边区域的共同发展，为城市经济持续健康发展奠定基础。三是，城市物流的发展能够提升城市的综合功能，提高城市集聚力。城市通过解决物流发展中遇到的问题会不断改善城市的规划布局，提高物流的运作效率，不断完善城市的综合功能[134]。

（2）现代物流是城市经济新的增长点。物流业的发展能够带动相关部门、行业的发展，为商贸业、工业等产业提供支持。城市有效利用物流这一新的增长点能够带动当地的经济发展。例如，北京、上海等城市通过出台促进物流发展的政策、加大对物流基础设施的投资力度等举措，保证物流业的健康、高速发展。上海市的物流业以每年 21.3% 的增长速度为城市经济做着巨大的贡献，对当地的经济拉动作用十分明显[135]。

（3）现代物流业有利于促进区域产业结构的优化。产业结构的合理化是以第三产业的发展水平为衡量标准。物流业是涵盖运输业、仓储业、加工业、信息业等行业的综合型产业，是国民经济中的重要组成部分。物流业本身属于第三产业的范畴。城市物流的发展带来商流、资金流、信息流的集聚，需要交通运输设备制造业、金融业、高新技术等相关产业的支撑，发展城市物流可以促进第三产业的发展，提高第三产业在三大产业中的比重，优化第一、第二、第三产业的结构，使得产业结构更加合理[136]。

（4）现代物流业有利于增强城市的核心竞争力。物流业界有一个关于城市核心竞争力的计算公式：城市的核心竞争力 = 生产力×流通力[137]。低效率的流通力不仅无法满足本地的生产能力，还会造成城市与外界的通道不畅；相反，高效的流通力能够通过内外交流、优势互补弥补本地生产力的不足，从而提高城市的辐射力和竞争力。例如，2010 年 3 月，伊宁市通过建设立体交通网、"农超对接"的措施打破城市交通"瓶颈"，形成了与生产要素市场相适应的物流服务体系，伊宁市通过加快现代物流的发展，有效地提升了城市的核心竞争力。现代物流业促进城市交通基础设施的建设，促进以城市为中心的区域经济的形成，有利于吸引外资、提升城市的整体竞争力[138]。

（5）城市的发展促进城市物流系统的构建。随着城市的不断发展，城市对物流需求的潜力日趋增加。城市作为一个人口居住的集中地，生产生活所需要的资料都离不开物流系统的支持。城市居民生活水平的提高促使居民对物流的时间性、准确性、高效性都提出了更高的要求，电子商务的发展也促进城市物流的进一步发展。产品的数量、种类、配送地点、配送时间的多样化使得城市物流必须建立起可靠、灵活的系统，在日常生活中满足客户需要，在突发事件情况下保证系统畅通。

（6）城市是发展现代物流的平台。城市拥有大量的高校、科研机构，丰富的资源、先进的技术支持为物流的发展提供了人才和技术。城市完备的基础设施、便捷的交通，为物流业的发展提供了有效支持。城市是工、商业集中的地区，存在着极大的物流需求，物流需要以城市为依托开拓市场[139]。

4.1.1　城市物流和商贸

物流为商贸业的商品生产和商品交换服务，解决使用价值的让渡问题。随着人民生活水平的提高、消费方式以及零售业态的转变，物流在零售业中的地位日益重要，与采购和销售一起成为增强零售企业竞争力的三大支柱，发挥着协调、全程优化和预测的重要作用[134][140]。

第一，灵活、可靠的城市物流系统能够降低商贸企业的成本和流通费用。商品生产出来后必须通过物流才能实现其使用价值，商流完成了货物所有权的转移，而物流使物质交换得以实现。因此，物流运输、包装、配送等功能的效率直接影响了商品的流通、商贸业的发展，可见物流在商贸业中占据的重要地位。城市物流系统的有效支撑可以提高商贸企业供货准确率和配送效率，从而降低物流运作成本。

第二，城市物流系统促进城市商业业态多元化发展。（1）促进了零售业经营方式的升级换代，有效地推动了连锁经营，引导和形成了新的消费理念。随着经济的发展，传统的零售模式已经无法满足日益增长的需求，发展商贸物流配送促使超市、便利店等连锁经营模式的出现，推进了经营方式的升级，引导和形成了新的消费理念。（2）城市物流配送产生了商业批发企业总经销、总代理等新的营销方式，使得商业的流通环节不再拘泥于传统的流通模式。由过去传统的进货－销售模式变得更加智能化、信息化、高效化。

第三，物流为批发体系提供了强有力的支持。批发商是沟通生产企业和零售商的桥梁，不直接服务于消费者，位于商品流通的中间坏节。物流业在建立为生产和零售服务的现代化批发体系中提供了必要的物质和技术支持。批发企业改变了原来单一的批发功能，实现了商品的低成本、高效率的流通。

第四，物流为零售业库存提供预测依据。随着经济的发展、人民生活水平的提高，消费者的需求变得更加多样化、个性化，再加上季节以及突发事件的影响，这些因素都对库存管理提出了更大的挑战。零售企业的库存过少会丧失市场竞争力，缺乏灵活性；库存过高会造成商品的挤压，提高库存成本，不利于库存控制。因此，对消费的需求预测至关重要，直接影响着企业的库存策略和经营发展[134]。

4.1.2 城市物流和工业

国外制造业和物流业的发展表明，制造业是物流业发展的基石，物流的发展又推动了制造业发展，两者相互促进。而城市制造业的发展必然要求与之相适应的物流水平作基础[141]。根据国家发改委公布的数据显示[142]，2012 年，全国社会物流总额 177.3 万亿元，按可比价格计算，同比增长 9.8%。从构成情况看，全国工业品物流总额 162 万亿元，按可比价格计算，同比增长 10%。数据表明，工业是推动社会物流总额增长的主要动力。

《北京市"十二五"时期物流业发展规划》中也明确指出，将"大力发展高端现代制造业，培育壮大一批现代产业群，重点推动新一代信息技术、生物医药、新能源、节能环保、新能源汽车、新材料、高端装备制造和航空航天等战略性新兴产业的发展"。这些高端现代制造业产品高集成度、高附加值的特点，需要物流业的有效支撑，要求物流系统具有运作的精益性和响应的时效性。

当今全球化、规模化的发展促进了商品的生产和销售，工业发展也逐渐由传统型向新型化、综合化的模式转变。工业发展逐渐由廉价劳动力指向型向技术指向型工业转变，其内部生产分工更细，专业化更强。城市物流为工业产品搭建流通平台，具有协调、整合仓储、配送、信息处理等物流功能，组织工业原材料、半成品和产成品的流通，降低企业之间的交易成本。工业物流的专业化强，行业差异大，重工业、轻工业对物流的需求不同，物流的组织形式也各不相同。因此，传统、粗放型的物流模式不能满足工业物流复杂性的特点。高效的物流系统能够为工业企业的进一步发展提供动力与支撑[143]。

例如，物流公司J是专门为工业制造企业提供配套产品和服务的第三方物流企业。在信息化的支撑下，物流公司J通过服务创新，为客户创造了更大的价值。物流公司J通过为公司B提供集中采购服务，使得其通用工具采购成本降低6%，其他采购降低采购费用1%左右，减少5000万元以上的资金占用，节省员工成本100万元，合计为公司B降低采购成本和节约费用600万元以上。物流公司J的集成化服务，使相关供应商扩大了市场份额，便于其集中精力搞好主营业务，将关心市场的精力放在增加品种、提高质量等核心竞争力上，同时降低供应商的经营风险。

由此可以看出，物流是工业生产必不可少的环节，是工业生产的重要组成部分，是推动工业发展方式转变和产业结构升级的重要手段。在全社会物流总额中，工业品物流占90%左右；在工业品制造和流通过程中，仓储、运输等物流环节的时间占90%以上。工业物流成本过高、物流运行效率较低成为制约产业体系健康运行的瓶颈[144]。

因此，发展物流、转变工业发展方式、提高企业核心竞争力势在必行。重点推进制造业与物流业的联动发展，鼓励制造企业整合优化业务流程，剥离物流业务，创新物流管理模式。有助于企业挖掘"第三利润源"，降低物流总成本，提供附加增值服务，提高工业增加值率；有助于产业加快向服务型制造转型，促进发展方式转变；有助于供应链实现一体化整合，推动新型工业化道路发展[145]。大力发展物流还有助于打破我国工业企业长期存在的"大而全""小而全"的传统观念，转变"自成体系""自我服务"的传统生产组织形式和经营管理模式，建立与现代产业体系相适应的现代物流服务体系。物流的发展将成为工业企业转型升级的重要突破口。

现代物流将运输、储存、装卸搬运、包装、信息处理等物流活动进行集成式管理，对工业企业的库存、运输、物料进行优化整合。现代物流通过其信息化、专业化的物流服务将整个供应链与物流活动协调一致，利用其现代化的手段、网络化的组织、智能化的管理，缩短订单的处理时间、保障生产的顺利进行、降低企业的总成本[143]。

4.1.3　城市物流和城市交通

物流的一个重要过程是如何把货品配送到不同的地方，而这一过程离不开交通运输，交通是直接影响物流能否满足客户需求的一个重要功能。物流的一个鲜明的特点就是时效性，城市物流对时效性的要求更高，如一些居民生活必需品的及时供应、企业生产原材料的及时供应等。快速、可靠的城市物流受到城市基础设施的影响。城市高速公路的建设和城际高速路的建设都对促进现代物流业的发展起到了巨大的作用。高速公路提高了运输速度，改善了城市的道路水平。如日本名神高速公路建成后比原有公路节约旅程时间约75%。高速公路沟通了城市内以及城市与周边区域的重要节点，增强了综合运输网络的辐射力、通过能力，使得城市与周边区域的沟通更加顺畅、高速。沈大高速公路通车后，运输成本下降了15.4%[146]，同时提高了配送的可靠性、货物的完好率。以北京为例，2017年，全市公路总里程达到22226千米，其中高速公路里程为1013千米，占公路总里程的4.6%，不断完善的城市道路交通网络缩小了市中心到郊区的距离，增强了辐射能力，对城市物流的发展起到了积极的推动作用。[3]

城市物流有很大一部分是为最终消费者服务的，物流需求呈现出小批量、多品种、高频率的特点。随着人民生活水平的提高，消费者对运输时效性、商品的安全性有了更高的要求，城市物流需要合理运作，提升服务水平，满足客户要求。城市物流对交通的要求更高，高速公路的修建在发挥运输速度方面起到了重要的作用。高速公路在衔接市区和郊区的重要物流节点方面起到了重要的作用，绕城高速和城市主干道降低配送的时间、缩短了节点之间的距离。消费者可以购买到郊区刚采摘下来的新鲜蔬菜、水果。随着高速公路物流网络的构建，以城市为核心的区域物流配送得到更快发展。对提高区域物流效率产生积极影响，推动城市与周边区域的交流沟通[146]。

城市物流不仅需要满足城市内部的生产、生活需求，也承担着与周边区域沟通的重要作用，城市的产品需要运送出去，城市外的产品需要运输进来。随着各个城市的飞速发展，城市中之间的交流沟通变得更加频繁，区域一体化的发展使得物流的需求得到扩展，城市内部、城市之间对流通产生了强烈的需求，对城市物流的发展提供了机会。

但是近年随着城市化发展的进程，城市规模不断扩大，城市人口急剧增加，城市交通问题已成为制约城市发展的头号问题。城区交通负担日益加重、交通出行困难、物流车辆占用主干道……在经济发达城市车辆运行速度几乎到了与步行同步的程度，城市交通问题如果不能加以解决，将阻碍城市的发展。

为提高城市交通的效率，政府采取了一系列的措施。例如，北京的限号政策、购车摇号政策、限制货运车辆在城区通行的时间等。然而，这些对策更多的是集中在对城区交通流量的疏散方面，城市的货运配送带来的交通问题并未得到改善。例如，货运车辆频繁进入城区，在一些交易市场或配送中心周边，等待装卸或正在装卸的货运车辆挤占交通干道，不但造成交通拥挤，也会影响商品的流通效率。例如，北京市的西南郊冷冻厂附近和新发地附近，由于配送、批发车辆过多，加上道路规划的不合理，经常造成交通拥堵，对周边道路的交通也产生了一定的影响。

4.1.4　城市物流和民生

城市物流系统的构建有助于保障和改善民生。党的十八大报告中明确提出："加强社会建设，必须以保障和改善民生为重点。要多谋民生之利，多解民生之忧，解决好人民最关心最直接最现实的利益问题。"城市物流的配送是一项关系到社会稳定的民生工程，和居民的日常生活息息相关，如"米袋子""菜篮子""农超对接"等生活必需品的供给与配送，电子商务的城市物流体系、城市应急物资的供给等，这些都需要可靠的、有效的城市物流系统作为保障。如果不能在短时间内高效地保障供应，不仅会影响人民的基本生活，还会给社会安全和稳定带来巨大的冲击，进而引起更广泛的损失。

随着互联网技术的提高和居民消费观念的改变，通过网络进行购物、交易、支付等的电子商务模式发展迅速，电子商务凭借其低成本、高效率的优势，越来越受到普通消费者的青睐[147]。网购逐渐成为我们生活中的一部分，食品、服装、电器、图书等一系列生活必需品都可以从网上购买，除了少部分提供服务的产品以外，大部分商品交易的成功都需要依托物流实现，因此，电子商务的发展直接促进了快递业的迅猛发展。表4.1为规模以上快递服务企业业务量和业务收入情况。

表4.1　　　　　　　　规模以上快递服务企业业务量和业务收入情况

城市	快递业务量累计（万件）	同比增长（%）	快递收入累计（万元）	同比增长（%）
北京	141447.3	27.4	1816522.5	23.1
上海	170778.0	33.0	4552476.2	26.0
天津	25624.4	106.6	435370.4	73.7
重庆	20525.4	47.8	286533.2	42.5

资料来源：[148] http://www.spb.gov.cn/xw/dtxx_15079/201601/t201601/4_710673.html.

根据国家邮政局公布的数据显示，2015年，全国快递服务企业业务量累计完成206.7亿件，同比增长48.0%；业务收入完成2769.6亿元，同比增长35.4%。数据表明，2015年快递业务收入占邮政全行业业务收入的比重达68.6%。2015年上半年全国快递业务收入1195.7亿元，同比增长33.2%；业务量84.6亿件，同比增长43.3%。但是快速增长的快递业在其繁荣的背后也隐藏着不少问题。例如，在2012年网购市场"双11""双12"的促销带动下，网购快件量大幅增加，尽管电商和快递业在事先都做了充分的准备，但是"爆仓""快递变慢递"等情况还是不可避免地出现。我们在某电商上拍下商品后，一方面，商品在发货过程中经常出现遗失、破损问题；另一方面，电子商务产生的需求与快递业的处理能力脱节，业务量激增时物流速度比较慢。这样不仅影响到企业的发展，还会影响到社会民生。因此，电子商务的城市物流体系构建刻不容缓，完善的城市物流体系在突发事件下具有较强的可靠性，适应电子商务的发展速度，提高物流速度，降低出错率[149]。

冷链物流系统的建设也关系到民生问题，确保新鲜食品从生产源头安全地送达到消费者的手中，是完善流通体系和增强保障体系的重要一环。冷链物流可以使商品的销售半径和保鲜期都得到延长。例如，蔬菜受地域性和季节性影响较大，产量低会导致市场供应不足，产量高又导致市场供过于求，当供过于求时，蔬菜产生了堆积，如果没有很好的保鲜措施，可能会导致大量的蔬菜浪费掉，严重影响了农民的收入，造成了巨大的经济损失，也严重降低了生产效益。而冷链物流可以使蔬菜经过冷藏保鲜，创造出适宜环境，维持蔬菜鲜活的特质，延长它们的供应期，从而可以跨季节销售，也可以跨地域销售，不但保证了食品安全，而且避免了浪费现象，使农民的收入有所增加，还使生产效益得到了提高[150]。

易腐食品的时效性要求冷链各环节必须具有更高的组织协调性，但是目前我国的城市冷链物流体系建设尚不健全，从最初的生产、加工、仓储、运输、销售，最后到消费者手中的这个过程中，必须保证处于规定的低温环境中来保障商品的新鲜程度，但是商品在这些环节中容易腐败、发生质量问题。因此，建立一个城市物流系统，能够很好地降低商品在流通中的腐蚀率，为其提供一个保鲜环境，提高反应时间。

4.1.5 城市物流和城市环境

城市的环境直接影响着城市的发展。城市环境的恶化不仅会影响城市经济的健康发展，还会影响居民的生活。物流的核心活动是运输，物流运输在提供安全、快速服务的同时，也给城市环境带来了不利的影响。通过合理化、规范化的物流活动，实现资源的优化配置，在保证物流健康发展的情况下，实现保护城市环境保护的目标，形成一种环境友好型的物流形态，以便改善城市居民的生活环境，更好地发挥城市应有的功能[151]。

城市是一个相对封闭的空间，系统自循环进行环境净化的能力十分有限。随着城市规模的扩大，"现代城市病"问题日益严重，并进一步制约着城市经济的发展和核心竞争力的提高[152]。根据福利经济学，任何的经济活动都可能存在外部不经济性。具体到城市物流配送行业，目前可观测到的外部不经济性主要表现在四个方面，包括对于城市稀缺资源（土地、道路、能源等）的占用、城市的交通拥塞、道路车辆的空载及污染物排放和对居民生活质量的不利影响等[153]。根据王国文等的研究，城市物流行业的污染物排放是城市重要的污染源，其中，载货汽车以其约 1/5 的数量占比造成了近一半的主要污染物排放，已严重影响到城市可持续发展战略的实施[154][155]。

随着城市的发展，城市的需求不断增长，城市内的物流运输量也持续增长，物流量的增加带来城市车流量的增加，车辆排放的尾气对城市的空气造成了严重的污染。此外，当一些道路的通行能力不足时，会造成交通堵塞等现象，城市交通问题降低了物流的效率。随着第三产业在城市产业结构中比重的逐步加大，消费需求呈现多样化、个性化特点，物流对象呈现出轻薄短小的特点，流通结构的变化导致企业要想满足消费者的需求可能会进行更加频繁的运输，直接导致城市的环境因运输频率的提高受到更为严重的破坏。因此，如何解决城市物流发展同城市环境之间的矛盾至关重要。

为了满足城市生产、生活的需要，城区内分布着物流的节点以满足货物中转、集散的需要，满足商业贸易、企业生产和家庭消费等活动，物流车辆高频率地出入主城区，因此，导致了空气污染、生态环境的日益恶化等问题。城市物流不仅需要低成本、高效率地满足客户需要，还需要以低噪声、低污染为出发点。国外城市物流的发展经验告诉我们，物流节点设施的规划应当考虑保护自然环境与人文环境等因素，尽可能降低对城市生活的干扰。此外，过于分散、单一的物流节点导致交叉运输、重复运输等问题，使得运输效率低下，为城市的交通带来更大的压力。城市是居民日生产、生活的区域，其环境的优劣直接影响到居民的生活质量和城市功能的发挥。人口密集、工业高度集中都导致了城市环境的恶化，其中交通运输量的增长是造成城市环境污染的一个重要因素。城市交通运输量的增加直接导致城市车辆内行驶车辆的激增，尾气的排放、能源的消耗使得城市的环境问题更加复杂[156]。

在货物的仓储过程中，储存货物可能因作业处理不当发生物理、化学变化而产生有害物质。例如，放射性和易燃易爆物品因储存方法不当，可能会对周边的环境造成污染和破坏。为了防止商品在储藏过程中变质，企业会对仓库进行消毒灯处理。例如，喷洒杀虫剂等化学药品，会对周边的生态环境造成污染。

商品的过度包装和一次性包装严重污染城市环境。物流流转过程中的包装材料有些是不可降解的，会造成环境的污染；商品的过度包装，造成资源的浪费，产生了大量的城市垃圾，不利于可持续发展。

不合理的流通加工方式也会对城市环境造成负面的影响。流通加工中的分散加工产生的边角废料，难以再利用。加工中产生的废气、废水和废物都会对城市环境构成威胁。

装卸搬运过程中因操作不当造成货物的损坏，对城市环境造成影响。例如，化学液体的泄漏会造成水土的污染。

运输环节对城市环境的影响主要体现在废弃物污染、噪声污染、气体污染等方面。其中尾气排放是影响城市环境的重要污染。英国空气洁净和环境保护协会曾发表研究报告称，英国每年死于空气污染的人数是交通事故遇难者人数的十倍。尾气在直接危害人体健康的同时，其中产生的二氧化硫会造成水土的酸化，影响农作物的生长[157]。

缓解城市拥堵、改善城市环境的一种有效的方式是对城市物流节点进行合理的规划设计。通过对配送中心、仓库、企业以及物流传统业务功能进行系统性、战略性的调整和协调，提高城市物流的效率。强化物流线路的运输功能和节点的运输、仓储、包装等功能。物流涉及生产、流通、消费领域，与许多行业联系密切，在具体的规划过程中应当考虑各部分的利益，以城市的规划为依据进行科学、合理的设计，提高城市物流的产销率，保证城市物流的合理化。高效、可靠的城市物流系统对改善城市环境有重要的作用。通过构建城市物流系统可以减少线路、节点和相关基础设施的占地，通过对车辆的优化配置，减少了噪声、尾气对城市的污染。例如，日本政府为了解决城市交通污染等问题，建设流通业务市街地，以城市规划为准则，将城市周边的一些区域划定为城市基础设施建设用地。这一举措缓解了交通拥堵问题，提高了物流的效率[156]。

改善城市环境的另一方式是共同配送。制造商、批发商和零售商等物流服务的需求方可以通过彼此协作，由第三方物流企业进行服务。物流活动的共同化，不仅利于降低企业的物流成本的降低，还能够节省能源，缓和道路堵塞状况，从而起到改善城市环境的作用。

城市物流同城市的发展有着紧密的联系，城市物流系统的可靠性不仅关乎城市物流运作的效率，更关乎整个城市竞争力的提升和城市经济的发展。因此，研究城市物流系统的可靠性至关重要，城市物流系统作为一个整体，会受到内外部环境因素、内部运营等因素的影响，首先需要确定城市物流系统可靠性的影响因素。本书以完成物流活动的各个环节为逻辑出发点，运用物元分析法从供货、备货、配货、存储、加工、运输等过程提炼影响因素。

4.2 影响因素分析

国外学者对城市物流的研究主要关注的是如何处理城市物流发展带来的负面影响，因此，他们主要从城市物流措施的完善方面来研究城市物流的影响因素。

穆努苏里（Munuzuri，2004）等考虑城市居民、城市物流与城市交通的关系，提出由公共基础设施、土地使用管理、准入条件、交通管理、执法和宣传几部分组成的城市货运解决方案，为政府的相关决策提供支持[158]。肖（Shao，2009）等在供应链全球化环境下，根据中国区域物流系统的特点和内涵，建立系统、全面的评价指标体系。然后基于层次分析和模糊决策原则对中国区域物流行业的发展趋势进行评估。讨论关键因素对区域物流产业竞争力的影响[159]。久世、恩多和岩（Kuse，Endo & Iwao，2010）通过分析物流和城市形成之间的关系，阐述物流规划的重要性，提出城市物流规划的框架。从物流基础设施、物流网络和区域规划三个方面提出物流规划的步骤[160]。拉索和科米（Russo & Comi，2010）分析现有的城市物流政策的相关研究，提出适于城市范围的物流措施，包括物质基础设施的措施、智能运输系统措施、物流设备措施和管制措施[161]。

需求的不确定性使得城市物流系统的可靠性受到挑战，从突发事件到随机的客户需求的波动，城市物流系统受到众多因素的影响。城市人口众多、交通情况复杂多变、近年来各种自然灾害、公共卫生事件和社会安全事件频发，使城市物流面临越来越严重的挑战。突发事件下如果不能快速及时地保证供给，将会引起社会的恐慌，进而引起更大的损失。

随着经济的发展，人民的生活水平日趋提高，市场需求由原来的少品种向着多元化、定制化的趋势发展。加上信息的发展，生产技术的提高，企业生产的产品品种日趋多样化。城市物流的需求时间存在着多样性，满足客户的需求有时并非越快越好。客户有时需要工作日送达，有时会根据生产需要选择送达时间。这些因素都对城市物流系统提出了更高的挑战。

综上分析，有很多影响配送网络可靠性的因素。包括监控能力、配送中心位置、成本预算、技术配备、需求变动、天气状况和政府的相关政策、法规等。城市配送系统作为一个整体，会受到外界环境因素的影响，如天气状况、交通状况、城市突发事件等，这些是配送企业无法掌控的一部分，因此，可把它们归为不可抗力对城市物流系统内的影响。运营贯穿着整个城市配送网络的每一个节点和链路，也是与配送网络可靠性关系最为密切的一方面。

综合以上因素，可以从以下五个方面考察城市物流系统可靠性影响因素，如图 4.1 所示，信息、运营能力、技术设备可靠性、政策法规以及不可抗力。将对这五个方面进行深化分析，得到具体的指标，对指标进行定性分析和定量分析，为提炼关键影响因素奠定基础。当然，这五方面影响因素并不适用于衡量所有系统，不同系统的影响因素根据条件不同有所差异，要视实际情况而定，具体问题具体分析，才会有更加科学合理的结果。

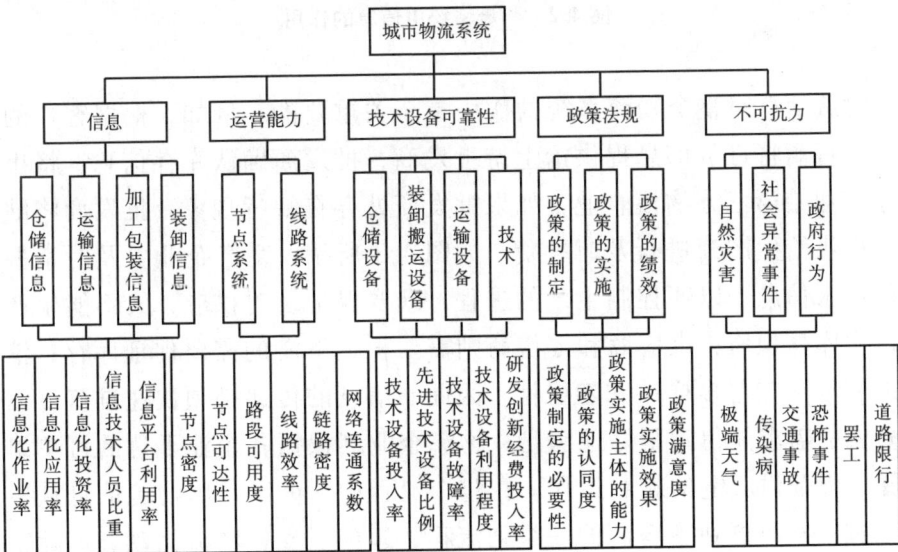

图 4.1　城市物流系统可靠性影响因素

4.2.1　信息

4.2.1.1　作用机理

物品的流动也伴随着信息的流动，在物流业迅速发展的今天，信息化已成为现代物流发展的灵魂，信息在城市物流系统中的作用至关重要。物流信息是反映物流各种活动内容的知识、资料、图像、数据、文件的总称。物流信息系统一般是通过收集、传输、存储、处理、输出等一系列功能使信息流在整个配送系统中的运作（见图4.2）。它的主要功能是将各个要素之间的信息进行整合、协调，指导配送路线的选择[162]。物流信息的分类方法有许多，本书主要以功能分类为出发点分析信息对城市物流系统可靠性的影响。

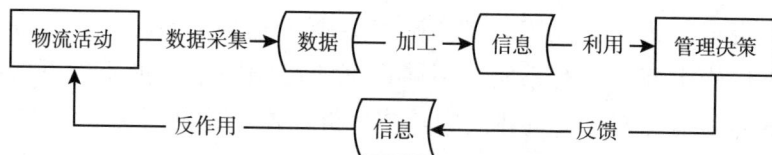

图4.2　物流系统中信息的作用

物流信息对整个物流系统的作用是至关重要的。例如，根据客户的需要，零售商将订货信息提供给上游批发商，批发商确认库存信息，将出库信息下达给第三方物流企业，如果批发商处存在缺货现象，批发商将缺货信息提供给生产商进行及时补货。如图4.3所示，生产企业要及时掌握市场的需求信息，以便控制生产的进程，既要保证及时供应，又不能生产过多产生库存积压；供应商和零售商则需要根据下游的需要保证库存；消费者的需求存在着多样性和随机性，因此，信息的传递必须快速准确，以便消费者的需求能得到很好地满足；物流企业则根据各企业下达的订单组织运输，保证供应链的顺利运作。在整个流程中，可以看出物流信息从生产者经过批发商再到零售商的一系列流程，起到了支持物流活动、保障整个供应链有效运作的作用。可以想象，如果其中某一个环节的信息发生滞后、断链的情况，则整个物流系统会崩溃。零售商、批发商会发生缺货的现象，消费者的需求不能够得到满足，从而影响物流系统的效率，提高企业的运作成本。

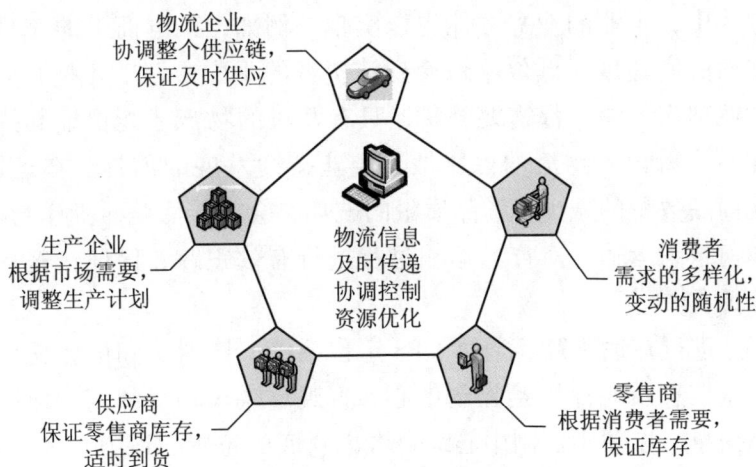

图 4.3 物流信息的重要性

根据信息产生和作用所涉及的不同功能领域分类，物流信息可分为运输信息、仓储信息、装卸信息、包装加工信息等。

（1）运输信息。包括产品在运输途中的质量安全、运输位置信息等，对于冷链物流而言还包括产品在运输途中的温度、湿度的控制，如图 4.4 所示。

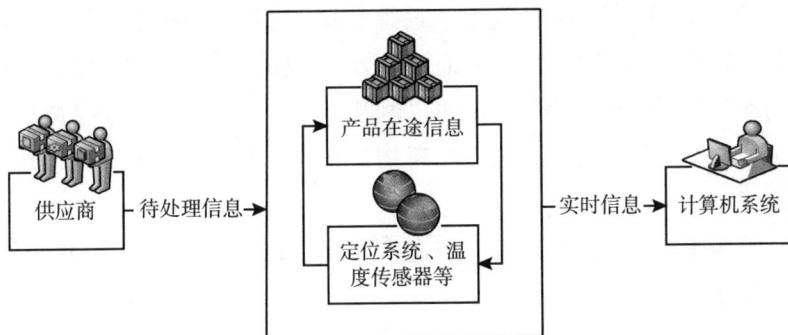

图 4.4 运输环节流程

对在途货物信息管理的不及时会造成货物的运输延迟、货物的损坏。只有提高商品在途信息的及时跟踪和掌控能力，才能实现整个系统物流信息的集成和共享，提高商业客户满意度，增强市场竞争力。

企业的正常运营需要依托城市物流，只有物流及时、可靠地将商品送达到客户手中，企业的业务才能得以实现。例如，某电商上的交易只有通过物流将商品高速度、低效率地交到消费者的手中，订单才是有效的。再如，其他便利店，每天都需要补货，只有及时的物流才能保证其持续地运营。由此不难看出，物流的可靠性是企业持续发展的前提。在运输途中，如果出现商品数量的减少、商品质量的破坏，会直接影响企业销售的实现。因此，如何组织运输，对产品运输过程进行有效跟踪，保证在途货物的质量安全至关重要[163]。

对产品进行在途跟踪。通过 GPS 定位系统，摄像头和语音通话等技术将车辆定位信息及时反馈给控制中心，直观反映车辆经纬度、速度以及流向等动态信息，以便于控制中心综合考虑仓库的位置、运力、客户的需求，生成最优的路径，通过 GPRS 系统传送给司机，保证货物及时安全地到达。在遇到交通事故时，司机可以将信息及时传递回企业的监控中心，企业根据车辆位置信息采取应急措施以保证及时地满足客户需求。通过将车辆在途信息透明化，让客户可以实时查询到车辆在途信息，满足客户的增值服务需求。

如果运输过程中信息的识读效率不高，则无法快速准确地满足客户需求。如果企业只在出仓和交货时进行货物信息的提取，而忽视产品在途过程中信息的管理，将会导致货物丢失，从而影响服务质量。对数量众多、机动性强的车辆进行有效的监控，紧急救援，实施透明化管理，为客户提供查询的增值服务非常重要。保证对物流过程的完全实时监控，正确快速地读取动态货物或载体的信息并加以利用可以进行有效的监控调度，保证准时到达，对提高顾客满意度，提高物流效率，降低物流成本起到至关重要的作用。

（2）仓储信息。仓储信息主要包括入库信息、出库信息和库存信息，如图4.5所示。

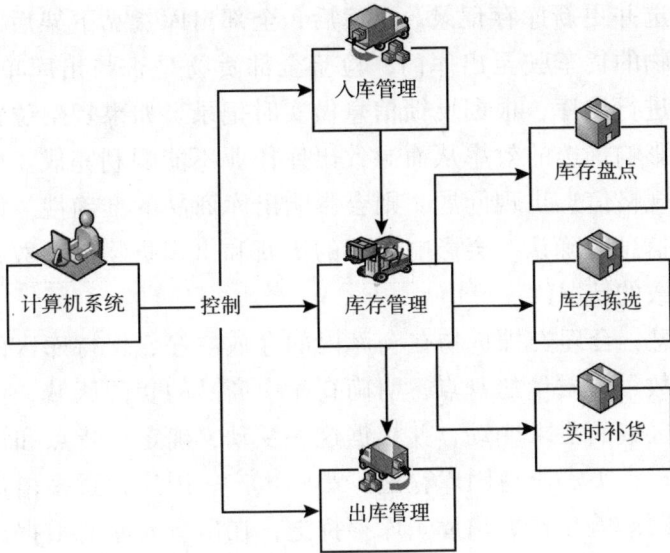

图 4.5　仓储环节流程

入库信息：入库前，需要将入库的产品进行分类，确定每一类产品的属性信息，并为其指定相应的货位，将全部信息反馈到计算机系统中。接下来下达入库单，根据入库单为货物指定相关货车。入库中，仓库管理员接到入库单后，明确入库单上的信息，将全部需要入库的货品按要求放在指定的货车上，进行入库作业。入库后，当把全部需要入库货品码放在货架上后，将货物信息反馈给计算机系统，做实时记录。在入库作业中，信息存在于从接收入库开始确认存储位置，检验货物质量、数量，到入库存放确认后更新库存的处理。如果接收入库的过程中未进行验货处理，就无法确定货物的数量、质量、形状等信息，在出库过程中有可能输出不合格的产品，不但需要重新检验影响成本，更会影响企业的信誉。如果入库过程中未进行存放指示信息的处理，则会影响后续库存管理、出库管理的效率，不但不利于商品的查找，还会影响库存安全问题。如果入库中未进行存放信息的确认，会影响库存的更新和接收货物的计数，导致实物和账目不一致的情况。

出库信息：出库前，首先接收出库单，为此出库单指定相关服务货车，将出库单发出，仓库管理员以及其他相关人员接收出库单。出库中，仓库管理员接到出库单，根据入库货品码放位置明细表确定拣选路线，管理员进行货物拣选并更新库存记录。出库后，全部出库货品下架后，仓库管理员将装满货物的货车驶至出库门，检验全部货物是否与出库单内容一致，核查无误后进行出库，根据反馈信息做实时记录。如果货架位置信息存在问题，则会影响拣选的效率从而导致出库作业不能顺利完成。如果出库单上的数量、规格信息出现问题，则会影响出库商品的准确性。如果出库中未进行存放信息的确认，会影响库存的更新和出库货物的计数，导致实物和账目不一致的情况。

库存信息：合理安排货物在仓库内的存放次序，保持库区的整洁。定期进行库存数量、质量的盘点，明确仓库中商品的货位区域，根据以往的需求掌握该区域的需求变动，并根据这一变动，确定订货点和订货量以保证合理的库存水平。避免因库存过少影响生产、因库存过多增加成本、因商品安全问题影响生产、出库。库存拣选，在出、入库时根据出、入库单进行商品的拣选，特别注意商品的规格和数量，并及时进行库存的更新。拣选过程中的错误会影响出库货物的出库，以及后续的一系列物流活动。实时补货，补货的问题是计算补货的数量，在这一环节中信息的滞后和不确定性将会导致货物库存量的极大变动，从而影响企业的生产，进而提高成本。库位管理要有明确的标识，方便管理，入库前查询响应货物在仓库的堆放货位信息，为相应的货物整理出空间，提高仓库的利用率。及时掌握库存量的动态信息，减少库存空间占用，加速资金的周转。库存过高会增加仓库面积和库存保管费用，占用大量资金，从而影响资金的时间价值和机会收益，造成资源的闲置，影响其合理配置优化。库存量过小会造成服务水平下降，突发事件下不能及时地满足需求。

（3）装卸信息。按照作业内容，装卸可以分为装货卸货作业、搬运移动作业、堆垛拆垛作业和分拣配货作业。装卸活动贯穿于整个物流活动的始末，是决定物流速度的关键。装卸搬运活动是依赖劳动力和设备来完成的，如果无谓的重复性装卸活动过多，会产生大量的劳动、机器投入费用。例如，机械工厂生产 1 吨的成品所造成的装卸搬运次数高达 250 次，所产生的成本约占总成本的 15%。装卸搬运产生的费用所占比重较高，其时间占用比例也很高。由于装卸活动的频率高，因此，如果出现过高的重复性，或是浪费大量的时间会降低整个物流运作的效率。物流效率主要表现为运输效率和仓储效率。在短途运输中，货物出库、装车、卸车、入库所占用的时间有时甚至超过了货物运输的时间。如果装卸搬运的无谓占用时间过多，会影响运输的频率、货物的周转速度。时间大多浪费在装卸搬运过程中，使得整个物流运作的效率低下。此外，由于货物在装卸搬运过程中难免会受到外力的作用，如撞击、挤压。装卸搬运活动的不合理会直接导致货物的损坏，也会增加成本[164]。例如，液化石油气压力球罐在装卸罐车时易发生损坏，玻璃制品在搬运过程中容易破碎，礼花等易燃易爆等危险品如装卸不当会造成爆炸，由此不难看出，装卸搬运是影响物流效率的重要环节。装卸是衔接物流环节的重要一环，其效率的高低直接影响其他物流环节。如果装车不合理会影响货物的在途运输，易发生损坏；卸车不当，会影响货物后续流转环节[165]。因此，合理有效的装卸搬运标准化有利于降低装卸、搬运所花的时间，有利于保证产品的质量，提高系统的及时性和可靠性。

（4）包装加工信息。包装加工在流通过程中起着保护产品、方便储运、促进销售的作用。合理的包装加工能够保护商品免受日晒、雨淋、灰尘污染等自然因素的侵袭，防止挥发、渗漏、溶化、污染、碰撞、挤压、散失以及盗窃等损失；给流通环节贮、运、调、销带来方便，如装卸、盘点、码垛、发货、收货、转运、销售计数等。

包装、加工环节是产品物流环节中比较重要的一个环节，要确保在第一时间消除这个环节的安全隐患，加大安全监管力度。确保在生产线上对原材料、各种配料的来源信息进行记录，使产品在加工环节的各个流程中均置于严格的监督、控制和管理中。其信息也对整个物流系统的可靠性起着重要的作用。例如，蔬菜在加工过程中首先通过读取每种蔬菜的电子标签中的信息，了解蔬菜的预冷时间、温度数据、加工流程等。有了这些基本数据，才能对蔬菜产品进行加工。如果缺少这部分信息，加工过程中可能会忽视温度控制，从而影响产品的质量。由于加工的时候可能会出现很多安全隐患，因此，必须加大对加工各环节的监督与控制。例如，加工时候所加入的各种添加剂，以及添加剂的名称、产地、加入的含量、加入的时间等，这些信息会在消费者进行消费时为其提供参考。加工环节中的加工厂商、加工者的信息、管理员的信息，最后加工完成的时间等信息有利于明确责任人，以便在出现问题时对相关人员进行问责。如果没有这部分信息，产品出现质量安全后无法明确是哪个环节出现的问题。包装的规格以及标识等信息有利于指导产品的堆码和仓储，如果缺乏这些信息则会导致产品在搬运、储存过程中出现质量问题。例如，一些产品在包装箱上注明上下位置信息和易碎品信息。如果包装、加工中出现破损或包装不统一的情况，在后续搬运、运输过程中极易发生损坏，不仅降低了物流效率，也不利于整个系统的可靠性。加工环节有了这些信息的全面记录，在后续环节中，可以对产品基本情况信息一览无余，可以节省更多的查找时间。更大的意义在于它能使物流各阶段更高效、更智能、更透明、更安全、更可靠。

物流系统沟通了供应商、配送中心和客户，凭借信息的媒介，通过配送计划由信息代替库存。例如，戴尔实现了以信息代替库存的模式，理论上讲，戴尔根据客户的订单组织生产，也就是说在客户没有下单之前，戴尔工厂的车间里是没有工料的。配送信息系统一般是通过收集、传输、存储、处理、输出等一系列功能，使信息流在整个配送系统中运作，而信息系统出现错误则会对整个城市配送网络造成影响。

4.2.1.2 评价指标

（1）信息化作业率，是指城市物流系统中利用信息化手段完成的物流作业量占总物流作业量的比例。物流信息技术的应用涉及物流运作的各个环节，它是衡量物流信息化建设效益的指标。

（2）信息化应用率，是指信息化手段应用时间数占总物流业务时间数的比例。

（3）信息化投资率，是指物流信息化基础设施建设投资占全部物流基础设施建设投资的比重。反映了物流信息化基础设施建设的投资力度。

（4）信息技术人员比重，是指信息专业技术人员与城市物流系统中总人数之比，是反映物流信息化水平的一项指标。物流信息化人才是影响物流信息化建设成功的重要因素，包括网络通信、计算机应用、软件开发、网站建设、物流信息系统安全等方面的专业人才[166]。

（5）信息平台利用率，是指各类物流信息平台、物流园区信息平台、电子口岸平台的交易额占物流总交易额的比值。

4.2.2　运营能力

4.2.2.1　作用机理

城市物流网络具有复杂网络的结构特性，即物流节点数量众多、空间分布分散、道路交通环境复杂多变。将城市内物流节点抽象成复杂网络的节点，把物流起讫点抽象成复杂网络的 OD 对，城市内的线路抽象成复杂网络的边，则可将物流运营的因素抽象为复杂网络，并进行节点和线路的研究[167]。

城市的物流空间结构由点、线、面组成。其中，点指的是城市物流中的节点，是城市物流系统结构最基本的动力源，如物流中心、仓库、港口等；线指的是衔接各个节点的线路，如铁路，公路等；面指的是尘世物流空间结构中的物流集聚区[103]。

配送中心节点内，需要人工或机器对运送货品进行供货、拆包、检查、包装、组合、加工和存储等工作，之后把货物发往下一节点，在这段过程中出现错误会使客户接到存在问题的货品。具体包括备货过程、储存过程、配送人员的素质。（1）备货是配送的基础工作，主要包括订货、购货、集货、进货等有关工作。备货是决定配送成功的重要环节，也是影响城市物流系统可靠性的重要因素之一。由于人员信息输入、标签错贴、扫描失误等都会延误货物的配送。（2）储存是满足顾客需求、应对突发状况的保证，是保证城市物流系统可靠性的重要一环。储存要根据以往的经验和客户订单，有计划有周期地进行。如果储存量过大，会造成储存成本增加。货物的大量囤积，不仅会延长资金运转周期，对于更新换代快的产品来说，大量的囤积也会带来一定的风险。（3）配送人员的素质直接影响货物的送达率和顾客的满意度。配送人员的行业管理要求包括：时效性，是不是在规定的时间送达，是否超时送达；安全性，是否损坏和丢失；顾客的满意度，在操作方面，主要包括运单填写、包装是否完整等。

除配送中心节点之外，链路上出现的问题也会影响到配送结果，运力的大小、线路的选择、配送车辆的调配等都会决定配送的时间，从而影响整个配送网络的可靠性。与城市物流功能相对应，城市物流通道划分为城市内部物流通道和城市对外物流通道。城市内部通道主要是服务于城市内部需求的，为城市内工业、商贸、民生服务。城市道路和节点是城市内部通道的载体。城市的对外通道起着与周边区域沟通的作用，城市中的港口、铁路、仓库等都是组成城市对外物流通道的节点。《城市道路交通规划设计规范（GB50220－95）》中将城市道路分为四个等级，即快速路、主干路、次干路和支路。其中城市快速路和主干路是城市道路网络的骨架，连接着城市各主要分区；而城市次干路配合主干路，起着集散的作用；城市支路弥补主干网的不足，主要起着服务的作用。

根据城市道路的等级，城市内部物流通道可以划分为城市对外物流通道、城市快速货运通道、城市快速配送通道和城市末端配送通道 4 种类型。城市对外物流通道是穿越城市的运输线路，起着沟通城市和周边区域的作用；城市快速货运通道是连接城市内节点的线路，起着沟通城市内组团的作用；城市快速配送通道起着沟通城市内不同层次节点的作用；城市末端配送通道为城市末端配送服务。各个通道发挥各自的作用，使得城市内节点、城市和周边区域的物流得以顺畅。城市内部通道是一个混合的结构，将从城市外进入的货物和城市内的货物配送到城市内的各个节点，再配送到末端客户。

4.2.2.2　评价指标[167]

（1）节点的密度。节点的密度是评价的区域中单位面积内节点的数量。节点密度的高低反映了网络的可靠性。节点密度越高，其脆弱性越低，系统的可靠性越高。评价的是网络中节点和链路失效时网络维持原功能的能力。

（2）节点的可达性。节点的可达性是指评价的区域内从某个节点出发到达任意节点的所旅行距离的长短，节点的可达性越小，网络的连通性越高，系统的可靠性也就越高。评价的是网络的便捷性。如果利用某一节点 i 到任意节点的平均距离 D_i 来评价网络可达性的话，其公式如下：

$$D_i = \frac{\sum_{j=1, j \neq i}^{N} D_{ij}}{M} (j = 1, 2, \cdots, N) \tag{4.1}$$

其中，N 表示评价区域内的总节点数量，D_{ij} 表示节点 i 到任意节点 j 的平均最短旅行距离，M 表示评价区域内可达节点的数量，利用总节点数减去非可达节点数的差计算得出。

（3）路段的可用度。路段可用度是评价系统中某条路段的承载能力是否能满足实际的交通流量的能力。路段的可用度越高，系统越稳定，其可靠性越高。

$$r_a = \frac{\mu_a - \chi_a}{\mu_a}, \quad \forall \, a, \, \chi_a \leqslant \mu_a \tag{4.2}$$

当 $\chi_a \geqslant \mu_a$ 时，说明路段 a 的实际通行量大于其承载能力，此时路段不可用。其中，μ_a 为路段 a 的最大承载能力（$a \in A$）；χ_a 为路段 a 上的实际交通流量（$a \in A$）。

（4）线路效率。线路效率是起讫点之间最短路的计划旅行时间与实际旅行时间的比。评价的是起讫点之间实际同行效率与理想值之间的差距。线路的效率越接近于 1，表示线路的实际状况越接近于理想状况，说明系统的可靠性越高。

（5）链路密度。链路密度是评价的区域中单位面积内运输线路的千米数。链路密度越高，系统的可靠性越强。

（6）网络连通系数。网络连通系数是网络中各个连通线路的连通性，是各个连通线路的最短距离的加权平均与连通线路数量乘积的倒数。连通线路中任意两节点之间的平均最短距离越小，系统的连通性越好，网络的可靠性越高。

网络连通系数的计算公式如下：

$$C = \frac{1}{w \sum\limits_{i=1}^{w} \frac{N_i}{N} L_i} \tag{4.3}$$

其中，W 为网络连通线路的数量，N_i 为第 i 个连通线路中包含的节点数量，N 为整个网络中节点的总数量，L_i 为第 i 个连通线路的平均最短距离。

4.2.3　技术设备可靠性

物流技术设备是物流系统中贯穿于物流全过程、深入各作业细节的复杂的技术支撑要素,是物流的物质基础,也是物流运作效率的关键因素[168]。

4.2.3.1 作用机理

随着城市配送的发展,现代技术被越来越多地应用在配送上。设施技术设备是物流系统的重要组成要素,担负着物流作业各个环节的多项任务,在物流系统中处于十分重要的地位。物流包括包装、运输、装卸搬运、储存、流通加工等环节,这些作业的高效稳定的实现都需要物流技术与设备作基础。物流设施设备包括物流包装、仓库、仓储、运输、装卸搬运、集装单元化、港口物流、流通加工过程中的设备设施。面对多品种货物、小批量多批次的订单、短暂的货运时间以及拥堵的城市路况问题时,现代技术能够帮助我们时刻掌控货运信息并降低成本。先进的物流设施与设备是物流全过程高效、优质、低成本运行的保证。离开物流装备,物流配送系统运行效率就会极其低下甚至无法运行和瘫痪。

近年来,我国物流产业发展受到各级政府的极大重视,物流设备总体数量迅速增加,如装卸搬运设备、运输设备、仓储设备、包装设备等。物流设备的自动化水平和信息化程度得到了一定的提高[168]。物流设备在仓储、运输、包装加工等各个环节都得到了一定的应用。外国企业的进入提供了高性能的技术装备,中国企业的产品也不断出现新品种,专业化的新型物流设备不断涌现[168]。这些都为物流的发展提供了可靠性的保障。例如,近年来高新制造业公司以及许多烟草公司建成了高水平的物流系统,有效地保证了物流系统的高效运行,提高了整个系统的可靠性。

随着生产的发展和技术的进步,先进的技术设备不断应用在物流的诸多环节中,一个完善的物流系统离不开现代技术设备的支持。例如,托盘、集装箱的广泛应用提高了流通效率、降低了社会物流成本。自动化立体仓储系统、AGVS促进了搬运装运系统的自动化,促进了物流的高效化。

城市物流配送过程包含了众多环节,如订单、调度、仓储、运输、发货等。每一个环节和前后的环节都是息息相关的,任何一个环节的延误都会影响后面环节的完成,进而影响整个任务的完成。

例如,商品车的整车物流过程中就存在一系列的问题。商品车由物流基地运往火车站的过程中，难免会遇到交通堵塞或交通事故等，这给运输的效率带来一定的挑战。如果商品车不能及时到达火车站，而又没有及时发现通知物流基地，这将严重影响调度任务的顺利完成。同样，短驳过程中也需要商品车质量交接，这个过程最容易发生商品车的质损，需要全程监控和记录。当商品车短驳到铁路站台后，需要仓储等待发运。发运前，商品车需要经过若干检测程序。首先，最重要的是对目的地信息进行核对检查。短驳驾驶员容易发生商品车停错待发区、目的地混淆等情况。货物在途运输过程中，企业或客户只能通过拨打司机电话查询轿运车的具体在途信息，这种方法不仅浪费时间，还存在滞后性。由于不能及时掌握轿运车的在途信息，企业无法监控轿运车运输途中司机的行驶状态、行驶位置等基本信息，当车辆发生事故时，企业无法对车辆进行控制，重新组织运输的灵活性较差。商品车运输的质量和时间无法得到有效的保证，会严重影响企业的服务水平，对竞争力也有很大程度的影响[169]。这些运输过程中存在的许多问题都需要物流技术设备的支持，以弥补因为轿运车不能及时到达而给企业带来的损失，提高整个系统的可靠性。

如图 4.6 所示，物流监控系统有助于提高系统的可靠性。系统能够直观反映车辆经纬度、速度以及流向等动态信息，调度人员可随时开始跟踪车辆的位置。将最优的路径、调度信息通过 GPRS 系统发送到车载终端，司机通过车载终端可以进行 GPS 导航，监控中心通过语音通话功能和摄像头可以随时与司机联系，保证司机安全驾驶。将货物的基本信息存储在电子标签中，利于信息平台随时对数据进行查询。车辆在运输过程中，企业利用 RFID 技术对货物的在途信息进行识别处理，通过 GPRS 将相关的信息回传到监控中心，将回传信息与数据库中的信息进行比对分析，来识别司机在运输过程中有无违章行为，车辆的数量是否一致。如果发生突发事件，驾驶员可以按下报警按钮向平台求助，警示器会启动并通过 LED 显示屏显示报警信息以及车辆当前所处的位置信息，GPRS 通信模块将信息反馈给监控平台，监控的工作人员会立即进行相关处理[170]。

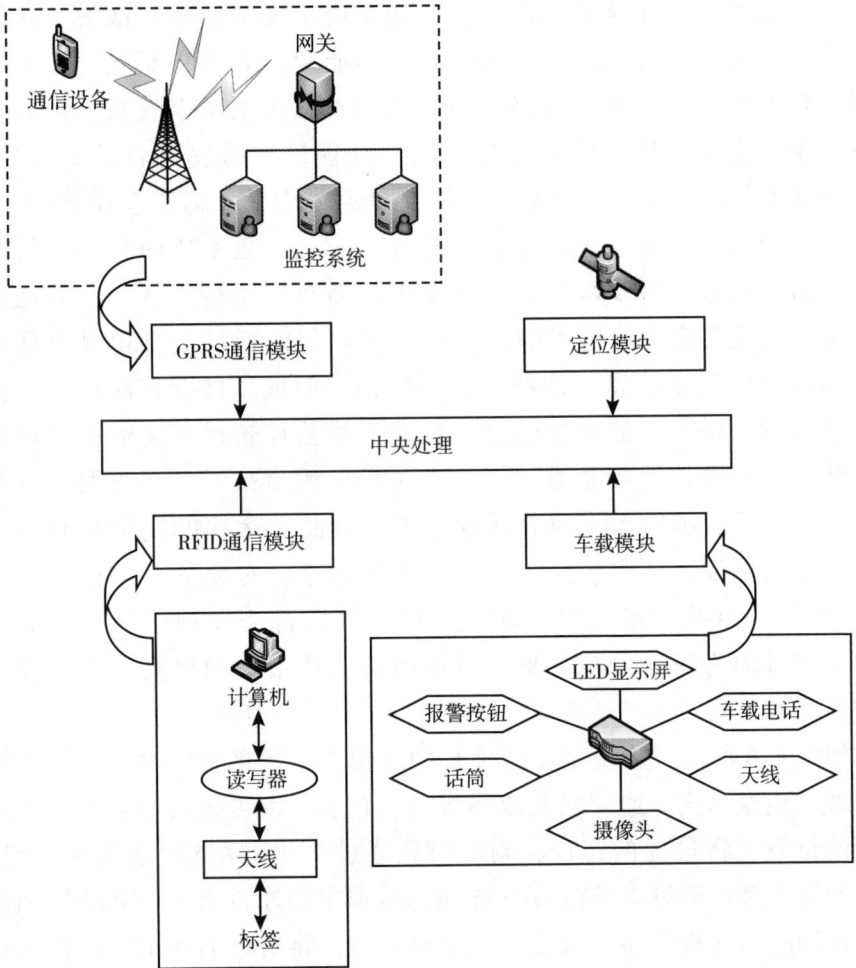

图 4.6　物流监控系统

物流技术设备在物流作业环节中起到支撑的作用，同时也是影响目前我国城市物流行业的突出难题。目前，条码、RFID、GPS 和 GIS 等技术已经运用于企业管理和物流的作业流程之中，这对提高运营效率、提高物流系统的可靠性具有重要的作用。但是，目前我国物流行业的技术设备缺乏创新性，技术设施的整体水平难以满足企业高效地运营和市场的需求。

GPS 定位的覆盖面大、定位精度高，但是车辆行驶山区、隧道等区域时，会造成 GPS 卫星信号的质量下降，会造成定位误差，其连续性也较低。而 DR 定位随着时间的推移，航向传感器和位置传感器的测量误差会使定位误差不断累积加大。定位的误差会影响企业对在途车辆实时信息的掌控，可能会影响送达的及时性、调度的可靠性。

零部件料箱、料架的管理是物流作业过程中所面临的一个实际且复杂的问题。例如，要装配一辆汽车大约需要 30000 个零部件，而一个大型的汽车生产公司大约在其全球的汽车生产系统中要用 150 万个料架。随着产量的不断攀升、产品不断增加、产地不断展开，料箱、料架的管理产生了诸多问题。如标准箱库存不平衡，短缺与高库存并存，料箱、料架损坏，遗失现象屡有发生，料箱、料架损耗高，信息无跟踪，料箱、料架在各流转节点散乱差现象逐一显现。难以预测料箱、料架的需求，对需求的应变能力差；难以统计料箱、料架的周转率，无法提高利用率；难以统计料箱、料架损坏、遗失的原因，无法提出有效的防护措施。料箱、料架不仅可以显著提高装卸效果，还可以提高物流的周转速度。但是料箱、料架的损坏则会直接影响产品的质量和周转的速度，导致后面环节的完成，进而影响整个城市物流系统的运作效率。

目前，我国物流设备的发展还处于刚刚起步阶段，物流技术设备的标准缺乏统一化标准，导致物流各活动之间相互衔接差，削弱了整个物流系统的可靠性。

由于高新技术设备价格偏高，而企业以利润为出发点，许多中小企业不愿意投入资金，导致技术设备的推广遇到困难。另外，企业缺乏对物流技术设备的足够认识，一体化观念没有形成，在设备的选择上缺乏全局观念，导致技术设备不能很好地服务于物流作业环节，同时设备采购不及时、不合格等因素也会给城市配送网络的可靠性带来隐患。

4.2.3.2　评价指标

（1）技术设备投入率。技术设备投入率是指购买技术设备投入的资金量占总资金的比例。

（2）先进技术设备比例。反映了国际水平的物流技术设备数量的比例。

$$\text{先进技术设备比例} = \frac{\text{利用国际上 20 世纪 90 年代后期设计或改造的数量}}{\text{总数量}} \times 100\%$$

$$\text{(4.4)}$$

（3）技术设备故障率。体现技术设备的可靠度，技术设备的可靠性将会直接影响整个系统运作的效率。

$$单位时间故障率 = \frac{故障次数}{天} \times 100\% \tag{4.5}$$

（4）技术设备利用程度。技术设备的利用率过低，不仅会浪费物流资源，还会增加人力等其他资本的投入。

$$技术设备利用程度 = \frac{实际使用时间}{物流作业时间} \times 100\% \tag{4.6}$$

（5）研发创新经费投入率。系统中用于研发新技术设备的投入资金数占总资金数的比例。技术设备的创新能够提高物流运作效率，是系统的活力所在[171]。

4.2.4　政策法规

4.2.4.1　作用机理

在我国物流业发展的同时，政策环境也发生了很大变化。政府的政策和法规不是配送公司能够左右的，而政府政策的变化对于物流产业的发展会产生重大的影响。据中国物流与采购联合会统计，全国已有 30 多个省、市、区作出了物流业发展规划并出台了必要的产业政策。由于有政策的扶持，物流企业与企业物流发展开始步入快车道[172]。

（1）基础设施供给政策。物流基础设施是开展现代物流必须具备的基础条件，主要包括铁路、公路、内河航道、港口、运输工具、仓储设施等。物流基础设施政策是针对物流基础设施建设实施的有关政策，包括物流基础设施建设与布局的政策和鼓励物流基础设施的多元化投资体制及具体的投资鼓励政策。为了保证物流基础设施能够适应不断增长与变化的物流需求，我国政府制定了一系列规范与促进物流基础设施建设与布局的政策。2009 年发布的《天津物流业调整和振兴规划》中提出要建立物流项目储备库，加强物流园区规划布局，建设货运服务型、生产服务型、商业服务型、国际贸易服务型和综合服务型的物流园区。2012 年发布的《国务院关于印发"十二五"综合交通运输体系规划的通知》中提出："全面推进综合交通枢纽建设，基本建成 42 个全国性综合交通枢纽。"这对提高交通运输整体效率和服务水平、降低物流成本、解决现阶段我国综合交通运输方式衔接不顺畅等问题起到了重要的作用。《全国物流园区发展规划（2013—2020年）》中明确了全国物流园区的发展目标和总体布局，为物流园区发展画出"路线图"。解决物流基础设施滞后、落地难、用地贵等问题。物流基础设施是支持物流运作的基础，是保障物流业健康发展的先决条件。政府利用政策法规对物流基础设施的投资、建设、布局、使用、管理、维护等进行规范，吸引并鼓励民间进行物流基础设施投资，以保证物流基础设施的数量不断增加，功能不断完善，布局日趋合理，使用效率不断提高。

（2）管理政策。国家将物流行业列为"十大朝阳行业"之一，并不断出台促进物流业发展的政策，引导物流业的健康发展。2001年，现代物流第一次纳入国家国民经济和社会发展五年计划纲要，同年，原国家经贸委等联合印发了《加快现代物流发展的若干意见》。2010年以来，物流扶持政策层出不穷，尤其是2009年物流业振兴规划出台后，物流重视程度提升到新的高度。2010年印发的《北京市物流业调整和振兴实施方案》中提出，将物流业确立为支柱产业，并明确提出要把北京建设成为具有区域和国际影响力的物流中心城市。2011年，国务院办公厅相继推出所谓物流国八条及国九条。2012年，国务院常务会议通过《关于深化流通体制改革　加快流通产业发展的意见》。地方政府也出台了一系列支持物流业发展的政策，如上海市的《上海市国民经济和社会发展第十二个五年规划纲要》、江浙沪二省一市的《关于推进长三角地区现代物流联动发展的若干措施》、2012年北京市人民政府办公厅印发的《关于落实促进物流业健康发展政策措施的实施意见》、2012年天津市工商局出台的《关于促进物流业发展的实施意见》，这些政策都为物流业的发展提供了更好的平台。这些管理与诱导性政策为物流业的发展提供了一个有力的平台，优化了物流业的发展环境，引导企业健康、有序地竞争、发展。

（3）经济型政策。2013年，我国的宏观调控政策由2012年的"保增长、调结构、防通胀"向"稳增长、防通胀、调结构、惠民生"方向转变。国家实施积极的财政政策，加大对国家重大项目的支持力度，进一步发挥政府投资的引导带动作用，优先完成在建项目，有序启动一批"十二五"规划的重大项目。政府加大对重大项目的支持力度，为物流业的发展构建了一个良好的环境。国家落实和完善财税扶持政策，加快战略性新兴产业和服务业发展。引导热点消费，重点带动家电、家居、汽车等耐用品消费。扩大品牌消费，发展专卖店、折扣店等业态。加快发展现代流通，保障市场平稳运行。物流业对商贸流通业起到支持的作用，政府扩大内需的政策，为物流的发展提供了更大的物流需求，有利于促进物流业的发展、创新。但是，不断增长的需求与物流业现有的服务水平不协调的现象也逐渐暴露出来，这对我国物流业的发展也是一种挑战。

现代物流作为新兴产业需要依托一个良好的政策环境。我国现有的政策法规在推进物流发展方面起到了一定的作用，但是由于政策的落实问题、不符合实际情况等原因目前仍存在着一些制约因素，导致前期政策的实施效果不及预期[173]。2012年上半年，物流与采购联合会的"物流国九条"政策落实情况调查结果显示，实施效果与国务院文件要求、物流企业所需政策环境有较大差距：营业税改增值税试点企业（上海）税负增加较多、土地使用税减半征收未全面落实、过路过桥费负担沉重、企业兼并重组与设立分支机构困难较多，等等，诸多政策仍有待细化完善。

政府出台的政策法规会限制配送过程和货运物品，从而影响城市配送的可靠性。例如，政府出台的限行政策，限制了配送车辆的运行数量、时间或是地点，约束了配送过程，影响到整个城市配送网络。由于种种原因，国内越来越多的城市出台了限制载货车在城市内行驶的规定。例如，北京市规定载货车只有在每天23点到次日6点之间可以进入市区行驶。广州市从东、西、南、北四个方向划出限行区域，7点至22点，禁止持广州车牌的5吨以上货车、持外地车牌0.6吨货车通行；上下班高峰期（7点～9点，17点～20点）所有货车一律禁行。郑州市规定北三环路以南、西三环路以东、南三环路以北、东三环路以西，每天的7点至9点以及17点30分至20点，禁止纯电动轻型、微型货车驶入。由于限制载货车进城，市内多用客车作为物流用车，据测算一辆载货量为两吨的卡车能完成的运输量，至少需要3辆轻型客车才能完成。这一举措可能会加重城市交通的压力，一些载货车由于时间限制不能进入市区，影响物流时效性、可靠性。

城市土地资源有限，物流的用地需求难以得到满足，需要政府进行规划、审批。物流运作体系具有规模庞大、场所众多、地点分散、环节复杂、服务多样、流动多变的特性，一方面，物流企业用地比房地产、商业用地的投资强度低；另一方面，物流企业为了使整体网络运营成本最低，对部分业务采取外包,落在当地的税收较小。这些因素导致地方政府为物流企业提供土地的积极性较低,阻碍了现代物流的进一步发展。

(4)税收问题。目前物流的一些环节存在着税负过重的情况,例如,物流中的仓储环节,仓储的盈利能力远远不如运输配送业务,但是政府却对仓储征收高于运输业务的营业税[174]。另外,营业税中出现重复征税的现象,在运输、配送、仓储租赁等领域尤为突出。为了解决这些问题,国税总局公布的《营业税改征增值税试点方案》及上海试点的相关政策,确定了增值税扩围的交通运输业和部分现代服务业增值税税率。但是由于各地对物流税收管理相关文件的理解不同,执行中往往会出现一定的偏差。另外,不同地区对地方经济发展的不同观点,使得地方税类的设置与管理产生了一定的差别,最终也会导致物流税收政策执行上的差异。部分地区的试点改革也并未给企业带来更多的利润,反而因为试点方案细则没有落地、税率计算繁复等原因给企业的运营带来了诸多不便。

自哥本哈根会议以来,世界各地纷纷提出环保、绿色、低碳的概念,我国更是允诺会降低碳排放。例如,国务院发布的《关于加快发展节能环保产业的意见》(2013)、国务院办公厅印发的《2014－2015年节能减排低碳发展行动方案》(2014)、国务院印发的《“十三五”节能减排综合工作方案》等都在政策层面切实履行了我国政府做出的承诺,为应对气候变化,我国政府承诺到2020年单位国内生产总值二氧化碳排放比2005年下降40%~45%。物流作为重要服务业门类,也必须走低碳化道路,这是未来物流产业可持续发展的必由之路。而物流行业在发展低碳绿色物流的过程中,必然会进行技术设备的更新、运营环节的改变。例如,旧车辆排放改装,新购置符合排放标准的货车,运用机械化、托盘联营、单元化堆码、自动分拣机械、条码识别、电子扫描、自动化包装作业等物流技术,对物流的方案进行规划设计,避免或减少重复建设和人为浪费等。自动化、机械化的物流运作流程能够提高系统的可靠性,但是如果配置不合理,与企业业务水平不匹配,则会适得其反。

4.2.4.2　评价指标

政府的政策类型不同,政策对系统可靠性的影响作用难以量化,评价的关键是如何将不同单位的众多指标统一在一个评估尺度中。因此,可以从政策的制定、政策的实施以及政策的绩效三个方面对政府政策进行评估，对每一个部分的评估又包含对许多更小的部分的评估，政策评估的内容说明如表 4.2 所示[175]。

表 4.2   政策的评价标准说明

	政策的制定	政策的实施	政策的绩效
评价标准	制定目标的合理性； 制定过程的科学性	实施主体的能力； 作用对象的接受度； 过程监督控制	目标达成度； 群体的满意度

（1）政策制定的必要性。根据目前的发展现状，分析政策制定实施的迫切性，政策制定的过程中是否建立在可靠的现实基础上，制定的过程中是否经过了充分的论证，是否需要制定政策以保证物流系统的可靠性。

（2）政策的认同度。政策的导向是否符合政府当前的宏观政策、企业的行为、市场的作用、居民和企业等对政策的接受程度。

（3）政策实施主体的能力。物流政策实施主体是指物流政策的制定者与实施者，即代表社会公共利益的社会公共机构，即立法机构、司法机构与行政机构。政策实施主体的分工是否合理，责权是否明确，各实施主体的沟通协调情况如何。

（4）政策实施效果。政策的预定目标的实现程度如何、政策是否在改善该项问题中发挥了很重要的作用，是否达到了预期指标。

（5）政策满意度。分析政策实施后政府部门、企业以及居民对该项政策的满意度，政策对城市物流发展的长远影响。

运用专家打分法，选取若干专家让他们根据自己的理解和判断，分析各项指标对城市物流系统可靠性的影响程度，在 [0，1] 之间对各项指标的重要程度进行打分，越重要的分数越高，得出每位专家对各项实际指标的打分，之后再将各项具体指标的得分分别求和并分别除以上述打分专家人数的总和，得到各项实际指标的权重。

4.2.5　不可抗力

4.2.5.1　作用机理

在城市配送中有很多不可抵抗力影响着配送过程，包括天气状况、交通状况、城市突发事件、自然灾害、战争以及大规模传染性疾病。天气状况是指一些极端天气，如暴雨、暴风雪、台风等，会对道路交通造成影响，阻碍货物运输，从而影响配送运输过程。突然发生的交通事故如撞车事故以及由于特殊事件引起的封路都会给城市配送带来不便，影响配送网络的可靠性。突发公共事件是指突然发生，造成或者可能造成重大人员伤亡、财产损失、生态环境破坏和严重社会危害、危及公共安全的紧急事件[176]。突发公共事件具有复杂性、破坏性、突发性、持续性等特点，许多突如其来的自然灾害会导致物流运作过程的中断，无法保证城市物流的畅通和物流功能的正常发挥。另外，城市可能会出现工人的集体罢工、骚乱等事件，阻拦车辆通行和飞机起降，使货物在运输过程中遇到阻碍，影响配送网络的可靠度。另外，战争、自然灾害如地震等都会给城市带来灾难性的后果，给城市配送带来阻碍。人口密集的城市容易暴发大规模的传染性疾病，如SARS，2020 年新冠肺炎疫情等重大突发公共卫生事件，会使城市配送受到严重干扰。

（1）由于极端天气原因导致供应的风险。例如，由于地震引起的市内道路断层，交通堵塞而造成商品在运输环节中受损或无法进行市内运输，导致商品无法准时到达销售网点。短期内引起供不应求和价格的大幅度上涨，超出居民的购买能力，严重影响市场供应。另外，如由于强雷暴的影响，运输者在市内交通运输中出现滞留现象，无法将商品按时送达销售网点。可能会出现供应短缺，引发居民抢购和价格不正常的变动。此外，由于雪暴、沙（尘）暴的影响，使得路面交通能见度极低，可能导致市内交通受阻，出现供应短缺的情况，使得销售网点和储备商品供不应求，引发居民的抢购。

（2）由于大规模传染病的暴发，可能会导致城市交通无法正常发挥作用，政府有可能对部分地区进行隔离观察，物流从业人员由于担心传染病而拒绝进入传染病暴发地区，导致城市内的商品无法运出，城市外的商品无法进入，引起商品库存的短缺、社会的恐慌。

（3）由于严重的交通堵塞影响，可能会造成商品的延迟到达风险和质量风险，短期内会造成城市内销售网点的供不应求，甚至脱销断档，引发居民抢购，导致价格的不正常变化，并对城市居民的人身安全产生威胁，引起社会恐慌。

（4）由于恐怖事件的影响，可能会影响市内道路的畅通性和物流人员的工作心态，导致商品无法正常运输。

（5）由于工人罢工，生产、配送等环节出现劳动力不足，可能造成生产进程搁置，导致产量不足并引起商品库存短缺、脱销断档的状况；产品生产后无法正常配送，造成供应紧张的状况。

（6）由于政府政策导致的运输问题，例如，一些国际会议的召开可能会导致交通的暂时限行；例如，北京市规定载货车只有在每天23时到次日6时之间可以进入市区行驶。这些都对市内运输的可靠性造成了一定的影响。

例如，2012年，我国大部分地区出现大雾、降雪天气，东北、华北、黄淮、长江中下游及华南地区连续大雾、降雪，给交通带来了很大影响，而对交通依赖严重的物流业也因此受到波及。高速公路多处路段临时封闭，机场航班频频延误、取消，让物流业中的投递、货运出现了"减速"，导致物流业业务量减少和运输成本增加，甚至有一些小的物流公司暂时关门歇业。按照以往惯例，每年冬季是物流行业旺季。但受接连不断的大雾、中雪天气的影响，物流行业并未出现以往的火爆场面。导致冬天运货量整体比2011年少了10%～20%。货车无法上路行驶，有些货物只能压在仓库里，等天气转好时，再进行配送。除了货运量受到影响外，运输成本也有所上升。由于高速封闭，货运车辆只能走省道或国道，而且在高速公路上，受天气影响也不敢开快，以至于各个运输环节都降慢了速度，送货时间长，变相增加了运输成本。例如，北京持续不散的雾霾天气对于物流行业的影响更是巨大，导致很多货物都被堵在路上，对快递业和物流业都造成重大损失。大雾天气导致高速公路封路，物流公司的车辆被迫到国道、省道等线路上行驶，行进速度缓慢，甚至大雾加重时被迫停靠在路边。物流公司发货时间一般从凌晨到上午，但现在出于安全考虑，发货时间将有所延误。

连续两个雾天导致延时半天到一天左右，如果持续，将造成大批货物积压。而且由于货源不足，多处高速封闭，货车难以正常发车，物流也难以流动起来。与此同时，货物送达时间的预估也成为一个很大的难题，遇上雾霾天气大部分物流都不能承诺送达时间。不少货车出发时间无法确定，即使上了路的车，也很难保证按时到达。

又如 2010 年 3 月，冰岛火山的喷发影响导致欧洲许多机场关闭，不仅造成很多的滞留旅客，物流也受到了严重的冲击。火山灰不仅波及了欧洲的物流，我国广东省的一些依靠空运进出口货物的物流公司也受到部分影响。广州某物流公司有几十吨的货物不能及时发货、送达。而有些已经发出的货物受火山灰的影响只能在中转地待运，无法进行下一步运输，给企业带来了大量的经济损失。DHL、Fedex、TNT、UPS 等全球几大知名物流公司的中欧航空业务均受到了不同程度的影响，一些公司暂停收件，另一些公司收件后只能暂存在仓库等待发运，火山灰造成货物的大量积压，为物流业带来了严峻的挑战[177]。

再有 2020 年新春伊始，新冠肺炎疫情对于城市物流系统可靠性来说是一次不小的考验。同时此次疫情发生在临近我国传统节日春节，多种因素共同影响使得一些城市的生活必需品价格发生了波动。以受疫情影响严重的武汉市为例，根据 2020 年 2 月 29 日湖北省新型冠状病毒肺炎疫情防控指挥部召开的新闻发布会介绍，菜价物价升高主要是由于人工成本以及物流成本上涨导致的，当时的人工成本和物流成本达到了平时的三倍。

物流服务运作的不可抗力风险主要是指由于外部环境的变化而产生的既不能遇见，又无法事先采取预防措施的风险，主要表现在天灾人祸、经济环境的改变、政治动荡以及社会环境的改变等，这些外因的改变会影响物流服务供应链整合过程中的某一节点企业，进而影响到整条供应链的稳定[178]。物流服务运作的难度以及风险性会大大增加。

4.2.5.2　评价指标

将不可抗力对城市物流系统可靠性影响的程度进行量化，通过对不可抗力发生的可能性和发生后产生后果的严重性进行评级，并建立评价矩阵。在分析其对城市物流系统可靠性影响时按照评价矩阵进行量化。

（1）评价不可抗力发生的可能性等级。最终可能性的赋值采用定性的相对等级的方式。将不可抗力发生的可能性等级划分为五级：A. 几乎肯定发生；B. 很可能发生；C. 可能发生；D. 较不可能发生；E. 基本不可能发生。具体每一级别的可能性定义如表4.3所示。

表4.3　　　　　　　　　　　　　　　可能性赋值级别

等级	标识	可能性定义	发生概率
A	几乎肯定发生	■ ※事件发生的可能性很高，在大多数情况下几乎不可避免； ■ ※或者可以证实发生过的频率较高	0.9~1
B	很可能发生	■ ※事件发生的可能性较高，在大多数情况下很有可能会发生； ■ ※或者可以证实曾发生过	0.7~0.9
C	可能发生	■ ※事件发生的可能性中等，在某种情况下可能会发生； ■ ※但未被证实发生过	0.5~0.7
D	较不可能发生	■ ※事件发生的可能性较小，一般不太可能发生； ■ ※也没有被证实发生过	0.3~0.5
E	基本不可能发生	■ ※事件几乎不可能发生，仅可能在非常罕见和例外的情况下发生； ■ ※也没有被证实发生过	0.1~0.3

（2）评价不可抗力发生的后果等级。不可抗力发生产生的后果等级划分为四级，从Ⅰ到Ⅳ分别代表四个级别的不可抗力发生的后果。具体每一级别的后果定义如表4.4所示。

表4.4　　　　　　　　　　　　　　　后果赋值级别

等级	标识	后果程度定义
Ⅰ	特别重大	※事件一旦发生，造成的影响会特别重大； ※或者曾经造成过恶劣影响
Ⅱ	重大	※事件一旦发生，造成的影响重大； ※或者曾经造成过重大影响

等级	标识	后果程度定义
Ⅲ	较大	※事件一旦发生，影响较大； ※或者曾经造成过较大影响
Ⅳ	一般	※事件一旦发生，影响一般； ※或者曾经造成过一些影响

（3）确认风险等级。在不可抗力发生的可能性等级与后果等级的基础上，可以划分出不可抗力的风险等级。具体风险等级划分如表4.5所示。

表4.5　　　　　　　　　　　　　风险等级参考

		后果			
		等级			
概率		Ⅰ	Ⅱ	Ⅲ	Ⅳ
		特别重大	重大	较大	一般
可能性	A　0.9	极高	极高	极高	极高
	B　0.7	极高	极高	高	高
	C　0.5	极高	高	高	中
	D　0.3	极高	高	中	低
	E　0.1	高	中	低	低

4.3　影响因素提炼模型

运用物元分析法，建立影响因素的多指标性能参数的评价模型，从中提炼影响因素。

4.3.1　物元分析

4.3.1.1　理论概述

物元分析是由我国学者蔡文副教授首次提出的，是研究解决不相容问题的规律和方法的新兴学科。物元分析的发展引起了国内外许多研究者的广泛关注。中国模糊数学学会副理事长汪培庄教授指出："它提出了一门介于数学和实验科学之间的新学科。"有的学者也指出："物元分析是一个很有潜力和发展前途的新学科。"[95]

物元分析可以将不相容的系统转化为相容系统，这对解决系统中不相容问题具有重要的作用。事物的质变和量变是对立统一的，在考虑问题时既要重视质变也不能忽视量变。物元分析就是一种从定量和定性两个方面考虑解决问题的工具，它将量与质有机地联系起来[95]。物元是以事物、特征及事物关于该特征的量值三者所组成的三元组，记作：

$$R = (事物，特征，量值) = (N, c, v)$$

物元分析能够真实、贴切地对客观事物的变化过程进行描述，是解决矛盾问题的有效工具。

4.3.1.2 物元分析理论的内涵

（1）物元的概念。物元是指综合考虑事物、事物特征、特征的具体值三者之间的关系，在处理问题的过程中针对性地考虑质与量，对事物的可变性进行描述[95]。

（2）物元的三要素[95]。

事物：事物是物元的主要因素。根据事物是否真实存在，可以将事物分为虚拟事物和存在事物，根据事物的属性，可以将事物分为单个事物和群类事物。

特征：物元的特征属性是指事物的性质、功能、状态等。根据解决问题的利用程度，物元的特征可以分为功能、性质、实意三个方面。

量值：事物的量值是指关于某一个或者某一类特征的数量、范围或者程度的量。量值可分为数量化量值和非数量化量值，非数量化量值是用文字化描述性的量值；数量化量值是用实数及某一量纲来表示的量值。

（3）特征物元。特征物元 $M = (c, v)$，其中 C 表示特征、V 表示该特征所对应的量值。同一事物可以具备多个特征物元，同时某一个特征物元也并不是某一事物所特有的[95]。

（4）多维物元。一个事物有多个特征，如果事物 N 以 n 个特征 c_1、c_2、…、c_n 和相应的量值 v_1、v_2、…、v_n 描述，则表示为：

$$R = \begin{bmatrix} N & c_1 & v_1 \\ & c_2 & v_2 \\ & \vdots & \vdots \\ & c_n & v_n \end{bmatrix} \qquad (4.7)$$

则称 R 为多维物元，其中 $R_i = (N, c_i, v_i)$，$(i = 1, 2, 3, \cdots, n)$ 称为 R 的分物元，R 可简记为：

$$C = \begin{bmatrix} c_1 \\ c_2 \\ \vdots \\ c_n \end{bmatrix}, \quad V = \begin{bmatrix} v_1 \\ v_2 \\ \vdots \\ v_n \end{bmatrix} \qquad (4.8)$$

假定影响因素 N 具有 n 个特征 $(c_1, c_2, \cdots, c_n)$，对应的特征量值为 $(v_1, v_2, \cdots, v_n)$，则相应的物元矩阵为：

$$R = \begin{bmatrix} N & c_1 & v_1 \\ & \cdots & \cdots \\ & c_n & v_n \end{bmatrix} = \begin{bmatrix} R_1 \\ \cdots \\ R_n \end{bmatrix} \qquad (4.9)$$

以 N_j 表示所划分的第 j 个评价等级 $(j = 1, 2, \cdots, m)$，c_i 表示 N_j 的特征 $(i = 1, 2, \cdots, n)$，V_{ij} 为 c_i 对应于 N_j 的取值范围，$v_{ij} = (a_{ij}, b_{ij})$ 则经典域表示为：

$$R_j = \begin{bmatrix} N_j & c_i & v_{ij} \\ & \cdots & \cdots \\ & c_n & v_{nj} \end{bmatrix} = \begin{bmatrix} N_j & c_i & (a_{ij}, b_{ij}) \\ & \cdots & \cdots \\ & c_n & (a_{nj}, b_{nj}) \end{bmatrix} \qquad (4.10)$$

以 N_p 表示评价等级的全体，v_{ip} 为 N_p 关于 c_j 的取值范围，$v_{ip} = (a_{ip}, b_{ip})$，则节域表示为：

$$R_p = \begin{bmatrix} N_p & c_i & v_{ip} \\ & \cdots & \cdots \\ & c_n & v_{np} \end{bmatrix} = \begin{bmatrix} N_p & c_i & (a_{ip}, b_{ip}) \\ & \cdots & \cdots \\ & c_n & (a_{np}, b_{np}) \end{bmatrix} \qquad (4.11)$$

4.3.2　灰色关联度计算

控制论中人们经常将信息的明确度利用颜色的深浅度来表示，艾什比将内部信息未知的对象称为"黑箱",用"黑"表示信息未知,"白"表示信息完全明确。用"灰"表示部分信息明确,部分信息不明确。相应地,部分信息不明确的系统就称为"灰色系统"[105]。

20世纪80年代,我国学者邓聚龙发表第一篇中文灰色系统的论文"灰色控制系统"标志着灰色系统理论的诞生。文章的公开发表引起了国内外广大专家学者的关注,关于灰色系统理论的研究也逐渐展开。灰色系统的研究对象是"部分信息已知,部分信息未知"的"小样本""贫信息"不确定性系统,通过对"部分"已知信息的生成、开发实现对现实世界的确切描述和认识[179]。灰色系统理论通过把问题定量化与简单化,解决了许多复杂的问题。灰色关联度是灰色系统理论的一种分析方法,是通过一定的方法,去寻求系统中各子系统或因素之间的数值关系。

数理统计中的很多方法在进行分析时需要有大量的数据支持,还可能出现定量分析与定性分析结果不相符的情况。灰色关联度分析依据序列曲线几何形状的相似度判断两个因素的联系紧密性,对样本数量无过多要求,弥补了数理统计中的不足[180]。由于影响城市物流系统的因素复杂、广泛且不完全明确,因此,运用灰色关联度来分析城市物流系统可靠性影响因素,可以解决部分原因不能量化的问题,能够比较好地分析各种影响因素对城市物流可靠性的影响程度,便于得出一系列可行的结论。

灰色关联分析具有总体性、有序性、非对称性和非唯一性的特点。灰色关联度研究的是一个离散函数相对于若干个离散函数远近的程度,因此,每个因素之间的关联度大小不是研究的重点,重要的是要考虑其总体性,即各子序列对相同母序列影响程度的大小,具有更广泛的应用领域。灰色关联度分析中的数据顺序不能进行颠倒,否则序列的性质会发生改变。灰色关联度分析中,A因素与B因素的关系并不是对称的,即A因素对B因素的关联度并不等于B因素对A因素的关联度。关联度与数据的多少、原始数据处理方法等因素都有关系[181]。

通过上节影响城市物流系统可靠性因素的分析提炼,得出从信息、运营能力、技术设备、政策法规以及不可抗力5个方面考察城市物流系统可靠性。但是这些因素有的具有明显的灰色特征,需要进行一定的量化。通过灰色系统理论的关联度分析方法,分析各因素对城市物流系统可靠性影响程度的大小,得出其中的主要因素和次要因素,明确各影响因素的作用机理，从而为城市物流可靠性测度研究和系统的优化研究打下基础。

设参考数列为：$Y = \{Y(M) \mid M = 1, 2, \cdots, n\}$，

比较数列为：$X = \{X_i(M) / M = 1, 2, \cdots, n\}$，$i = 1, 2, \cdots, m$。

由于收集的数据单位不同，数量差异比较大，为了便于比较分析，使得结果更加科学、合理，需要对数据进行无量纲化处理[182]。

将变量无量纲化得：

$$X_i(M) = \frac{X_i(M)}{X_1(1)}, \quad M = 1, 2, \cdots, n; \ i = 1, 2, \cdots, m \qquad (4.12)$$

记 $\Delta_i(M) = |Y(M) - X_i(M)|$，则灰关联系数为：

$$\xi_i(M) = \frac{\min_i \min_M \Delta_i(M) + \rho \max_i \max_M \Delta_i(M)}{\Delta_i(M) + \rho \max_i \max_M \Delta_i(M)} \qquad (4.13)$$

$\min_i \min_M \Delta_i(M)$ 为两级的最小差，表示对 $\Delta_i(M)$ 先按照不同的 i 值取最小值，再从 $\min_i \Delta_i(M)$ 按照不同 M 取最小值。

$\max_i \max_M \Delta_i(M)$ 为两级的最大差，表示对 $\Delta_i(M)$ 先按照不同的 i 值取最大值，再从 $\max_i \Delta_i(M)$ 按照不同 M 取最大值[182]。

ρ 是分辨系数，表示过大的削弱最大绝对差值而引起的失真，$\rho \in (0, 1)$，一般情况下取 $\rho = 0.5$。ρ 的大小表示关联系数之间的差异性，关联系数反映两个相比较序列在某一时刻的接近程度。ρ 越小，越能提高关联系数之间的差异。

将关联度的大小进行排序后得到比较数列与参考数列联系的密切程度，预测影响参考数列变化的主要因素。比较数列与参考数列的关联度公式如式（4.12）所示：

$$r_i = \frac{1}{n} \sum_{M=1}^{n} \xi_i(M), \quad M = 1, 2, \cdots, n \qquad (4.14)$$

其中，当 r 值越大时，那么参考数列与 r 所对应的比较数列更相似。

4.3.3　权重确定

各指标权重的确定将采用熵权系数法。熵的概念源于热力学。熵是系统状态不确定性的一种度量。当系统可能处于 n 种不同状态，每种状态出现的概率为 $P_i(i = 1, 2, \cdots, n)$ 时，该系统的熵为：

$$E = - \sum P_i \ln P_i (0 \leqslant p_i \leqslant 1, \sum P_i = 1) \tag{4.15}$$

假设评价样本的个数为 m，评价指标为 n 项，用 $[Y] = \{y_{hl}\}_{m \times n}$ 表示评价矩阵：

$$Y = \begin{bmatrix} y_{11} & y_{12} & \cdots & y_{1n} \\ y_{21} & y_{22} & \cdots & y_{2n} \\ \vdots & \vdots & \vdots & \vdots \\ y_{m1} & y_{m2} & \cdots & y_{mn} \end{bmatrix}_{m \times n} \tag{4.16}$$

根据熵的性质建立多目标决策评价模型。设用 n 个评价指标决策评价 m 个样本，y_{hl} 是待选方案 h 的评价指标 l 的估计值，y'_l 是评价指标的理想值，y'_l 值大小因评价，指标特性不同而异。对于收益性指标，y'_l 越大越好；对于损益性指标，y'_l 越小越好[183]。计算第 l 个指标下第 h 个项目的指标值的比重，权重计算公式为：

$$E_j = - (\ln_m)^{-1} \sum_{l=1}^{n} (y_{hl} \ln y_{hl}), l = 1, 2, \cdots, n \tag{4.17}$$

$$w_j = \frac{1 - E_j}{\sum_{l=1}^{n} (1 - E_j)} \tag{4.18}$$

其中，E_j 表示指标的输出熵，w_j 表示指标的权重。

通过以上方法，可以明确每一个影响因素对城市物流系统的可靠性影响程度，以程度为依据，从多个影响因素中提炼出关键影响因素，为设计可靠性优化模型奠定基础。

第 5 章

城市物流系统可靠性测度

5.1 可靠性估计方法

贝叶斯（Bayes）估计方法是将 Bayes 理论应用于样本的参数估计，采取多层 Bayes 估计方法对城市物流系统可靠性进行评估，其优点在于降低了经典法对现场试验样本容量的依赖程度，使得在相同评估精度要求条件下，能够充分运用样本的各类信息（如历史信息、专家信息、仿真数据等），更加适用于城市物流系统这一类复杂系统，能够在一定程度上提高先验分布参数的精确值，从而提高估计结果的精确度，效果较好[184]。

设城市物流系统实证样本的寿命 T（即无失效运行期）服从指数分布，其密度函数为：

$$f(t) = \lambda \exp(-t\lambda), \ t > 0 \tag{5.1}$$

设对无失效数据分别进行 m 次定时截尾试验，截尾时间为 t_i，$(t_1 < t_2 \cdots < t_m)$（单位：月），试验样本数为 n_i（n_i 为样本中符合 t_i 条件的个体数量之和），若试验的结果是所有个体尤一失效，则称 (t_i, n_i)（$i = 1, 2, \cdots, m$）为无失效数据。

若 λ 的先验密度核为 λ^{a-1}，其中 $0 < \lambda < \lambda_0$、$0 < a < 1$ 且 a 为常数，但不能确定 a 的具体值，取（0，1）上的均匀分布作为 a 的先验分布，其密度函数为 $\pi(a) = 1$，$(0 < a < 1)$。则 λ 的先验密度为：

$$\pi(\lambda \mid a) = \frac{a}{\lambda_0^a} \lambda^{a-1}, \ 0 < \lambda < \lambda_0 \tag{5.2}$$

λ 的多层先验密度为：

$$\pi(\lambda) = \int_0^1 \pi(\lambda \mid a) \pi(a) da = \int_0^1 \frac{a}{\lambda_0^a} \lambda^{a-1} da, \ 0 < \lambda < \lambda_0 \quad (5.3)$$

定理对寿命服从指数分布（5.1）的样本进行 m 次定时截尾试验，结果是所有个体无一失效，获得的无失效数据为 (t_i, n_i)，$(i = 1, 2, \cdots, m)$，若 λ 的多层先验密度 $\pi(\lambda)$ 由式（5.3）给出，则在二次损失下，λ 的多层 Bayes 估计为：

$$\hat{\lambda} = \frac{1}{T} \frac{\displaystyle\int_0^1 \frac{a\Gamma(a+1)}{(T\lambda_0)^a} I_{T\lambda_0}(a+1) da}{\displaystyle\int_0^1 \frac{a\Gamma(a)}{(T\lambda_0)^a} I_{T\lambda_0}(a) da} \quad (5.4)$$

其中，$T = \displaystyle\sum_{i=1}^m n_i t_i$，$I_x(a) = \dfrac{1}{\Gamma(a)} \displaystyle\int_0^x t^{a-1} \exp(-t) dt$，$(0 < x < \infty)$，为不完全 Gamma 函数，$\Gamma(x) = \displaystyle\int_0^\infty t^{x-1} \exp(-t) dt$ 为 Gamma 函数。

可靠性评估是立足于宏观视角、从整体到局部持续优化的重要环节，是提高城市物流系统管理水平的科学管理方法。针对城市物流系统这一类复杂系统，多层贝叶斯估计方法对可靠性估计的适用性与准确性都优于传统预测方法，实时监测可靠度，掌握基础环节的统计特性，有助于城市物流系统可靠性的优化[184]。

5.2 可靠度测度模型

在多层次城市配送网络中，最常见的是两层次配送网络，物流企业考虑到成本和管理效率，在城市配送中大多选择建设两层次配送网络。通过两层次配送网络的可靠性可以推算出任意多层次网络的可靠性。本书构建了两层次城市配送网络可靠性测度模型，提出了城市配送网络可靠性测度的方法。以城市配送网络可靠性为总目标，下面是来自五个方面的影响因素：信息、运营能力、技术设备可靠性、政策法规以及不可抗力。整个两层次城市配送网络的每一环节的可靠性都受到这五个因素的影响。

5.2.1　供应商的可靠度

供应商的可靠度包括节点（供应商）以及与其相连链路（供应商至一级配送中心运输路线）的可靠度即图 5.1 中供应商（S_1 和 S_2）可靠度、链路（l_1 和 l_2）可靠度。节点和链路的可靠度都有可能受到第 4 章所分析的五个方面因素的影响，即信息、运营能力、技术设备、政策法规以及不可抗力。以信息因素为例，供应商对于信息的敏感程度、利用率等都会影响其在整个系统中作用的发挥，进而影响整个城市物流系统的可靠性。

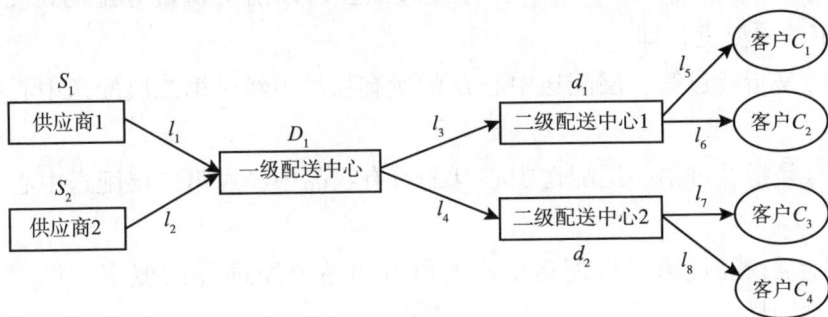

图 5.1　两级配送网络

则供应商的可靠度：

$$R_{S_i} = \prod_{k=1}^{5} \left(1 - W_k^{S_i} \right) \tag{5.5}$$

其中，$W_k^{S_i}$ 表示第 i 个供应商的第 k 个指标发生故障的概率。

5.2.2　配送中心以及客户的可靠度

配送中心的可靠度是指第一层配送中心以及第二层配送中心整体的可靠度，包括一级配送中心（D_1）可靠度、二级配送中心（d_1 和 d_2）可靠度、链路（l_3 和 l_4）可靠度。把客户以及其与二级配送中心的链路作为一个测度对象，即 l_5、C_1、l_6、C_2、l_7、C_3、l_8、C_4。则这部分可靠度可表示为：

$$R_D \cdot [W_{d_1} \cdot R_{d_1} (W_{C_1} \cdot R_{C_1} + W_{C_2} \cdot R_{C_2}) + W_{d_2} \cdot R_{d_2} (W_{C_3} \cdot R_{C_3} + W_{C_4} \cdot R_{C_4})]$$

$$= [\prod_{k=1}^{5} (1 - W_k^D)] \cdot [W_{d_1} \cdot (\prod_{k=1}^{5} (1 - W_k^d)) \cdot (W_{C_1} \cdot \prod_{k=1}^{5} (1 - W_k^C)$$

$$+ W_{C_2} \cdot \prod_{k=1}^{5} (1 - W_k^C)) + W_{d_2} \cdot (\prod_{k=1}^{5} (1 - W_k^d)) \cdot (W_{C_3} \cdot \prod_{k=1}^{5} (1 - W_k^C)$$

$$+ W_{C_4} \cdot \prod_{k=1}^{5} (1 - W_k^C))] \tag{5.6}$$

W_k^D 是指第一层配送中心的第 k 个指标发生故障的概率；

W_k^d 是指第二层配送中心的第 k 个指标发生故障的概率；

W_k^C 是指客户的第 k 个指标发生故障的概率；

W_{d_1}、W_{d_2}、W_{C_1}、W_{C_2}、W_{C_3}、W_{C_4} 是按照公司以前货物量分配的历史记录而确定的重要度，即：

W_{d_1} 是指经过第一层配送中心 D 的所有物品中经过第二层配送中心 d_1 的概率；

W_{d_2} 是指经过第一层配送中心 D 的所有物品中经过第二层配送中心 d_2 的概率；

W_{C_1} 是指经过第二层配送中心的所有物品中经过 l_4 的概率，W_{C_2}、W_{C_3}、W_{C_4} 也是同样。

5.2.3 配送网络模型的可靠度

可靠度 R 可表示为：

$$R = [\sum_{i=1}^{g} W_i^D (\prod_{k=1}^{5} (1 - W_k^{S_i}))] \cdot [\prod_{k=1}^{5} (1 - W_k^D)] \cdot [W_{d_1} \cdot (\prod_{k=1}^{5} (1 - W_k^{d_1}))$$

$$\cdot (W_{C_1} \cdot \prod_{k=1}^{5} (1 - W_k^{C_1}) + W_{C_2} \cdot \prod_{k=1}^{5} (1 - W_k^{C_2})) + W_{d_2} \cdot (\prod_{k=1}^{5} (1 - W_k^{d_2}))$$

$$\cdot (W_{C_3} \cdot \prod_{k=1}^{5} (1 - W_k^{C_3}) + W_{C_4} \cdot \prod_{k=1}^{5} (1 - W_k^{C_4}))] \tag{5.7}$$

其中，g 表示共有 g 个供应商向第一层配送中心 D 供货；W_i^D 是指的第 i 个供应商向第一层配送中心 D 供货量的重要度。

5.3 影响程度分析

对城市配送网络可靠性进行测度是为了检查过去的不足和错误，以提高网络的可靠性，使企业的城市配送管理更加完善。引入影响力程度对网络可靠度进行分析，以找出对城市配送网络可靠度影响最大的环节及因素，并针对这些环节和因素进行改进和完善。

$$S_k^{S_i} = W_{S_i} \cdot W_k^S \tag{5.8}$$

S_k^S 是指第 i 个供应商的第 k 个指标发生故障而引起配送网络故障的影响力程度。

$$S_k^D = W_D \cdot W_k^D \tag{5.9}$$

S_k^D 是指第一层配送中心 D 的第 k 个指标发生故障而引起整个配送网络故障的影响力程度。

$$S_k^{d_i} = W_{d_i} \cdot W_k^d \tag{5.10}$$

其中，i 是指第 i 个第二层配送中心，$S_k^{d_i}$ 是指第 i 个配送中心第 k 个指标发生故障而引起配送网络发生故障的影响力程度。

$$S_k^{C_i} = W_{C_i} \cdot W_k^C \tag{5.11}$$

其中，i 是指第 i 个客户，$S_k^{C_i}$ 是指第 i 个节点客户第 k 个指标发生故障而引起整个配送网络发生故障的影响力程度。

据此可知，每一个配送环节的每一项具体指标对网络可靠性的影响力。通过比较可得出某一具体环节的哪一个因素对整个城市配送网络可靠性的影响力最大，从而改善这一环节，提高城市配送网络的可靠性。

5.4 测度方法

城市物流系统是一个具有多目标属性的复合系统，因此，其可靠性测度应该是基于多维空间体系进行的多目标综合测度，如图5.2所示。

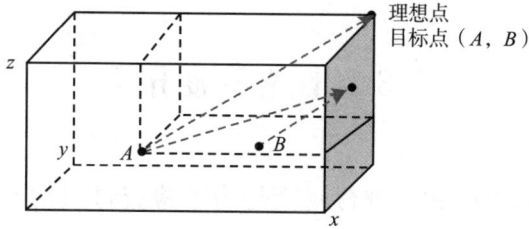

理想点
目标点（A，B）

图5.2 系统可靠性测度方法的三维空间表示

5.4.1 选取指标及原则

按照指标在其所处的子系统和整个系统中所起到的作用程度，可以把指标分为非关键指标、子系统关键指标以及系统关键指标。城市物流系统可靠性测度所选的指标应该是独立性较强的关键指标。

同时，选取指标还应遵守一定的原则。

（1）系统性原则。在选取指标时应有一定的逻辑性，既要从不同方面体现各子系统的主要特点和状况，又要反映各子系统之间的内在关联。每个子系统由一组指标反映，各指标之间既相互独立，又彼此关联，一起组成一个有机的整体。

（2）典型性原则。被选取的指标应具有典型性，方能在最大程度上精准体现出所代表子系统的特点，便于提高结果的科学性、规范性以及可靠性。

（3）动态性原则。一些子系统之间的发展变化、相互影响需要由具有一定时间尺度的指标才能体现出来。

（4）简明科学性原则。为了评价结果的科学性就必须保证指标选取时的科学性，方能客观真实地体现所代表子系统的特点和状况。同时，选取指标既要防止过于复杂，不便于后续操作，也不能过于简单，造成重要指标的缺失，影响最终结果的科学、可靠性。要掌握适度性原则，选取指标以简明为佳。

（5）可行性原则。包括可比性、可量化以及可操作性三个方面。选取指标时应考虑不同主体的数据具有可比性，选取指标的计量单位和计算方法应该相同。所有指标应尽可能简明、便于获取相关信息、数据，有助于提高现实可操作性。此外，为了方便后续的数学计算、统计分析步骤，选取指标时还应该考虑指标的可量化问题。

（6）综合性原则。根据指标选取的最终目的，在选取指标时应将诸多因素考虑其中，力求所选取的指标能够较为综合、全面地分析和评价系统，没有遗漏之处。

5.4.2 指标规范化

采用模糊隶属度的技术对指标规范化，设 v_i、$C(v_i)$、$T(v_i)$、$N(v_i)$ 分别为指标 i 的原始值、临界值、目标值和规范化值，则：

正向指标规范化：

$$N(v_i) = \begin{cases} 0 & v_i \leqslant C(v_i) \\ \dfrac{v_i - C(v_i)}{T(v_i) - C(v_i)} & C(v_i) < v_i \leqslant T(v_i) \\ 1 & v_i > T(v_i) \end{cases} \quad (5.12)$$

逆向指标规范化：

$$N(v_i) = \begin{cases} 1 & v_i < T(v_i) \\ \dfrac{C(v_i) - v_i}{C(v_i) - T(v_i)} & T(v_i) < v_i \leqslant C(v_i) \\ 0 & v_i \geqslant C(v_i) \end{cases} \quad (5.13)$$

5.4.3 城市物流系统可靠性临界效应处理

物流子系统关键指标超过临界值时，将导致该指标所在的子系统失效，因此，此时该指标所在的了系统的所有指标的规范化值均取 0，系统中的其他指标仍按上述方法进行规范化处理。当系统关键指标超过临界值时，整个物流系统处于不可靠运行状态，所有的指标值都取 0。

5.4.4 确定指标权重

权重体现了整体中的某一部分对于整体的重要程度，倾向于突出部分对于整体的影响程度。一般权重能够依靠层次指标的划分实施辨别以及计算，即层次分析法。此外，模糊法、模糊层次分析法以及专家评价法等也常用于权重的辨别、计算。

设 w_1、w_2、w_3 分别为 x、y、z 的权重，则系统可靠性各指标加权后，可转化成以各指标权值为各维长度的多维空间，如图5.3所示。

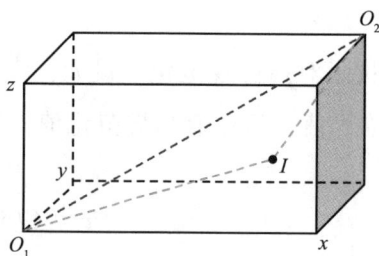

图5.3　系统可靠性加权空间

5.4.5　系统可靠性度量

在城市物流系统这个多维空间中测量当前系统状态点与目标点的距离来测度可靠度，当距离越小时，系统的可靠性就越好。

设城市物流系统可靠性有 N 个指标、M 种状态，r_{mn} 表示系统处于第 m 中状态第 n 个指标的值，则系统可靠性状态可以用矩阵表示为：

$$M = \begin{bmatrix} r_{11} & r_{12} & \cdots & r_{1n} \\ r_{21} & r_{22} & \cdots & r_{2n} \\ \vdots & \vdots & \ddots & \vdots \\ r_{m1} & r_{m2} & \cdots & r_{mn} \end{bmatrix} \tag{5.14}$$

将各指标经上述规范化和加权处理后，转化为：

$$M' = \begin{bmatrix} y_{11} & y_{12} & \cdots & y_{1n} \\ y_{21} & y_{22} & \cdots & y_{2n} \\ \vdots & \vdots & \ddots & \vdots \\ y_{m1} & y_{m2} & \cdots & y_{mn} \end{bmatrix} \tag{5.15}$$

则系统可靠性的临界点和目标点可以分别表示为向量 O_1、O_2：

$$O_1 = (0, \ 0, \ \cdots, \ 0), \ O_2 = (w_1, \ w_2, \ \cdots, \ w_n) \qquad (5.16)$$

其中，w_1，w_2，$\cdots$，w_n 分别为 n 个指标的权重。

可求得系统任意一个可靠性状态点 I 与可靠性临界点 O_1 和可靠性目标点 O_2 的欧氏距离为：

$$
\begin{aligned}
IO_1 &= \sqrt{(y_{i1} - 0)^2 + (y_{i2} - 0)^2 + \cdots + (y_{in} - 0)^2} \\
&= \sqrt{\sum_{j=1}^{n} (y_{ij})^2}
\end{aligned}
\qquad (5.17)
$$

$$
\begin{aligned}
IO_2 &= \sqrt{(y_{i1} - w_1)^2 + (y_{i2} - w_2)^2 + \cdots + (y_{in} - w_n)^2} \\
&= \sqrt{\sum_{j=1}^{n} (y_{ij} - w_j)^2}
\end{aligned}
\qquad (5.18)
$$

因此，城市物流系统第 i 种状态的可靠性水平为：

$$R = \frac{IO_1}{IO_1 + IO_2} \qquad (5.19)$$

第 6 章

城市物流系统可靠性优化模型研究

城市物流系统的优化目标是提高城市配送的及时性和可靠性。由于城市物流系统具有复杂性、多变性的特征，自然灾害、人为因素等突发事件都会对整个系统造成影响，系统中任何环节的失效都会导致整个系统的崩溃。因此，在考虑城市物流配送多品种、小批量等特点的基础上，从节点的可靠性和线路的可靠性两个方面对城市物流系统进行可靠性优化研究，有助于更加深入、明确地建立城市物流系统可靠性优化模型。城市物流系统的可靠性与其结构有着密不可分的关系，在进行城市物流系统优化之前，应首先明确何种结构的物流网络具有更高的可靠性，在此基础上进行物流系统可靠性的优化。此外，畅通可靠度是评价网络运行状态和可靠度的综合指标，因此，基于畅通可靠性的路线规划中以城市物流系统畅通可靠性最大为目标进行城市物流系统的优化。在高效的城市物流系统中，除了可靠性以及畅通性，还应同时兼顾经济性方面。由于可靠度与成本费用之间是一个比较抽象的概念，因此，本书以广义成本函数为基础提出了城市物流系统可靠性分配模型。本章所研究的城市物流系统的优化模型是涵盖了可靠性、畅通性和经济性的多目标优化。

6.1 物流系统可靠性模拟

城市物流系统的可靠性与其结构有着密不可分的关系，在进行城市物流系统优化之前，应首先明确何种结构的物流网络具有更高的可靠性。即物流网络具有何种结构时，物流系统能够保持其可靠性，最大限度地抵抗某个节点或弧失效后带来的影响。

如图 6.1 所示，由于弧数目的增加，弧的数目越大的网络出现弧失效的概率越大，但是当网络中某条弧失效后，弧数目大的网络可以通过连接该点的其他弧来满足需求，比弧数目小的网络具有更好的柔性。

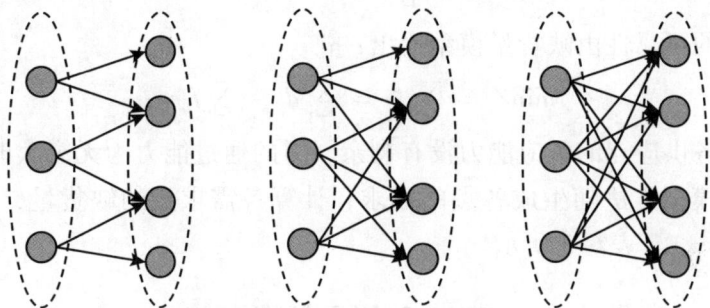

图 6.1　连接弧数量不同的网络

进行物流系统可靠性模拟时，将系统的可靠性量化为需求点的需求量被满足的度，即需求点的缺货率较低时，系统具有较高的可靠性。

假设：

（1）各供应点的供应量相互独立，且服从一定的概率分布；

（2）各需求点的需求量相互独立，且服从一定的概率分布。

符号说明：

I 是供应点的集合，用 i 遍历；

J 是需求点的集合，用 j 遍历；

b_i 表示供应点 i 的供应量，假设每个供应点的供应能力稳定；

d_j 表示需求点 j 的需求量，假设每个需求点的需求服从正态分布，即 $d_j \sim N(\mu_j,\ \delta_j^2)$；

ξ_j 表示第 j 个需求点的缺货量；

f_{ij} 表示供应点 i 给需求点 j 的配送量，且 $f_{ij} \sim N(\mu_{ij},\ \delta_{ij})$；

$$e_{ij} = \begin{cases} 1, & \text{若供应点 } i \text{ 给需求点 } j \text{ 供货} \\ 0, & \text{否则} \end{cases};$$

$h_j = \sum e_{ij}$。

定义：

弧失效：物流网络中某条弧 e_{ij} 中断。

供应点失效：物流网络中某个供应点 i 不能提供服务，即配送能力为 0。

弧的可靠性：$R(e_{ij}) = 1 - \dfrac{EG}{D}$，其中 EG 是弧 e_{ij} 失效后的缺货量。

供应点的可靠性：$R(i) = 1 - \dfrac{EG'}{D}$，其中 EG' 是供应点 i 失效后的缺货量。

网络的可靠性由缺货量模型给出：

$$\min Z = \sum \xi_j = \sum d_j - \sum f_{ij} e_{ij} \tag{6.1}$$

考虑各供应点的供应能力没有剩余，弧的通过能力为无穷大时的情况。采用随机模拟方法随生成各点的需求，计算各需求点的缺货量，得到实验结果如表 6.1 ~ 表 6.3 所示。

表 6.1 　　　　　　　　　　当 $h_j = 2$ 时的网络可靠性

节点数	5	6	7	8	9	10
一条弧失效后网络可靠性	0.919	0.903	0.892	0.878	0.863	0.851
一个点失效后网络可靠性	0.176	0.195	0.203	0.214	0.217	0.221

注：令 $b_i = 10$、$\mu_j = 10$、$\delta_j = 2$，迭代 5000 次。

资料来源：[10] 许良. 基于可靠性分析的城市道路交通网络设计问题研究 ［D］. 北京：北京交通大学, 2006.

表 6.2 　　　　　　　　　　当 $h_j = 3$ 时的网络可靠性

节点数	5	6	7	8	9	10
一条弧失效后网络可靠性	1.000	1.000	1.000	0.999	1.000	1.000
一个点失效后网络可靠性	0.180	0.192	0.202	0.219	0.227	0.238

注：令 $b_i = 10$、$\mu_j = 10$、$\delta_j = 2$，迭代 5000 次。

资料来源：[10] 许良. 基于可靠性分析的城市道路交通网络设计问题研究 ［D］. 北京：北京交通大学, 2006.

表 6.3 　　　　　　　　　　当 $h_j = 4$ 时的网络可靠性

节点数	5	6	7	8	9	10
一条弧失效后网络可靠性	1.000	1.000	1.000	1.000	1.000	1.000
一个点失效后网络可靠性	0.201	0.213	0.222	0.239	0.247	0.257

注：令 $b_i = 10$、$\mu_j = 10$、$\delta_j = 2$，迭代 5000 次。

资料来源：[10] 许良. 基于可靠性分析的城市道路交通网络设计问题研究 ［D］. 北京：北京交通大学, 2006.

分析上述三个表，对于需求点数目为 5、6、7、8、9、10 的物流网络，随着弧数目的增加，整个网络的可靠性增大。当 $h_j = 2$ 时，随着需求点的增多，弧的可靠性是下降的，但是当 $h_j > 2$ 时，网络中弧的失效对整个网络的可靠性影响几乎可以忽略，这是由于网络中一段弧失效后，可以通过连接其他弧来满足该需求点的需求。说明随着网络规模的扩大，网络的柔性增强。但是当连接弧达到一定的数量过后再继续增加弧对提高整个网络可靠性的作用变得不再显著，说明网络系统已经达到饱和。随着连接弧的增加，网络抵御点失效的能力并未得到显著的提高，因此，对于复杂的网络，增加连接弧对整个系统的可靠性并没有太大的影响，提高系统可靠性的关键是提高点的可靠性。

6.2　关键路段的识别

在确定性需求的情况下物流企业预先能够了解客户的需求情况，从而合理地保证库存水平组织运输。但是随着城市经济的不断发展，城市居民的需求变得更加多样性、随机性，这就对物流企业的配送提出了更高的要求。如图 6.2 所示，该图根据某物流企业的客户数据利用 SPSS 绘制了需求的曲线，客户的需求是随机波动的，需求的改变可能会影响企业的库存策略和配送策略，如果按照原有的确定性需求条件下的策略可能会造成库存积压或缺货，配送路径的不合理。因此，需要考虑随机需求下的城市物流线路优化，从而提高整个系统的可靠性。

道路网络是城市物流最重要的基础设施之一，突发事件发生时，路网会受到不同程度的影响，其服务能力会降低，从而对城市的物流、经济生活造成影响。例如，在发生地震等重大自然灾害或恐怖袭击等重大事件时，部分路段可能完全丧失功能，路网陷入瘫痪状态[185]。为了有效提高网络可靠性，有必要找出对网络可靠性贡献较大的关键路段来。关键路段定义为路网中易被破坏（包括物理破坏和拥堵破坏）且被破坏后对路网影响较大的路段。关键路段体现了路网整体抵御灾害冲击的能力，是路网整体性能的关键点，也是承受灾害冲击的脆弱点[186]。

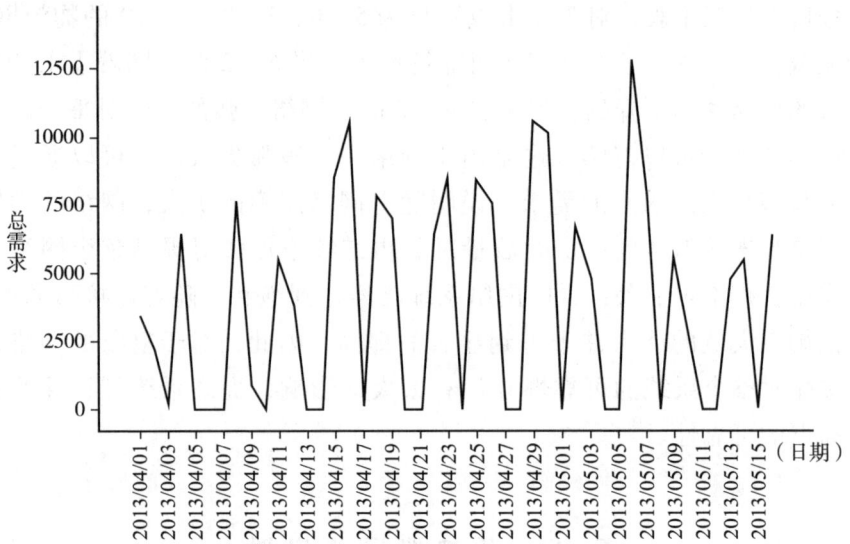

图 6.2　某物流企业的客户需求曲线

　　系统的结构决定系统的功能，一般网络系统在其规划设计阶段就已经基本确定，如果在随后的实施阶段再进行改造需要投入更多的资金，造成人力、财力的浪费。研究表明，如果 80% 左右的费用和事件发生在设计阶段，那么在系统的运营阶段需要花费 20% 的费用；反过来，如果在设计阶段只投入 20% 的资金和时间，那么在运营阶段则需要花费 80% 左右的费用和时间[187]。因此，设计一个结构合理、运行稳定的交通网络有着重要的意义。连通可靠性是研究城市物流系统结构的一种可靠性指标，因此，在网络的优化设计阶段考虑连通可靠性问题至关重要。连通可靠性的概念是借鉴其他网络系统的可靠性，但是考虑连通可靠性的城市物流网络的优化目前的研究还比较少，本书通过引入路段重要性的概念，找到网络中最重要路段从而提高其可靠性。

　　在正常和突发事件下保持道路网络的可靠性有着十分重要的意义，在可靠性工程中一般用路段的重要性来描述网络的可靠性，关键路段对于系统的可靠性有着重要的影响，通过分析找出网络中的关键路段，网络的可靠性可以得到有效的改善[187]。

　　在一个网络 $G = (N, A)$ 中，N 代表网络的节点、A 代表网络的边，在阻断一定数量的网络边（即该边失去功能，无流量通过），通过模型计算出使得整体网络流量损失最大或最小的边组合，即为网络中的关键边，由这些边组成的网络区域就是具有最高或最低脆弱性的网络[188]。

$$\max Z = \sum_o \sum_d TF_{od} Z_{od} \tag{6.2}$$

$$\text{s. t.} \quad \sum Y_k + Z_{od} \geqslant 1 \tag{6.3}$$

$$Z_{od} \leqslant (1 - Y_k) \tag{6.4}$$

$$Y_k \geqslant 1 - \sum X_j, j \in \Phi_k \tag{6.5}$$

$$Y_k \leqslant (1 - X_j) \tag{6.6}$$

$$\sum X_j = p \tag{6.7}$$

$$X_j = \begin{cases} 1, & \text{当边 } j \text{ 被阻断时} \\ 0, & \text{否则} \end{cases} \tag{6.8}$$

$$Y_k = \begin{cases} 1, & \text{阻断 } p \text{ 条边时，路径 } k \text{ 仍连通} \\ 0, & \text{否则} \end{cases} \tag{6.9}$$

$$Z_{od} = \begin{cases} 1, & \text{起止点之间路径不连通} \\ 0, & \text{否则} \end{cases} \tag{6.10}$$

其中，TF_{od} 表示起止点之间的流量，k 表示路径集，j 表示边集，Z_{od} 表示构成起止点之间连通的所有路径集，Φ_k 表示构成路径 k 的边的集合，p 表示阻断的边的数量[189]。根据不同的 p 值来确定 X_j、Y_k、Z_{od}。

首先，绘制研究对象的网络结构图，对网络的节点和边进行编号，考虑节点之间的流量对边进行赋值。其次，对节点之间的路径进行枚举，得出每个节点对之间的路径集合。最后，结合各个节点和边的赋值将枚举的结果进行最优化计算，得到对整个网络影响最大的边的集合[189]。

关键路段的可靠性下降，那么网络可靠性会下降很多。在进行城市物流系统的优化研究前，需要找出网络中的"短板"，通过具体分析网络中的薄弱环节进行，针对关键路段进行可靠性优化研究。

6.3　基于畅通可靠性的物流系统优化

随着科技的发展、城市化进程的不断加快，城市经济突飞猛进地发展。

但是城市发展中许多负面问题逐渐凸显，如城市环境恶化、资源短缺等。其中交通拥堵是比较严重的问题，城市的交通好坏不仅影响了市民的出行，还对城市物流的效率产生了极大的影响。为了高效地满足城市的物流需求，亟须构建一个畅通、可靠的城市物流系统。

现实中有很多随机因素都影响着城市交通运输网络效能的发挥，一方面，客户的需求通常是根据预测得到的，数值存在着误差，客户的需求通常会发生波动。另一方面，由于某些突发事件的影响，如恶劣的天气、自然灾害等会导致物流中心失效[77]。因此，客户的需求不一定能得到满足。如果从提高预测精度的角度考虑问题具有局限性，不能从根本上解决需求不确定的影响。可靠性是衡量随机因素影响下网络的服务能力的重要指标。通常状态下城市的服务能力能够满足生产和生活的需求。但是由于突发事件的影响，城市的交通流量会发生随机的变化，如果网络的畅通可靠性过低，可能会造成货物无法及时到达客户点[190][191]。

以畅通可靠性理论为基础，研究基于畅通可靠性的城市物流系统配送的优化，提高网络的通行效率，减少线路失效时给物流造成的负面影响。

畅通可靠度是指在规定时间内且路网在正常使用条件下，道路交通运行状态能满足畅通状态的概率。在道路网络系统中，道路单元畅通度可定义为某时段（一般为高峰时间）内某路段或路口单元上车辆能在畅通的服务水平下行驶的概率[80]。设道路单元畅通可靠度为 W_i，则：

$$W_i = \frac{高峰时间内路段 i 畅通的次数}{高峰时间内路段 i 的总观测次数} \tag{6.11}$$

物流配送运输网络是以现有交通网络为基础，配送节点间可连通的所有可能路径形成的集合。物流配送运输网络是由多条配送路径构成，而每一条配送线路则由多个配送节点组成。配送节点是网络中最基本的组成单元，这表明配送节点间畅通可靠度的确定是进行物流配送运输网络畅通可靠度分析的基础。从交通可达性的角度上来说，两个可连通的配送节点间车辆运行可以看作是一对 OD 对间的交通出行，且其间存在多条路径可供选择，因此，借鉴路网畅通可靠度基础理论，可以认为，两个配送节点间是否畅通与道路网络中某一对 OD 对间是否畅通是等价的，从而可以利用 OD 对间畅通可靠度公式进行两个配送节点间的畅通可靠度计算[192][193]。根据物流配送的特点，每一条配送线路是由多个配送节点组成的串联系统，利用概率论相关理论，可以得出，每一条配送线路的畅通可靠度是该条线路上所有配送节点间的畅通可靠度之积。设某条配送线路的畅通可靠度为 W_n，则：

$$W_n = \prod W_{ij} \tag{6.12}$$

其中，W_{ij} 为该条配送线路中节点 i 到节点 j 的畅通可靠度。

在物流配送网络系统中，由于各条配送线路的配送任务的规模与数量会根据实际安排有所不同，每条配送线路的重要度是不同的。重要度根据每条配送线路所拥有的配送点数在整个系统客户数中所占的比例来确定。在对每条线路进行畅通可靠度评估的基础上，经过加权求和，则可得到配送运输网络的畅通可靠度。设配送网络的畅通可靠度为 W，则有：

$$W = \sum \xi_n W_n \tag{6.13}$$

其中，W_n 为配送网络中第 n 条配送线路的畅通可靠性；ξ_n 为第 n 条线路在该配送运输网络中的重要度，且 $\sum \xi_n = 1$，n 为该条配送网络中配送线路总数。

6.3.1 问题描述

基于畅通可靠度的随机需求物流配送系统的优化问题可描述如下：如图 6.3 所示，区域内分布着供应商集合 s、配送中心集合 D 和客户集合 C。定义一个完全图 $G = (V, A, C)$，$V = \{0, 1, \cdots, n, n+1\}$ 为图的顶点集，其中 0 表示离开时的配送中心，$1, \cdots, n$ 表示客户点，$n+1$ 表示返回配送中心。$A = \{(i, j): i, j \in V, i \neq j\}$ 为两点间的弧形成的集合，没有弧开始于 $n+1$ 点，没有弧终止于 0 点。$d = \{d_{ij}: i, j \in V, i \neq j\}$ 为两点间的距离集，满足对称性和三角不等式，即 $d(i, j) \leqslant d(i, k) + d(k, j)$，$C_{ij}$ 表示弧 (i, j) 对应的费用。配送货物品种单一，车型统一，容量为 Q，单个客户最大需求量小于 Q。任意一个用户的需求量为一独立随机变量 ξ_i，服从离散分布，有 $K+1$ 个可能值 $\xi^k (k = 0, 1, \cdots, K)$，对应的概率 $p_i(k) = P(\xi_i = \xi^k)$。目标是在已知用户需求概率条件下，考虑道路的畅通性，构建一条路径使运输费用最小、畅通可靠性最大、运作成本低、畅通可靠度高的路径。

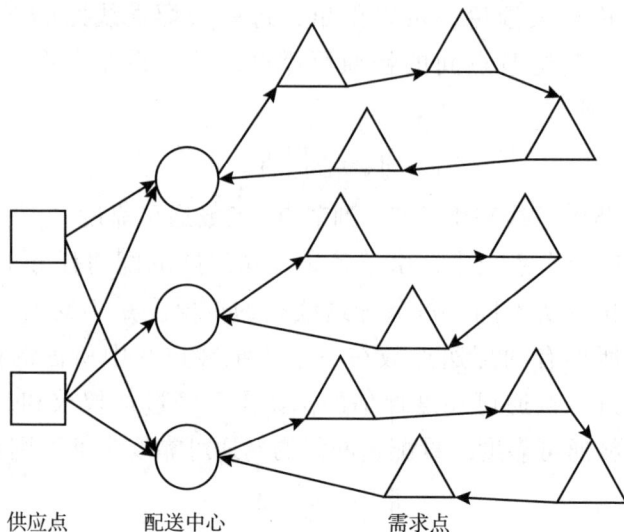

图 6.3　物流网络结构

6.3.2　基本假设与符号说明

6.3.2.1　模型假设

基于畅通可靠性的城市物流系统优化目标是保证路网畅通可靠性、实现城市物流配送的低成本。模型以畅通可靠性最大和配送费用最低为目标，考虑一下几个约束条件[56]。

假设一：每个物流配送中心能够同时满足多个需求点的需求量，但是每个需求点的需求量只能由一个物流配送中心满足。

假设二：供应商的供应能力没有限制。

假设三：配送中心没有容量以及流量限制。

假设四：配送过程中，每个配送点必须访问一次。

假设五：配送单一品种的商品。

假设六：配送中心的车辆型号相同。

假设七：各客户点的需求相互独立，并且服从一定的概率分布。

假设八：每条配送线路上允许出现一次路径失败。

假设九：每辆配送车辆均从配送中心出发，服务一条线路后再回到配送中心。

6.3.2.2　符号说明

C_{ij}——车辆行驶费用（元/千米）；

A_1——缺货成本；

P——车辆的燃油价格（元/升）；

O'——交通拥堵时，车辆百千米耗油量（升/100 千米）；

O——交通状态正常时，车辆百千米耗油量（升/100 千米）；

U_n——系统中第 n 条配送线路的畅通可靠性；

Q_n——服务第 n 条线路的车辆的载重；

q_n——系统中配送线路的需求量；

K——为配送中心的车辆数；

d_{ij}——车辆的行驶距离；

W_k^{ln}——第 n 条线路的第 k 个指标发生故障的概率（$k = 1$，2，3，4，5）；

ω_k——第 k 个指标的影响程度；

ξ_i——客户点的需求量。

6.3.3　模型建立

根据本书第 4 章分析得到，影响城市物流系统可靠性的因素有五个，分别表示为：k_1，k_2，…，k_5；k_{11}，k_{12}，…，k_{15} 表示信息这一影响因素的具体指标，则系统可靠性表示为：

$$
\begin{aligned}
R &= R_{k_1}^{ln} \cdot R_{k_2}^{ln} \cdot R_{k_3}^{ln} \cdot R_{k_4}^{ln} \cdot R_{k_5}^{ln} \\
&= \{\omega_{k_1} \cdot (1 - W_{k_1}^{ln}) \cdot [\omega_{k_{11}} \cdot (1 - W_{k_{11}}^{ln}) \\
&\quad + \omega_{k_{12}} \cdot (1 - W_{k_{12}}^{ln}) + \cdots + \omega_{k_{15}} \cdot (1 - W_{k_{15}}^{ln})]\} \\
&\quad \cdot \{\omega_{k_2} \cdot (1 - W_{k_2}^{ln}) \cdot [\omega_{k_{21}} \cdot (1 - W_{k_{21}}^{ln}) \\
&\quad + \omega_{k_{22}} \cdot (1 - W_{k_{22}}^{ln}) + \cdots + \omega_{k_{26}} \cdot (1 - W_{k_{26}}^{ln})]\} \\
&\quad \cdot \cdots \cdot \{\omega_{k_5} \cdot (1 - W_{k_5}^{ln}) \cdot [\omega_{k_{51}} \cdot (1 - W_{k_{51}}^{ln}) \\
&\quad + \omega_{k_{52}} \cdot (1 - W_{k_{52}}^{ln}) + \cdots + \omega_{k_{56}} \cdot (1 - W_{k_{56}}^{ln})]\}
\end{aligned}
\tag{6.14}
$$

系统的成本包括运输成本、缺货成本、拥堵经济损失，则系统的经济性函数可表示为：

$$A = x_{ij} \cdot d_{ij} \cdot C_{ij} + K \cdot P(O' - O) + A_1 \left(\sum \xi_i - \sum Q_n \cdot x_{ij} \right) \tag{6.15}$$

以城市交通运行状况为约束条件考虑系统的畅通，即在规定时间、规定条件下，以城市物流系统运行的畅通状态作为衡量的指标。畅通性的城市物流系统的可靠度表示为：

$$U = \sum \mu_n U_n \tag{6.16}$$

建立多目标优化模型的目标函数：

$$\begin{aligned}
\min Z_1 = 1 - R = 1 - &\{ \omega_{k_1} \cdot (1 - W_{k_1}^{\ln}) \cdot [\omega_{k_{11}} \cdot (1 - W_{k_{11}}^{\ln}) \\
&+ \omega_{k_{12}} \cdot (1 - W_{k_{12}}^{\ln}) + \cdots + \omega_{k_{15}} \cdot (1 - W_{k_{15}}^{\ln})] \} \\
&\cdot \{ \omega_{k_2} \cdot (1 - W_{k_2}^{\ln}) \cdot [\omega_{k_{21}} \cdot (1 - W_{k_{21}}^{\ln}) \\
&+ \omega_{k_{22}} \cdot (1 - W_{k_{22}}^{\ln}) + \cdots + \omega_{k_{26}} \cdot (1 - W_{k_{26}}^{\ln})] \} \\
&\cdots \cdot \{ \omega_{k_5} \cdot (1 - W_{k_5}^{\ln}) \cdot [\omega_{k_{51}} \cdot (1 - W_{k_{51}}^{\ln}) \\
&+ \omega_{k_{52}} \cdot (1 - W_{k_{52}}^{\ln}) + \cdots + \omega_{k_{56}} \cdot (1 - W_{k_{56}}^{\ln})] \}
\end{aligned} \tag{6.17}$$

$$\min Z_2 = x_{ij} \cdot d_{ij} \cdot C_{ij} + K \cdot P(O' - O) + A_1 \left(\sum \xi_i - \sum Q_n \cdot x_{ij} \right) \tag{6.18}$$

$$\mathrm{Max} Z_3 = 1 - U = 1 - \sum \mu_n U_n \tag{6.19}$$

其中，式（6.17）表示系统的不可靠度最小，式（6.18）表示系统运作成本最小，式（6.19）表示系统的不畅通度最小。

$$\mathrm{s.\,t.} \quad W_n = \prod W_{ij} \tag{6.20}$$

$$q_n \leqslant Q_n \tag{6.21}$$

$$N \leqslant K \tag{6.22}$$

$$x_{ijk} = \begin{cases} 1, & \text{车辆 } k \text{ 由客户点 } i \text{ 至客户点 } j \\ 0, & \text{否则} \end{cases} \tag{6.23}$$

$$y_{ik} = \begin{cases} 1, & \text{车辆 } k \text{ 向客户点 } i \text{ 配送} \\ 0, & \text{否则} \end{cases} \tag{6.24}$$

$$\sum_{i=1}^{n} x_{0ik} = 1, \; i = 1, 2, \cdots, n; \; k = 1, 2, \cdots, K \tag{6.25}$$

$$\sum_{j=1}^{n} x_{j0k} = 1, \; j = 1, 2, \cdots, n; \; k = 1, 2, \cdots, K \tag{6.26}$$

$$\sum_{i=0}^{n} x_{ijk} = y_{jk}, \; j = 1, 2, \cdots, n; \; k = 1, 2, \cdots, K \tag{6.27}$$

$$\sum_{j=0}^{n} x_{ijk} = y_{ik}, \ i = 1, 2, \cdots, n; \ k = 1, 2, \cdots, K \tag{6.28}$$

$$\xi_i \leqslant Q \tag{6.29}$$

其中，式 (6.17)、式 (6.18)、式 (6.19) 是目标函数，不可靠度最小；最短的期望长度对应的费用（包括车辆行驶的费用、由于拥堵造成的经济损失和缺货成本）最小；畅通可靠度最小。式 (6.20)~式 (6.29) 为约束条件，式 (6.20) 表示每一条配送线路的畅通可靠度是该条线路上所有配送节点间的畅通可靠度之积；式 (6.21) 表示第 n 条线路上配送的货物量小于配送车辆的载重量；式 (6.22) 表示需要配送服务的线路数小于物流中心的车辆数；式 (6.23) 表示每个客户都位于一条路径之中；式 (6.24) 表示每辆车只能分配一条路径；式 (6.25) 表示车辆 k 必从配送中心出发；式 (6.26) 表示车辆 k 必返回配送中心；式 (6.27) 和式 (6.28) 保证每个客户有且仅有一辆车服务；式 (6.29) 表示一辆车至少可以服务一个客户。

本书拟采用加权的方法将以上的多目标规划模型转化成单目标问题进行求解，设 Z_1、Z_2、Z_3 的加权系数分别为 φ_1、φ_2、$\varphi_3 (\varphi_1 + \varphi_2 + \varphi_3 = 1)$。为将多目标转化成单一目标，在式 (6.17) 与式 (6.19) 中引入惩罚因子 α_1、α_2，表示系统不可靠以及系统不畅通时的损失。从而构造新的目标函数：

$$
\begin{aligned}
\min Z = {} & \varphi_1 \alpha_1 \big\{ 1 - \omega_{k_1} \cdot (1 - W_{k_1}^{ln}) \cdot \big[\omega_{k_{11}} \cdot (1 - W_{k_{11}}^{ln}) \\
& + \omega_{k_{12}} \cdot (1 - W_{k_{12}}^{ln}) + \cdots + \omega_{k_{15}} \cdot (1 - W_{k_{15}}^{ln}) \big] \big\} \\
& \cdot \big\{ \omega_{k_2} \cdot (1 - W_{k_2}^{ln}) \cdot \big[\omega_{k_{21}} \cdot (1 - W_{k_{21}}^{ln}) \\
& + \omega_{k_{22}} \cdot (1 - W_{k_{22}}^{ln}) + \cdots + \omega_{k_{26}} \cdot (1 - W_{k_{26}}^{ln}) \big] \big\} \\
& \cdot \cdots \cdot \big\{ \omega_{k_5} \cdot (1 - W_{k_5}^{ln}) \cdot \big[\omega_{k_{51}} \cdot (1 - W_{k_{51}}^{ln}) \\
& + \omega_{k_{52}} \cdot (1 - W_{k_{52}}^{ln}) + \cdots + \omega_{k_{56}} \cdot (1 - W_{k_{56}}^{ln}) \big] \big\} \\
& + \varphi_2 \big[x_{ij} \cdot d_{ij} \cdot C_{ij} + K \cdot P(O' - O) \\
& + A_1 \big(\sum \xi_i - \sum Q_n \cdot e_{ij} \big] \\
& + \varphi_3 \alpha_2 \big[1 - \sum \mu_n U_n \big]
\end{aligned}
\tag{6.30}
$$

6.3.4 模型求解

当需要为 n 个客户提供服务时，整个物流配送系统的需求可能有（$M +$

1)^n 种不同的组合。若客户的需求是相互独立的随机变量，需求量分别为 i_1、i_2、$\cdots$、i_n 时，发生的概率为 $p_1(\xi_1 = i_1) \cdot p_2(\xi_2 = i_2) \cdot \cdots \cdot p_n(\xi_n = i_n)$。$R_{VRP}(i_1, i_2, \cdots, i_n)$ 表示对应的确定性最优路径的长度，R_{VRP} 表示随机需求的车辆路径问题的最优期望路径长度，则：

$$E[R_{VRPSD}] = \sum_{i_1, i_2, \cdots, i_n} p_1(\xi_1 = i_1) \cdot p_2(\xi_2 = i_2)$$
$$\cdot \cdots \cdot p_n(\xi_n = i_n) R_{VRP}(i_1, i_2, \cdots, i_n) \qquad (6.31)$$

在客户数目较多的情况下，式（6.31）的求解非常困难。因此，利用补救随机规划法可以使计算简化。

基于补救的随机规划法将 VRPSD 问题的求解方法分解为两个阶段。第一阶段，基于客户需求信息的随机性条件确定先验序列。根据客户需求的概率分布规划出一条从配送中心出发遍历各客户点之后最终回到配送中心的路径。第二阶段在获得确定性信息的情况下进行调整。车辆沿该条路径为客户提供服务，当路径发生失败时采取补救措施[194]。

6.3.4.1　随机因素的处理

客户的需求在到达客户处才知道，不能绕过没有需求的客户。当车辆在配送路线中行驶到某一配送点时，车辆的剩余运量低于该客户点的需求时，配送车辆需要返回到配送中心补货，重新装货后返回失败点沿规划路径继续服务。如图 6.4 所示，根据计划行驶路径，车辆沿 0→1→2→3→4→0 的路线进行配送服务，当车辆到达客户点 3 时，配送车辆的剩余运量不能

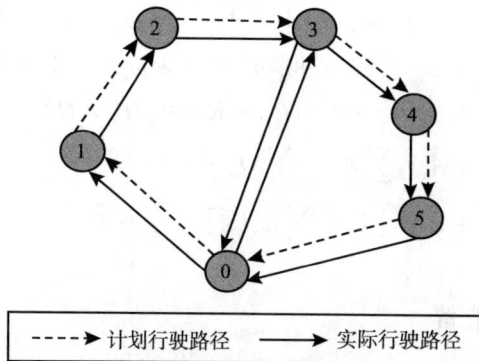

图 6.4　车辆补救策略

满足客户点 3 的需求,车辆必须返回到配送中心 0 进行补货,完成补货后重新返回到客户点 3 继续服务,因此,车辆的行驶路线就变为 $0\to1\to2\to3\to0\to3\to4\to5\to0$,由于任务失败导致了额外的行驶距离 $3\to0\to3$。

6.3.4.2 基于补救随机规划模型[194]

$$\min Z = C_{ij}\left\{\sum_{i=0}^{n} d(i, i+1) + \sum_{i=1}^{n}\left[\delta_i s(i, i) + \gamma_i s(i, i+1)\right]\right.$$
$$\left. + K \cdot P(O' - O) + A_1\left(\sum \xi_i - \sum Q_n \cdot x_{ij}\right)\right\} \tag{6.32}$$

其中,

$$\delta_i = \begin{cases} 0, & i = 1 \\ \sum_{q=1}^{\left[\frac{iK}{Q}\right]}\left\{\sum_{K=1}^{K-1}\left(\sum_{r=K+1}^{K} P_i(r)\right) \cdot f(i-1, qQ-k)\right\}, & 2 \leqslant i \leqslant n \end{cases} \tag{6.33}$$

$$\gamma_i = \begin{cases} 0, & i = 1 \\ \sum_{q=1}^{\left[\frac{K}{Q}\right]}\left\{\sum_{k=1}^{K} P_i(k) \cdot f(i-1, qQ-k)\right\}, & 2 \leqslant i \leqslant n \end{cases} \tag{6.34}$$

$$f(m.r) = P_r\{\text{顾客 } 1 \cdots m \text{ 的总需求是 } r\} \tag{6.35}$$

$$s(i, j) = d(i, 0) + d(0, j) - d(i, j) \tag{6.36}$$

目标函数表示车辆从配送中心出发服务所有客户最后再返回配送中心的 TSP 路线的费用,车辆在某个客户点不能满足该点的需求时返回到配送中心进行补货而产生的补救费用,以及城市拥堵经济损失。γ_i 表示车辆到达客户点 i 时该点需求正好达到车辆容量的概率,δ_i 表示车辆到达客户点 i 时该点需求超过车辆容量的概率,$s(i, j)$ 表示车辆在 i 点达到车辆容量返回配送中心恢复容量后到达 j 点多行驶的距离。

6.3.4.3 初始先验序列的求解

给出各客户点和配送中心的地理位置坐标和相互之间的距离,运用 MATLAB 进行编程求出对应的确定性 TSP 问题的初始可行解,该解即作为先验序列的初始解。

6.3.4.4 先验序列的改进

以各客户点之间的配送距离为基础计算出 γ_i、δ_i 函数,代入得出期望路径的费用的表达式，产生整个路径的期望费用值。

6.4　城市物流系统可靠性分配模型

6.4.1　可靠性分配方法

可靠性分配是将规定的系统可靠度合理地分配给各因素，可靠性分配与系统组成单元的重要度、复杂度、成本等因素有关，常用的分配方法有等分配法、考虑复杂度分配法、比例组合法等[195]。

6.4.1.1　等分配法

等分配法是无约束条件的分配方法，不考虑各组成部分的特殊性，只是简单地将可靠度平均分配给各组成部分。对于由 n 个相同单元串联的系统，系统要达到的可靠度为 R^*，则每个单元分配到的可靠度为：

$$R_i = \sqrt[n]{R^*}, \ i = 1, \ 2, \ \cdots, \ n \tag{6.37}$$

等分配法具有计算简便的优点，但是由于没有考虑到各组成部分的重要度、复杂度，只适合应用在初步分配的阶段。

6.4.1.2　考虑复杂度分配法

可靠性的复杂度是指从构成系统的子系统数目上考虑，如果一个子系统 i 所包含的单元多，则该子系统越复杂，其基本公式为：

$$u_i = \frac{N_i}{\sum_{i=1}^{n} N_i} \tag{6.38}$$

其中，u_i 为子系统的复杂度系数；N_i 为子系统包含的单元数目。

复杂度的分配方法认为复杂的子系统更容易发生故障，因此，其分配的可靠度应该低一些，但是这种分配方法由于没有综合考虑重要度，具有一定的局限性。

6.4.1.3　比例组合法

如果一个新设计的系统与旧系统十分相像，即构成系统的各单元类型一样，新系统的出现是为了满足新情况下出现的关于可靠性的新要求，此时运用比例组合法就适合。以旧系统中各单元的故障率为依据，遵照新系统关于可靠性要求，为新系统中每个单元划分可靠性。则每个单元分配到的可靠性应为：

$$R_{iN} = R_{sN} \cdot \frac{R_{iO}}{R_{sO}} \tag{6.39}$$

其中，R_{iN} 为新设计系统中单元 i 分配到的可靠性；R_{sN} 为新设计系统的可靠性要求；R_{iO} 为旧系统中单元 i 分配到的可靠性；R_{sO} 为旧系统的可靠性要求[198]。

6.4.2　可靠性分配原则

在城市物流系统可靠性分配的过程中，要在考虑到单元技术水平、重要度、复杂度等外界影响因素的情况下进行模型构建，应该遵守一定的原则。

（1）在城市物流系统中，技术成熟的单元，可以保证拥有较强的可靠性，或预计实际运行时可靠性可以大概率提升到较强水平，此时可分配给较高的可靠度。

（2）在城市物流系统中，对于需要连续运行或是工作条件苛刻，保证可靠性难度较高的单元，则应分配给较低的可靠度。

（3）影响城市物流的因素包含的子因素越多，达到物流系统可靠度越困难，增加其可靠度会导致成本的骤增，因此，本书通过增加改进系数约束的方法降低其经济性，从而保证该单元分配较低的可靠度。

（4）影响城市物流的因素重要度越高，对系统可靠性产生的影响越大，即使增加其可靠度会造成成本的提高也应保证其可靠度达到一定的水平，因此，通过增加改进系数约束提高其经济性，从而保证重要度高的单元分配较高的可靠度。

6.4.3 模型的构建

由于可靠度与费用之间是一个比较抽象的概念，费用包含提高单元可靠度花费的人力、物力和财力等，因此，难以获得费用与可靠度之间的统计数据，为了克服这一问题，戴尔（Dale）提出了广义成本函数。该函数在考虑可行度 f_i、单元最小可靠度 $R_{i,\min}$ 和单元最大可靠度 $R_{i,\max}$ 的基础上构建的模型[195]。

$$C_i(R_i, f_i, R_{i,\min}, R_{i,\max}) = e^{(1-f_i)\left(\frac{R_i - R_{i,\min}}{R_{i,\max} - R_i}\right)} \tag{6.40}$$

其中，f_i 的取值范围在 0 到 1 之间，取值越大，说明提高该单元的可行性越大。广义成本函数是成本关于单元的非线性增长函数，要达到最大可靠度理论上意味着要花费相当大的成本；相反，要达到低可靠度的成本很低。这与实际中成本随着可靠度增长的特点相符。广义成本函数的特点为系统可靠度分配中各影响因素的融合提供了基础，因此，本书以广义成本函数为基础，综合考虑系统的重要度和复杂度以构建生鲜农产品电商的物流系统可靠性分配模型。

$$\min z = \sum_{i=1}^{n} \frac{1}{\omega_i} e^{u_i\left(\frac{R_i - R_{i,\min}}{R_{i,\max} - R_i}\right)} \tag{6.41}$$

$$\text{s. t.} \quad \prod_{i=1}^{n} R_i \geqslant R^* \tag{6.42}$$

$$R_{i,\min} < R_i < R_{i,\max}, \quad i = 1, 2, \cdots, n \tag{6.43}$$

其中，R_i 为第 i 个单元的可靠度；$R_{i,\min}$ 为 R_i 的最小可靠度；$R_{i,\max}$ 为 R_i 的最大可靠度；R^* 为系统要达到的可靠度；ω_i 为单元重要度系数；u_i 为单元复杂度改进系数；z 为成本目标函数。

模型的目标函数式（6.41）是以广义的成本函数为基础，增加了重要度改进系数和复杂度改进系数。首先，引入重要度系数，通过对广义成本函数的放大和缩小为不同单元的成本进行约束。重要度系数根据第 5 章的各影响因素重要度得到，取重要度的倒数，其取值范围在 0 ~ 1。重要度越高，其倒数越小，保证高重要度的单元达到更高的可靠度。其次，通过单元复杂度改进系数代替可行度参数，运用子系统单元的数目占系统总单元数的比例代表单元的复杂度，单元的复杂度越高，其改进的可行度较低，实际投入的成本增加。

　　模型的约束条件式（6.42）表示优化分配后的可靠度大于等于系统要达到的可靠度。式（6.43）表示各单元分配的可靠度需要大于其各自的最小可靠度并小于其最大可靠度。

第 7 章

算 例 分 析

7.1 影响因素提炼

城市物流是一个复杂的系统，其物流的各个环节在运行中会受到内部因素和外部因素的影响，有效识别、提炼各个影响因素有利于本书的后续研究。例如，选择合适的影响因素建立的可靠性评价指标能够有效评价系统的可靠性，使研究工作更加科学、有效。

7.1.1 构建物元矩阵

由于城市物流系统是一个复杂、动态的系统，影响城市物流系统可靠性的因素众多，包括政治、经济、环境、交通等定性因素和定量因素，各个影响因素之间相互联系、相互影响。想要综合、全面地对所有影响因素进行分析仅运用一种方法是不够的，因此，采用物元分析和灰色关联度计算相结合的方法对城市物流系统的可靠性进行评价。通过评价指标的细化，将一些定性指标量化，使之定量、合理地处理各种影响可靠性的因素，准确地评判影响城市物流系统可靠性的指标。运用物元分析法提炼影响城市物流系统可靠性关键因素的步骤如下。第一步，确定影响城市物流系统可靠性的五个层次，即信息、运营能力、技术设备可靠性、政策法规和不可抗力。第二步，根据指标的评级确定经典域和节域。计算每个评价指标的具体取值与各个等级的关联度，依据熵权系数法确定的子指标的权重，计算每个评价指标的综合关联度，得出最终的评估级别[95]。城市物流系统可靠性的关键影响因素评价流程如图7.1所示。

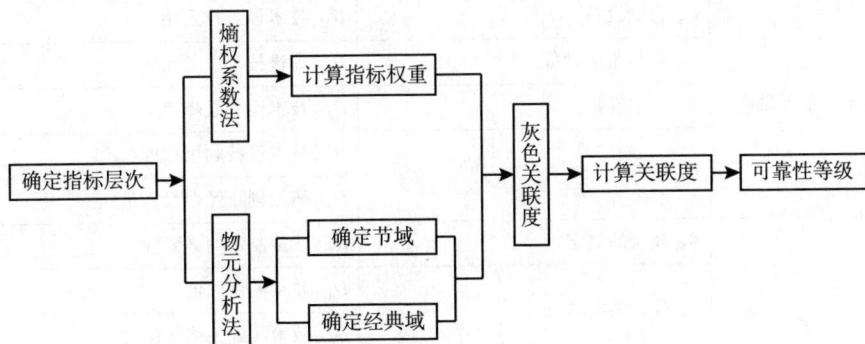

图7.1 城市物流可靠性影响因素评价流程

在进行城市物流系统可靠性评价的过程中，根据城市物流的特点，可靠性影响因素的属性将相关的因素一一罗列出来，再将各个影响因素进行合并、剔除，选择适合的评价因素，并确定评价体系的层级。本书研究在参考以往大量相关研究的基础上，构建影响城市物流系统可靠性的评价指标体系。城市物流系统可靠性的指标如表7.1所示。

表7.1 城市物流系统可靠性指标

一级指标	二级指标	三级指标
B_1 信息	C_{11} 仓储信息	D_{111} 信息化作业量
	C_{12} 运输信息	D_{112} 信息化应用率
	C_{13} 加工包装信息	D_{113} 信息化投资额
	C_{14} 装卸信息	D_{114} 信息技术人员比重
		D_{115} 信息平台利用率
B_2 运营能力	C_{21} 节点系统	D_{211} 节点密度
		D_{212} 节点可达性
	C_{22} 线路系统	D_{221} 路段可用度
		D_{222} 线路效率

一级指标	二级指标	三级指标
B_2 运营能力	C_{22} 线路系统	D_{223} 链路密度
		D_{224} 网络连通系数
B_3 技术设备可靠性	C_{31} 仓储设备	D_{311} 技术设备投入额
	C_{32} 装卸搬运设备	D_{312} 先进技术设备比例
	C_{33} 运输设备	D_{313} 技术设备故障率
	C_{34} 技术	D_{314} 技术设备利用程度
		D_{315} 研发创新经费投入量
B_4 政策法规	C_{41} 政策的制定	D_{411} 政策制定的必要性
	C_{42} 政策的实施	D_{421} 政策的认同度
		D_{422} 政策实施主体的能力
	C_{43} 政策的绩效	D_{431} 政策实施效果
		D_{432} 政策满意度
B_5 不可抗力	C_{51} 自然灾害	D_{511} 极端天气
	C_{52} 社会异常事件	D_{521} 传染病
		D_{522} 交通事故
		D_{523} 恐怖事件
		D_{524} 罢工
	C_{53} 政府行为	D_{531} 道路限行

7.1.2 构建物元评价模型

城市物流系统可靠性是一个复杂、综合的问题。将物元分析算法引入对城市物流系统的可靠性评价过程中，能够综合考虑不同的利益主体，并且可以利用定量的数值来表示可靠性评价的结果，能够更加全面、客观地对城市物流系统的可靠性进行评价。

通过对某城市物流系统可靠性因素的特点进行分析，确定了城市物流系统可靠性各评价指标的范围区间，即物元分析中的经典域，如表 7.2 所示。

表7.2   **影响特征值表评级划分标准**

指标分类	特征指标	评价等级				
		1级	2级	3级	4级	5级
		基本无影响	有较小影响	有一定影响	有较大影响	严重影响
信息	信息化作业率	(0.5－1]	(0.3－0.5]	(0.2－0.3]	(0.1－0.2]	(0－0.1]
	信息化应用率	(0.5－1]	(0.3－0.5]	(0.2－0.3]	(0.1－0.2]	(0－0.1]
	信息化投资率	(0.15－0.3]	(0.1－0.15]	(0.05－0.1]	(0.03－0.05]	(0－0.03]
	信息技术人员比重	(0.15－0.3]	(0.1－0.15]	(0.05－0.1]	(0.03－0.05]	(0－0.03]
	信息平台利用率	(0.5－1]	(0.3－0.5]	(0.2－0.3]	(0.1－0.2]	(0－0.1]
运营能力	节点密度	(0.5－1]	(0.3－0.5]	(0.2－0.3]	(0.1－0.2]	(0－0.1]
	节点可达性	1	3	5	7	9
	路段可用度	(0.5－1]	(0.3－0.5]	(0.2－0.3]	(0.1－0.2]	(0－0.1]
	线路效率	(0.5－1]	(0.3－0.5]	(0.2－0.3]	(0.1－0.2]	(0－0.1]
	链路密度	(1－1.5]	(0.7－1]	(0.5－0.7]	(0.3－0.5]	(0－0.3]
	网络连通系数	(0.5－1]	(0.3－0.5]	(0.2－0.3]	(0.1－0.2]	(0－0.1]
技术设备可靠性	技术设备投入率	(0.15－0.3]	(0.1－0.15]	(0.05－0.1]	(0.03－0.05]	(0－0.03]
	先进技术设备比例	(0.5－1]	(0.3－0.5]	(0.2－0.3]	(0.1－0.2]	(0－0.1]
	技术设备故障率	(0－0.02]	(0.02－0.03]	(0.03－0.05]	(0.05－0.07]	(0.07－1]
	技术设备利用程度	(0.5－1]	(0.3－0.5]	(0.2－0.3]	(0.1－0.2]	(0－0.1]
	研发创新经费投入率	(0.02－0.06]	(0.015－0.02]	(0.01－0.015]	(0.005－0.01]	(0－0.005]
政策法规	政策制定的必要性	9	7	5	3	1
	政策的认同度	(0.5－1]	(0.3－0.5]	(0.2－0.3]	(0.1－0.2]	(0－0.1]
	政策实施主体的能力	9	7	5	3	1
	政策实施效果	9	7	5	3	1
	政策满意度	(0.5－1]	(0.3－0.5]	(0.2－0.3]	(0.1－0.2]	(0－0.1]
不可抗力	极端天气	1	3	5	7	9
	传染病	1	3	5	7	9
	交通事故	1	3	5	7	9
	恐怖事件	1	3	5	7	9
	罢工	1	3	5	7	9
	道路限行	1	3	5	7	9

资料来源：[196]鄢勇飞，朱顺应，王红，等. 基于物元分析法的火车站交通影响评价模型［J］. 城市交通，2008，6（6）：71－75.

将数据进行分析得出可信度较强的各指标分值，如表7.3 所示。

表7.3   特征指标的取值

特征指标	D_{111}	D_{112}	D_{113}	D_{114}	D_{115}	D_{211}	D_{212}	D_{221}	D_{222}
指标取值	0.27	0.34	0.14	0.02	0.05	0.27	7	0.17	0.17
特征指标	D_{223}	D_{224}	D_{311}	D_{312}	D_{313}	D_{314}	D_{315}	D_{411}	D_{421}
指标取值	0.47	0.27	0.07	0.15	0.017	0.32	0.007	7	0.05
特征值表	D_{422}	D_{431}	D_{432}	D_{511}	D_{521}	D_{522}	D_{523}	D_{524}	D_{531}
指标取值	7	3	0.15	1	3	3	1	3	7

7.1.2.1　确定待评物元矩阵

以信息类指标中的特征指标为例进行分析，构建相应的待评物元矩阵：

$$R = \begin{bmatrix} N & c_1 & v_1 \\ & c_2 & v_2 \\ & \vdots & \vdots \\ & c_n & v_n \end{bmatrix} = \begin{bmatrix} N & D_{111} & 0.3 \\ & D_{112} & 0.34 \\ & \vdots & \vdots \\ & D_{531} & 7 \end{bmatrix}$$

7.1.2.2　确定经典域物元矩阵和节域物元矩阵

根据表7.2，将评价标准划分为基本无影响、有较小影响、有一定影响、有较大影响、严重影响五个等级，其对应的取值范围作为经典域 $R_1 \sim R_5$，节域 R 则是表中评价因子的取值范围。计算经典域物元矩阵 $R_1 \sim R_5$ 和节域物元矩阵 R_p[95]。

$$R_1 = \begin{bmatrix} B_1 & D_{111} & (0.5-1] \\ & D_{112} & (0.5-1] \\ & \vdots & \vdots \\ & D_{531} & 1 \end{bmatrix}, \quad R_2 = \begin{bmatrix} B_2 & D_{111} & (0.3-0.5] \\ & D_{112} & (0.3-0.5] \\ & \vdots & \vdots \\ & D_{531} & 3 \end{bmatrix}$$

$$R_3 = \begin{bmatrix} B_3 & D_{111} & (0.2-0.3) \\ & D_{112} & (0.2-0.3) \\ & \vdots & \vdots \\ & D_{531} & 5 \end{bmatrix}, \quad R_4 = \begin{bmatrix} B_4 & D_{111} & (0.1-0.2) \\ & D_{112} & (0.1-0.2) \\ & \vdots & \vdots \\ & D_{531} & 7 \end{bmatrix}$$

$$R_5 = \begin{bmatrix} B_5 & D_{111} & (0-0.1) \\ & D_{112} & (0-0.1) \\ & \vdots & \vdots \\ & D_{531} & 9 \end{bmatrix}, \quad R = \begin{bmatrix} B & D_{111} & (0-1) \\ & D_{112} & (0-1) \\ & \vdots & \vdots \\ & D_{531} & [1,9] \end{bmatrix}$$

7.1.2.3 确定各特征指标权重

确定各特征指标的权重, 结果如表 7.4 所示。

表 7.4 各指标权重

特征指标	D_{111}	D_{112}	D_{113}	D_{114}	D_{115}
指标取值	0.3	0.3	0.1	0.1	0.2

7.1.2.4 计算各特征指标关联度

根据关联度公式计算每个评价指标的关联函数, 如表 7.5 所示。

表 7.5 评价指标的关联函数

特征指标	关联函数				
	1 级	2 级	3 级	4 级	5 级
信息化作业率	− 0.115	0.000	0.300	− 0.300	− 0.150
信息化应用率	− 0.200	0.200	− 0.500	− 0.222	− 0.143
信息化投资率	− 0.500	0.200	− 0.200	− 0.100	− 0.083
信息技术人员比重	− 0.071	− 0.111	− 0.250	− 0.500	0.330
信息平台利用率	− 0.100	− 0.167	− 0.250	− 0.500	0.500

计算出各指标属于各评价集的关联度:

$$K_1 = \begin{bmatrix} -0.115 & 0.000 & 0.300 & -0.300 & -0.150 \\ -0.200 & 0.200 & -0.500 & -0.222 & -0.143 \\ -0.500 & 0.200 & -0.200 & -0.100 & -0.083 \\ -0.071 & -0.111 & -0.250 & -0.500 & 0.330 \\ -0.100 & -0.167 & -0.250 & -0.500 & 0.500 \end{bmatrix}$$

将计算出的各指标关联度与权重进行相乘：

$$K_1' = \begin{bmatrix} -0.035 & 0.000 & 0.090 & -0.090 & -0.045 \\ -0.060 & 0.060 & -0.150 & -0.067 & -0.043 \\ -0.050 & 0.020 & -0.020 & -0.010 & -0.008 \\ -0.007 & -0.011 & -0.025 & -0.050 & 0.033 \\ -0.020 & -0.033 & -0.050 & -0.100 & 0.100 \end{bmatrix}$$

7.1.2.5 评价指标

采用关联度最大原则，对影响因素进行影响程度的等级划分。

（1）当 $0 \leq K_j \leq 1$ 时，说明影响因素的影响程度指标符合某个等级的要求，其值大小表示符合影响级别的程度，数值越大，越接近该级标准。

（2）当 $-1 \leq K_j \leq 0$ 时，说明影响因素的影响程度指标不符合某个等级的要求。

比较各影响因素与影响程度等级的关联度，在信息因素中，信息化作业率关联度最高，表明其是关键影响因素。

同理，可利用物元分析法对其他影响因素进行分析，得出各评价指标的关联函数，如表7.6所示。

表7.6　　　　　　　　　　评价指标的关联函数

特征指标	关联函数				
	1 级	2 级	3 级	4 级	5 级
节点密度	-0.115	-0.500	0.300	-0.300	-0.150
节点可达性	-0.002	-0.003	-0.010	0.005	-0.500
路段可用度	-0.083	-0.188	-0.500	0.300	-0.300
线路效率	-0.083	-0.188	-0.500	0.300	-0.300

特征指标	关联函数				
	1 级	2 级	3 级	4 级	5 级
链路密度	− 0.054	− 0.115	0.000	0.100	− 0.150
网络连通系数	− 0.115	− 0.500	0.300	− 0.300	− 0.150
技术设备投入率	− 0.200	− 0.400	0.400	− 0.500	− 0.333
先进技术设备比例	− 0.125	− 0.250	− 0.500	0.500	− 0.500
技术设备故障率	− 0.830	0.830	0.619	0.415	0.208
技术设备利用程度	− 0.100	0.100	− 0.500	− 0.143	− 0.083
研发创新经费投入率	− 0.133	− 0.014	0.020	0.400	− 0.500
政策制定的必要性	− 0.500	0.005	− 0.003	− 0.003	− 0.002
政策的认同度	− 0.100	− 0.167	− 0.250	− 0.500	0.500
政策实施主体的能力	− 0.500	0.005	− 0.003	− 0.003	− 0.002
政策实施效果	− 0.002	− 0.005	0.010	0.005	− 0.005
政策满意度	− 0.125	− 0.250	− 0.500	0.500	− 0.500
极端天气	0.005	− 0.500	− 0.003	− 0.002	− 0.002
传染病	− 0.005	0.005	− 0.010	− 0.005	− 0.002
交通事故	− 0.005	0.005	− 0.010	− 0.005	− 0.002
恐怖事件	0.005	− 0.500	− 0.003	− 0.002	− 0.002
罢工	− 0.005	0.005	− 0.010	− 0.005	− 0.002
道路限行	− 0.002	− 0.003	− 0.010	0.005	− 0.500

计算出各指标属于各评价集的关联度：

$$K_2 = \begin{bmatrix} -0.115 & -0.500 & 0.300 & -0.300 & -0.150 \\ -0.002 & -0.003 & -0.010 & 0.005 & -0.500 \\ -0.083 & -0.188 & -0.500 & 0.300 & -0.300 \\ -0.083 & -0.188 & -0.500 & 0.300 & -0.300 \\ -0.054 & -0.115 & 0.000 & 0.100 & -0.150 \\ -0.115 & -0.500 & 0.300 & -0.300 & -0.150 \end{bmatrix}$$

$$K_3 = \begin{bmatrix} -0.200 & -0.400 & 0.400 & -0.500 & -0.333 \\ -0.125 & -0.250 & -0.500 & 0.500 & -0.500 \\ -0.830 & 0.830 & 0.619 & 0.415 & 0.208 \\ -0.100 & 0.100 & -0.500 & -0.143 & -0.083 \\ -0.133 & -0.014 & 0.020 & 0.400 & -0.500 \end{bmatrix}$$

$$K_4 = \begin{bmatrix} -0.500 & 0.005 & -0.003 & -0.003 & -0.002 \\ -0.100 & -0.167 & -0.250 & -0.500 & 0.500 \\ -0.500 & 0.005 & -0.003 & -0.003 & -0.002 \\ -0.002 & -0.005 & 0.010 & 0.005 & -0.005 \\ -0.125 & -0.250 & -0.500 & 0.500 & -0.500 \end{bmatrix}$$

$$K_5 = \begin{bmatrix} 0.005 & -0.500 & -0.003 & -0.002 & -0.002 \\ -0.005 & 0.005 & -0.010 & -0.005 & -0.002 \\ -0.005 & 0.005 & -0.010 & -0.005 & -0.002 \\ 0.005 & -0.500 & -0.003 & -0.002 & -0.002 \\ -0.005 & 0.005 & -0.010 & -0.005 & -0.002 \\ -0.002 & -0.003 & -0.010 & 0.005 & -0.500 \end{bmatrix}$$

确定各特征指标权重，如表 7.7 所示。

表 7.7 各特征指标权重

特征指标	D_{211}	D_{212}	D_{221}	D_{222}	D_{223}	D_{224}	D_{311}	D_{312}	D_{313}	D_{314}	D_{315}
指标取值	0.2	0.2	0.1	0.1	0.2	0.2	0.2	0.2	0.3	0.2	0.1
特征指标	D_{411}	D_{421}	D_{113}	D_{431}	D_{432}	D_{511}	D_{521}	D_{522}	D_{523}	D_{524}	D_{531}
指标取值	0.2	0.2	0.2	0.2	0.2	0.2	0.2	0.1	0.2	0.2	0.1

将计算出的各指标关联度与权重进行相乘：

$$K_2' = \begin{bmatrix} -0.023 & -0.100 & 0.060 & -0.060 & -0.030 \\ 0.000 & -0.001 & -0.002 & 0.001 & -0.100 \\ -0.008 & -0.019 & -0.050 & 0.030 & -0.030 \\ -0.008 & -0.019 & -0.050 & 0.030 & -0.030 \\ -0.011 & -0.023 & 0.000 & 0.020 & -0.030 \\ -0.023 & -0.100 & 0.060 & -0.060 & -0.030 \end{bmatrix}$$

$$K_3' = \begin{bmatrix} -0.040 & -0.080 & 0.080 & -0.100 & -0.067 \\ -0.025 & -0.050 & -0.100 & 0.100 & -0.100 \\ -0.249 & 0.249 & 0.186 & 0.125 & 0.062 \\ -0.020 & 0.020 & -0.100 & -0.029 & -0.017 \\ -0.013 & -0.001 & 0.002 & 0.040 & -0.050 \end{bmatrix}$$

$$K_4' = \begin{bmatrix} -0.100 & 0.001 & -0.001 & -0.001 & 0.000 \\ -0.020 & -0.033 & -0.050 & -0.100 & 0.100 \\ -0.100 & 0.001 & -0.001 & -0.001 & 0.000 \\ 0.000 & -0.001 & 0.002 & 0.001 & -0.001 \\ -0.025 & -0.050 & -0.100 & 0.100 & -0.100 \end{bmatrix}$$

$$K_5' = \begin{bmatrix} 0.001 & -0.100 & -0.001 & 0.000 & 0.000 \\ -0.001 & 0.001 & -0.002 & 0.001 & 0.000 \\ -0.001 & 0.001 & -0.001 & -0.001 & 0.000 \\ 0.001 & -0.100 & -0.001 & 0.000 & 0.000 \\ -0.001 & 0.001 & -0.002 & 0.001 & 0.000 \\ 0.000 & 0.000 & -0.001 & 0.001 & -0.050 \end{bmatrix}$$

比较各影响因素与影响程度等级的关联度，在运营能力指标中，节点密度和网络连接系数是关键影响因素；在技术设备指标中，技术设备故障率是关键影响因素；在政策法规指标中，政策的认同度和政策的满意度是关键影响因素；在不可抗力指标中，极端天气、传染病、恐怖事件和罢工同为关键影响因素。

7.2　可靠性测度

本书以多层次城市配送网络中最常见的两层次配送网络为基础，提出了城市配送网络可靠性测度模型及方法。整个两层次城市配送网络每一环节的可靠性都受到信息、运营能力、技术设备、政策法规以及不可抗力这五个因素的影响。

7.2.1 失效率

A 公司主要有两个供货商向其第一级配送中心 D_1 供货，并且按照一年内的历史记录，它们向第一级配送中心供货量比为 $\dfrac{5}{4}$，商品经过第一级配送中心 D_1 后按其目的地所属区域发往第二级配送中心 D_{21} 和 D_{22}，随后按照客户所在位置，商品从第二级配送中心 D_{21} 发往 C_1、C_2 和 C_3 客户，从配送中心 D_{22} 发往 C_4 和 C_5 客户，如图 7.2 所示，具体比率如表 7.8 所示。

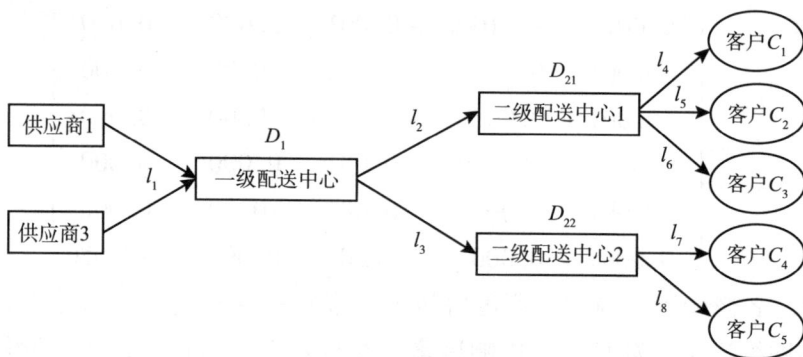

图 7.2　配送网络结构

表 7.8　　　　　　　　　　　　　配送各环节权重

第一层配送中心 D_1		第二层配送中心 D_2		客户 C				
$W_1^{D_1}$	$W_2^{D_1}$	$W_{D_{21}}$	$W_{D_{22}}$	W_{C_1}	W_{C_2}	W_{C_3}	W_{C_4}	W_{C_5}
0.556	0.444	0.636	0.364	0.400	0.300	0.300	0.500	0.500

根据公司以往的历史数据，把配送过程中出现的差错按照原因分配到影响配送网络可靠性的因素中去，从而得出在所有错误中，由各种因素引起的概率，如表 7.9 所示。

指标分类	$W_k^{S_1}$	$W_k^{S_2}$	$W_k^{D_1}$	$W_k^{D_{21}}$	$W_k^{D_{22}}$	$W_k^{C_1}$	$W_k^{C_2}$	$W_k^{C_3}$	$W_k^{C_4}$	$W_k^{C_5}$
信息 ($k=1$)	0.0044	0.0044	0.0032	0.0032	0.0036	0.0040	0.0036	0.0040	0.0044	0.0040
运营能力 ($k=2$)	0.0296	0.0288	0.0324	0.0328	0.0320	0.0308	0.0316	0.0320	0.0300	0.0300
技术设备 ($k=3$)	0.0040	0.0048	0.0024	0.0028	0.0032	0.0032	0.0032	0.0024	0.0040	0.0040
政策法规 ($k=4$)	0.0004	0.0008	0.0008	0.0004	0.0004	0.0008	0.0004	0.0004	0.0008	0.0008
不可抗力 ($k=5$)	0.0016	0.0012	0.0012	0.0012	0.0008	0.0012	0.0012	0.0012	0.0008	0.0012

表 7.9　　　　　　　　　城市配送各环节各指标的失效率　　　　　　　　单位：%

根据表 7.9 可知，在整个城市配送网络的各个节点中因运营能力出现错误而导致配送失效的概率在五个影响因素中是最大的，其次是信息，而政策法规和不可抗力导致配送网络失效的概率则最小。可见对于配送网络的每一节点配送企业运营能力至关重要。

7.2.2　可靠度

根据可靠性测度式（5.5），可知关于供应商的可靠度：

$$R_{S_1} = W_1^{D_1} \prod_{k=1}^{5} (1 - W_k^{S_1}) = 0.5557798$$

$$R_{S_2} = W_2^{D_1} \prod_{k=1}^{5} (1 - W_k^{S_2}) = 0.6357456$$

根据可靠性测度式（5.6），可知配送中心以及客户的可靠度：

$$R = 0.8379180$$

根据多层次城市配送网络可靠性测度的式（5.7），通过计算可得出该公司的配送网络可靠度，如下：

$$R = 0.9984006$$

7.2.3 影响程度

根据式（5.8）~式（5.11）计算各环节的各个指标在整个城市配送网络中的影响力程度，如表 7.10 所示。

表 7.10　　　　　各环节各指标对于整个城市配送网络的影响程度

指标分类	S_k^{S1}	S_k^{S2}	S_k^{D1}	S_k^{D21}	S_k^{D22}	S_k^{C1}	S_k^{C2}	S_k^{C3}	S_k^{C4}	S_k^{C5}
1（信息）	0.000024	0.000019	0.000032	0.000020	0.000013	0.000016	0.000011	0.000012	0.000022	0.000020
2（运营能力）	0.000160	0.000128	0.000324	0.000208	0.000116	0.000123	0.000095	0.000096	0.000150	0.000150
3（技术设备）	0.000022	0.000021	0.000024	0.000017	0.000011	0.000013	0.000010	0.000007	0.000020	0.000020
4（政策法规）	0.000002	0.000003	0.000008	0.000003	0.000001	0.000003	0.000001	0.000001	0.000004	0.000004
5（不可抗力）	0.000008	0.000005	0.000012	0.000005	0.000003	0.000005	0.000004	0.000004	0.000004	0.000006

通过表 7.10 对比影响力指标可知，对于这个配送网络，在信息、运营能力、技术设备可靠性、政策法规以及不可抗力这些影响城市配送网络的因素中，运营能力对城市配送网络可靠性的影响程度最大。在由供应商、第一级配送中心、第二级配送中心与客户组成的配送网络中，由于所有货物都经过第一层配送中心，因此，第一级配送中心的每一个指标在所有环节中的影响程度都是最大的。另外，第一级配送中心的运营能力对这个城市配送网络可靠性的影响力最大，可见，要想提高该配送网络的可靠性应着重提升第一级配送中心的运营能力。

为了适应市场的需求，多层次城市配送网络结构逐步成为城市配送的主要结构形式。为了保证服务质量，物流越来越重视提高城市配送网络的可靠性，确保货物在规定的时间内完好地送达客户手中。借鉴供应链可靠性的测度方法，本书提出了城市配送网络可靠性的测度指标：信息、运营能力、技术设备可靠性、政策法规限制、不可抗力，对两层次城市配送网络的可靠性进行测度，对各个环节的每种指标进行了影响程度分析。城市配送各环节中各指标的失效率是根据以前记录的每种因素导致配送网络失效的统计数据加以分析得到的。因此，历史数据越多越充分，该模型就越准确。对于新建的、缺乏历史数据的多层次城市配送网络，可以根据各环节各指标的完备程度而对可靠度进行估计。

通过对比各指标影响程度，找出对城市配送网络影响较大的因素，有针对性地提出改进措施，可以有效提高配送网络整体可靠性。政策法规的限制，不可抗力因素中天气状况、交通状况、城市突发事件、自然灾害、战争以及大规模传染性疾病等情况无法人为控制，但城市物流可以制定风险管理方案，通过在信息、运营能力和技术设备这三个方面加强可靠性管理，从而降低由于政策法规限制和不可抗力对配送网络可靠性产生的影响。

减少信息在录入、处理、存储等过程中出现的错误。信息在收集、输入、传输、存储、处理等过程中可能出现错误，电脑设备的程序会出现错误，病毒的入侵也会是数据出错，通过定时进行电脑程序维护，安装杀毒软件等减少失误率。另外，人工操作也会产生错误，例如，人工输入，员工在进行数据录入时产生的错误一般会比电脑机械错误多，在输入过程中可尽量使用相应设备如条码扫描等，以减少人工输入错误。

减少运营过程中发生的错误。城市配送的各个环节都离不开运营管理，如对货物进行拆包、检查、包装、组合、加工和存储等作业之后将货物运送到下一节点。提高运营能力方法有很多，如优化车辆的调度、控制库存、加强作业培训等。另外，应用现代化的科学技术也能减少运营过程中出现的问题，像使用条形码技术扫描减少手工输入的错误，可视化管理及时解决问题，利用机器设备装卸货物，避免人工扔、摔卸货造成货物损毁等。

另外，还可以通过提高技术设备的可靠性来改善城市配送网络的可靠性。城市物流中使用的技术设备越多，越有利于及时掌控现场情况，如温控设备、RFID、车辆监控系统等，既提高了管理效率，还减少了工作失效率。但技术设备也可能出错，如设备故障、产品隐患等可能导致配送服务无法完成。可以通过加强设备的维护、保养、检修来降低技术设备故障的概率。

7.3 可靠性优化

城市物流系统的优化目标是提高城市配送的及时性和可靠性。对于复杂、多变的城市物流系统来说，如自然灾害、突发事件等诸多因素都会对整个系统造成影响，而系统中任何环节的失效都会导致整个系统的崩溃。

本书在综合考虑城市物流配送多品种、小批量等特点的基础上，从节点的可靠性和线路的可靠性两个方面提出了城市物流系统可靠性优化模型。

7.3.1 关键路段的识别

只考虑从配送中心给客户配送货物的环节，将某城市物流系统的结构简化，如图 7.3 所示。配送节点抽象为点，节点之间的线路抽象为边。

给图 7.3 中各边编号，并设立合适的流量数据，如表 7.11 和表 7.12 所示。

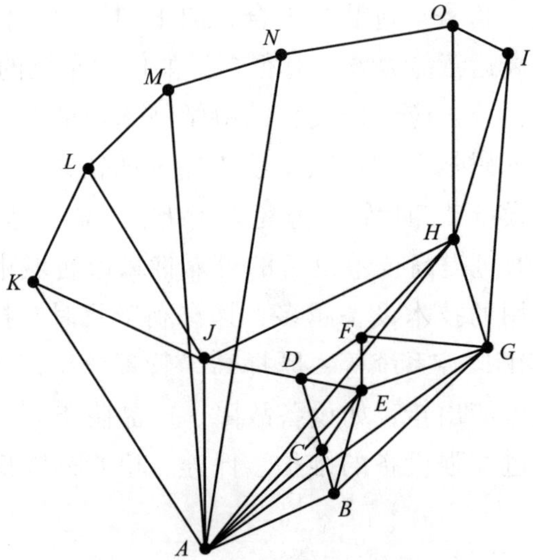

图 7.3　路网结构

表7.11 各边编号

编号	边	编号	边
1	$A-B$	18	$E-F$
2	$A-C$	19	$E-G$
3	$A-E$	20	$F-G$
4	$A-G$	21	$F-H$
5	$A-H$	22	$G-H$
6	$A-J$	23	$G-I$
7	$A-K$	24	$H-I$
8	$A-M$	25	$H-P$
9	$A-N$	26	$I-P$
10	$B-C$	27	$J-H$
11	$B-E$	28	$J-K$
12	$B-G$	29	$J-L$
13	$C-D$	30	$K-L$
14	$C-E$	31	$L-M$
15	$D-E$	32	$M-N$
16	$D-F$	33	$N-O$
17	$D-J$		

取 $p=5$，根据关键路段的识别模型计算出结果，在同时阻断了 1（$A-B$）、12（$F-G$）、19（$J-H$）、20（$J-K$）、25（$N-O$）五条边的组合时，对整体网络可靠性影响最大。因此，1（$A-B$）、12（$F-G$）、19（$J-H$）、20（$J-K$）、25（$N-O$）为关键路段，在考虑关键路段的前提下对城市物流系统进行可靠性优化研究。

表 7.12　　　　　　　　　　　　各节点间流量

A	B	C	D	E	F	G	H	I	J	K	L	M	N	O
A														
3125	**B**													
534	2357	**C**												
978	1919	4898	**D**											
564	3524	4724	5125	**E**										
134	1024	976	2043	2046	**F**									
252	525	1010	874	2758	3034	**G**								
56	323	374	187	698	2124	2423	**H**							
37	23	98	99	77	256	1027	1325	**I**						
2198	17	579	394	748	174	574	3754	17	**J**					
287	53	19	23	59	13	57	16	9	1690	**K**				
87	55	25	13	82	9	46	37	78	1143	394	**L**			
105	23	12	51	67	23	17	9	102	467	148	560	**M**		
23	16	9	40	21	30	13	257	256	23	107	225	1923	**N**	
9	9	13	54	18	77	1078	37	2026	16	28	79	574	2323	**O**

7.3.2　基于畅通可靠度的优化

只考虑第 6 章模型中的经济性和畅通性目标对城市物流配送进行优化。各节点的地理位置坐标如表 7.13 所示，其中 A 为配送中心。

表 7.13　　　　　　　　　　　　节点坐标

编号	x	y
A	13.7	7.1
B	21.6	8.2

续表

编号	x	y
C	21.4	10.7
D	20.1	12.0
E	23.0	12.0
F	23.0	12.8
G	26.1	11.2
H	24.2	15.3
I	26.9	17.9
J	15.1	13.0
K	7.4	14.6
L	9.5	17.4
M	13.0	19.2
N	18.7	20.0
O	25.6	19.4

根据各节点之间的坐标计算节点间的距离，如表 7.14 所示。

表 7.14　　　　　　　　　　节点间的距离

距离	A	B	C	D	E	F	G	H	I	J	K	L	M	N	O
A	0.0	8.0	8.5	—	10.5	—	13.1	13.3	—	6.1	9.8	—	12.1	13.8	—
B	8.0	0.0	2.5	—	4.1	—	5.4	—	—	—	—	—	—	—	—
C	8.5	2.5	0.0	1.8	2.1	—	—	—	—	—	—	—	—	—	—
D	—	—	1.8	0.0	2.9	3.0	—	—	—	5.1	—	—	—	—	—
E	10.5	4.1	2.1	2.9	0.0	0.8	3.2	—	—	—	—	—	—	—	—
F	—	—	—	3.0	0.8	0.0	3.5	2.8	—	—	—	—	—	—	—
G	13.1	5.4	—	—	3.2	3.5	0.0	4.5	6.7	—	—	—	—	—	—
H	13.3	—	—	—	—	2.8	4.5	0.0	3.7	9.4	—	—	—	—	4.3
I	—	—	—	—	—	6.7	3.7	0.0	—	—	—	—	—	2.0	
J	6.0	—	—	5.1	—	—	9.4	—	0.0	7.9	7.1	—	—	—	

续表

距离	A	B	C	D	E	F	G	H	I	J	K	L	M	N	O
K	9.8	—	—	—	—	—	—	—	—	7.9	0.0	3.5	—	—	—
L	—	—	—	—	—	—	—	—	7.1	3.5	0.0	3.9	—	—	—
M	12.1	—	—	—	—	—	—	—	—	—	4.0	0.0	5.8	—	—
N	13.8	—	—	—	—	—	—	—	—	—	—	5.8	0.0	6.9	—
O	—	—	—	—	—	—	—	4.3	2.0	—	—	—	6.9	0.0	—

各节点之间的畅通可靠度如表 7.15 所示，其中各节点之间上、下行的畅通可靠度并不相同。

表 7.15　　　　　　　　　　各配送点之间畅通可靠度

边	畅通可靠度		边	畅通可靠度	
	上行	下行		上行	下行
A－B	0.71	0.73	E－F	0.72	0.76
A－C	0.65	0.65	E－G	0.63	0.73
A－E	0.62	0.67	F－G	0.69	0.77
A－G	0.71	0.73	F－H	0.74	0.69
A－H	0.61	0.65	G－H	0.77	0.75
A－J	0.72	0.67	G－I	0.79	0.78
A－K	0.70	0.78	H－I	0.69	0.65
A－M	0.71	0.70	H－O	0.73	0.73
A－N	0.64	0.65	I－O	0.71	0.70
B－C	0.63	0.62	J－H	0.69	0.63
B－G	0.65	0.71	J－K	0.68	0.76
B－E	0.61	0.61	J－L	0.67	0.74
C－D	0.78	0.75	K－L	0.79	0.79
C－E	0.73	0.78	L－M	0.75	0.79
D－E	0.65	0.63	M－N	0.61	0.62
D－F	0.62	0.61	N－O	0.69	0.72
D－J	0.75	0.73			

在畅通可靠性的条件下对客户进行配送路径的优化，客户的需求概率服从二项分布（$p = 0.5$），平均缺货成本 A_1 为 8.4 元/件。表 7.16 所示为

道路拥挤度燃油消耗表。

表7.16 道路拥挤度燃油消耗

交通流状态	畅通	正常	拥挤	阻塞
拥挤度	0 ~ 0.3	0.3 ~ 0.7	0.7 ~ 0.9	0.9 ~ 1
道路平均速度（千米/时）	>60	30 ~ 60	10 ~ 30	<10
平均油耗（升/千米）	0.09	0.09 ~ 0.106	0.106 ~ 0.225	>0.225

资料来源[197]：郭瑞军，王挽香. 城市交通拥挤的社会成本分析初探 [J]. 城市公共交通，2008 (4).

配送中心车辆数目为 5 辆，车辆容量为 1.5 吨。假设柴油价格为 7.43 元/升时，车辆的运输成本 0.73 元/千米，拥堵油耗取中间值，即正常情况下百千米平均油耗为 9.8L，拥挤情况下百千米平均油耗为 16.6L。系统经济性权重 φ_2 为 0.6，系统畅通性权重 φ_3 为 0.4。系统不畅通时的惩罚因子 α_2 为 0.4。线路可靠度的重要度 μ_n 根据每条配送线路所拥有的配送点数在整个系统客户数中所占的比例来确定。

运用 MATLAB 进行编程。蚂蚁个数 $m = 16$，最大迭代次数 NC_max = 200，信息素重要程度 alpha = 1，启发式因子重要程度 beta = 5，信息素蒸发系数 rho = 0.5，信息素增加强度系数 $Q = 100$。下面以 $\{B, C, D, E, F, G, J\}$ 为例，输出图形如图 7.4 所示。

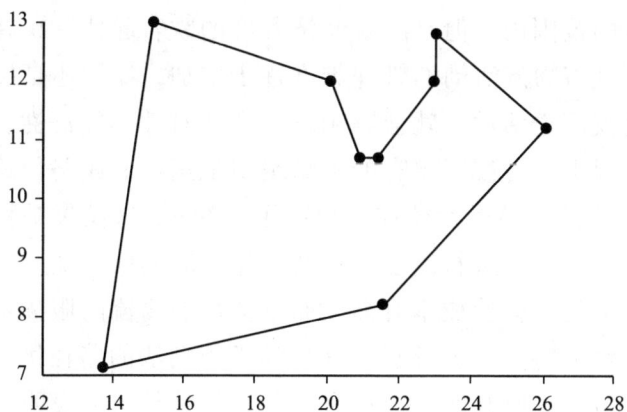

图7.4 配送路径

同理，计算出优化路径为：$A{\rightarrow}M{\rightarrow}L{\rightarrow}K{\rightarrow}A$；

$$A{\rightarrow}N{\rightarrow}O{\rightarrow}I{\rightarrow}H{\rightarrow}A；$$

$$A{\rightarrow}J{\rightarrow}D{\rightarrow}C{\rightarrow}E{\rightarrow}F{\rightarrow}G{\rightarrow}B{\rightarrow}A；$$

相应的整个路径的期望长度为：75.91 千米；102.98 千米；93.21 千米。
优化前后的结果对比如表 7.17 所示。

表 7.17　　　　　　　　　　　　优化前后结果对比

	需求确定	需求不确定	
	优化前	优化前	优化后
路径	$A{\rightarrow}B{\rightarrow}C{\rightarrow}D{\rightarrow}J{\rightarrow}A$ $A{\rightarrow}E{\rightarrow}F{\rightarrow}G{\rightarrow}A$ $A{\rightarrow}K{\rightarrow}L{\rightarrow}M{\rightarrow}N{\rightarrow}O{\rightarrow}I{\rightarrow}$ $H{\rightarrow}A$	$A{\rightarrow}B{\rightarrow}C{\rightarrow}D{\rightarrow}J{\rightarrow}A$ $A{\rightarrow}E{\rightarrow}F{\rightarrow}G{\rightarrow}A$ $A{\rightarrow}K{\rightarrow}L{\rightarrow}M{\rightarrow}N{\rightarrow}O{\rightarrow}I{\rightarrow}$ $H{\rightarrow}A$	$A{\rightarrow}M{\rightarrow}L{\rightarrow}K{\rightarrow}A$ $A{\rightarrow}N{\rightarrow}O{\rightarrow}I{\rightarrow}H{\rightarrow}A$ $A{\rightarrow}J{\rightarrow}D{\rightarrow}C{\rightarrow}E{\rightarrow}F{\rightarrow}$ $G{\rightarrow}B{\rightarrow}A$
整个路径期望长度（千米）	302.85	310.91	272.10
运输费用（元）	374.09	384.05	336.11
网络畅通可靠度	0.1227	0.1227	0.1484
目标函数值	240.054	246.03	211.666

通过分析表 7.17 的内容可知，在客户需求数量和频率确定的条件下，按照现有的配送策略进行物流配送活动能够满足客户的需求，并将运营成本控制在一定的范围内。但是随着经济发展的跌宕起伏、顾客需求的多样化和个性化，城市物流活动的管理难度逐步增加，如果还是按照旧有的配送策略进行物流配送活动，就会影响配送的及时性和经济性。算例中在需求不确定的情况下，若按照原有的策略组织配送，造成路径的期望长度增加了 8.06，从而造成整个运营成本提高了 2.6%。这仅仅是物流配送中的一小部分活动，如果不进行路径的优化，随着时间的增加，物流配送活动数量的增加，不仅将会使成本升高，而且会影响物流的服务水平。而根据客户需求随机性的特点，进行基于补救随机规划法的路径优化，虽然新的配送路径在数量上较原有的路径没有变化，但是其结果表明物流成本较原有策略有很大的下降，降低了 12.48%。此外，需求不确定条件下新的配送

路径比需求确定条件下原有路径的成本降低了 10.15%。根据随机需求，对客户进行基于补救随机规划法的路径求解得出的车辆服务路径费用更少，同时反应速度更加快捷，系统的可靠度更高，可以更好地满足城市居民随机的需求变化。

随着市场竞争的加剧和客户需求的多样化，城市物流几乎不可能在完全已知信息的情况下进行，如果物流系统不能根据市场的规律、需求的波动进行及时而有效的优化，而是按照旧有的模式和以往的经验组织物流活动，很可能会影响物流的经济性和可靠性。从而对城市的经济、环境、交通、民生等方面产生影响。阻碍城市的进一步发展，影响城市核心竞争力的形成。

城市物流系统的可靠性受到越来越多国内外学者的关注，但是目前相关的研究还处于探索阶段，在影响因素的处理和优化算法的选择和改进方面还需要进一步的研究。首先，本书在分析城市物流系统特点的基础上，明确了影响其可靠性的因素，在分析各影响因素作用机理的条件下，利用物元分析法对关键影响因素进行提炼，重点分析关键影响因素对城市物流可靠性的影响程度。其次，建立了城市物流系统可靠性测度模型，讨论了五个影响因素对供应商、配送中心、客户三方面的影响程度，结果证明运营能力的影响程度最大，尤其是对配送中心的影响程度较供应商和客户来说更大。最后，考虑经济性、畅通性和可靠性，建立了城市物流系统的多目标优化模型。模型中考虑了城市物流配送中由于拥堵引起的经济损失变量，使优化结果更适合城市物流的特点。通过对算例进行分析，其结果表明优化后的结果更适应需求不确定的情况，证明了模型的有效性。

本书的研究内容涉及了城市物流系统可靠性的几个方面，还有许多问题需要在今后的研究中加以解决。快速、可靠的城市物流系统能有效降低物流成本，提高商品的使用价值。对城市物流系统可靠性的优化有利于更好地适应城市需求，提高城市物流的效率，减少配送车辆对城市道路造成的拥挤，降低对城市环境的污染，改善城市环境，促进城市的可持续发展。

7.4　可靠性分配

为了兼顾城市物流系统的经济性，本书以广义成本函数为基础提出了城市物流系统可靠性分配模型，并以城市物流系统中生鲜农产品电商物流系统为例，进行了算例分析。[195]

7.4.1 生鲜农产品电商物流系统可靠性影响因素分析

生鲜农产品电子商务的物流是一个复杂的系统，其物流的各环节在运行中会受到内部和外部因素的影响，导致物流系统的不可靠。结合生鲜农产品鲜活性、易腐性的特点，以物流的各环节为出发点来分析影响整个系统可靠性的故障事件，如表7.18所示。

表7.18 物流环节中的故障事件

环节	事件
运输	车辆故障；制冷设备投入率低；人员操作不当；在途监管不严格；恶劣天气；交通拥堵；节点故障
储存	拣选设备故障；制冷设备故障；人员管理失误
装卸搬运	人员操作不当
包装	包装材料污染、破损；包装规格不合理；人员操作不当
流通加工	操作人员操作失误造成数量有误、破损、污染；未预冷或预冷不合格
信息处理	信息系统处理有误；人员操作不当；客户订单信息有误

表7.18的分析中许多环节的故障事件都出现了人员操作不当，因此，可以统称为人员操作问题，而运输、储存、包装等环节中出现的车辆故障、拣选设备故障等可以提炼为设施设备故障。综上所述，为了便于后续的分析，将物流环节中可能出现的故障事件进行分类，本书从信息技术、设施设备、人员操作、外部环境这四个方面分析生鲜农产品电子商务物流系统的可靠性。

7.4.1.1 信息技术

物品的流动也伴随着信息的流动，在物流业迅速发展的今天，物流信息是整个物流系统的中枢神经，起着沟通协调各环节的作用。城市物流信息的通畅直接影响到企业的经营。例如，企业在运输商品时必须充分了解需求量、运量、天气等相关信息，才能组织运输。企业在装卸搬运时，要了解货位的情况、货物的相关信息，否则可能会造成重复搬运，影响货物的质量。企业在储存货物之前要掌握目前的库存数量、规格等相关信息，才能合理进行货位的分配，提高仓库的利用率，为出库提供便利。

信息技术对生鲜电商物流的可靠性影响主要包括信息系统错误和订单信息错误。如果物流信息系统出现错误将会导致信息传递的困难，从而影响整个系统的可靠性。

7.4.1.2 设施设备

设施设备是物流系统的重要组成要素，担负着物流各个环节的多项任务，在物流系统中处于十分重要的地位。物流设备包括仓储、包装、运输设施设备等。

储存是满足顾客需求，应对突发状况的保证，是保证物流配送系统可靠性的重要一环。仓储设备对可靠性的影响主要是拣货设备故障以及制冷设备的故障。

包装是一项基础工作，为各流通环节带来方便，也起到保护商品，免受风吹雨淋等。包装是决定配送成功的重要环节，也是影响物流节点可靠性的重要因素之一。包装设备对可靠性的影响主要是包装材料不结实以及包装规格不合理问题。

运输设备对可靠性的影响主要包括运输车辆的故障和制冷设备投入率低两方面。车辆在运输途中的故障会影响货物送达的时间；制冷设备投入率低则会导致商品在途的温度，引起商品的腐烂、变质等质量问题。

7.4.1.3 人员操作

从业人员素质与物流的可靠性有着密不可分的关系，人员操作因素是指由于具体人员的操作管理等问题而给系统带来的不可靠性。具体包括管理人员问题、基层操作人员问题以及培训管理不足。

管理人员素质会影响整个物流系统的可靠性，仓储的管理、人员车辆的调配、在途的管理监控以及突发事件的处理不力都会影响物流系统的可靠性。

基层操作人员的素质直接影响货物的质量。一是拣货操作问题。拣货作业在整个生鲜农产品物流系统中占据着重要的位置，直接影响产品数量和品规的准确性。二是装卸搬运问题。装卸搬运是物流活动中出现频率很高的物流活动，此环节极易造成货物的损坏，也是产生成本和花费时间的环节。据统计，铁路运输距离在 500 千米以下时，装卸搬运的时间将超过货物实际运输时间。工厂生产 1 吨的成品，需要进行高达 252 吨次的装卸搬运工作。在装卸过程中如违反操作规程进行野蛮装卸，容易使货物包装和货物本身受损；装卸时间所占比重过大，会影响货物的收发速度和周转速度，因此，基层人员的装卸搬运效率和质量直接影响产品的质量和成本。三是包装问题。由于人员包装不当，包装不完全等会给储存带来不便，延误货物的配送。搜狐网和《法制日报》联合做过一次顾客满意度调查，调查主要针对快递公司的服务问题，调查显示，客户对服务"不满意"的占到29.76%；而对快递公司不满意的原因选项中，选择"被快递公司寄丢物品"的占到8.61%，选择"投递员服务态度恶劣"的为13.25%。基层从业人员的服务意识和服务态度直接影响了客户的满意度以及服务的可靠性。

培训管理不足是指对员工培训没有使其具备足够的专业素质和服务意识，因此，导致了员工对操作规范、岗位职责、安全意识的缺乏，造成员工安全管理意识的缺失、野蛮操作的发生。

7.4.1.4 外部环境

生鲜农产品电商物流系统可靠性受很多外部因素影响，包括恶劣天气、交通拥堵以及节点故障等。

恶劣天气是指一些极端天气如暴雨、暴风雪、台风等，会对道路交通造成影响，阻碍到货物运输，从而影响生鲜农产品的物流过程。例如，2012 年，我国大部分地区出现大雾、降雪天气，东北、华北、黄淮、长江中下游及华南地区连续大雾、降雪，严重影响了道路的畅通性，对物流业也产生了挑战。高速公路多处路段封闭，机场航班延误，影响了物流的速度。货车无法上路行驶，有些货物只能压在仓库里，等天气转好时，再进行配送。除了货运量受到影响外，运输成本也有所上升。

交通事故如撞车事故以及由于特殊事件引起的封路都会造成交通拥堵，给生鲜农产品物流带来不便，影响其可靠性。

物流节点是货物进行中转、集散的地点，具有很重要的衔接功能，也是信息传递、调度管理的节点，是整个物流系统的重要一环。物流节点出现问题会对整个物流系统产生巨大的影响。

7.4.2　基于贝叶斯网络的生鲜农产商品电商物流失效模型

贝叶斯网络是以概率推理为基础，能够很好地解决复杂系统不定性和不完整问题以及由于关联性引起的故障问题。影响生鲜农产品电商物流系统可靠性的因素，其可靠性是通过概率知识表达的，并且需要构建一个各信息之间相互联系的因果关系图，并对模型进行诊断分析，考察不同影响因素的作用，贝叶斯分析方法能够满足相应的要求。

7.4.2.1　确定贝叶斯网络节点

（1）节点的确定。确定贝叶斯网络的节点是构建模型重要的一步，根据 7.4.1 节中对生鲜农产品电商物流系统可靠性的影响因素分析，确定了以下 22 个网络节点，如表 7.19 所示。

表 7.19　　　　　　　　生鲜农产品电商物流失效参数描述表

节点	含义
T	系统失效
A_1	信息技术问题
A_2	设施设备问题
A_3	人员操作失误
A_4	外部环境问题
A_5	仓储设备故障
A_6	包装设备故障
A_7	运输设备故障
X_1	信息系统故障
X_2	订单信息有误
X_3	拣选设备故障
X_4	冷库设备故障

节点	含义
X_5	包装材料问题
X_6	包装规格问题
X_7	车辆故障
X_8	制冷设备投入率低
X_9	基层操作人员问题
X_{10}	管理人员问题
X_{11}	员工培训不足
X_{12}	恶劣天气
X_{13}	交通拥堵
X_{14}	节点故障

（2）节点的定义。T：系统失效包括送货延迟、数量品规有误以及质量问题，出现三种问题之一的即视为生鲜农产品电商物流系统失效。送货延迟是指没有在规定时间内将货物准确送达到客户规定地点；数量品规有误是指货物的种类或数量不符合客户订单的规定；质量问题是指物流过程中由于温湿度没有维持在规定范围内或受到野蛮装卸等原因造成的包装破损，货物腐烂变质等问题。

A_1：信息技术问题是指物流信息技术发生故障，具体包括信息系统故障和订单信息错误。

A_2：设施设备问题是指在物流各环节中设施设备故障，具体包括仓储设备故障、包装设备故障以及运输设施设备故障。

A_3：人员操作失误是指具体人员的操作管理等问题，具体包括管理人员问题、基层操作人员问题以及培训管理不足。

A_4：外部环境问题是指生鲜电商物流受众多外部因素影响，包括恶劣天气、交通拥堵以及节点故障等。

A_5：仓储设备故障具体包括拣货设备故障以及制冷设备的故障。

A_6：包装设备故障具体包括包装材料不结实以及包装规格不合理。

A_7：运输设备故障包括运输车辆的故障和制冷设备投入率低两方面。

X_1：信息系统故障是指由于信息系统出现问题而导致订单处理有误。

例如，已拣选的商品系统中未显示或显示错误，信息系统错误造成货物出库拣选时数量、种类错误，影响到出库商品的准确性。

X_2：订单信息错误是指由于客户订单信息填写错误导致的后续物流环节延误。例如，客户收货地址填写不详细、电话信息错误导致配送过程中无法按时送达。

X_3：拣货设备故障是指在拣选中设备发生故障导致重复拣选，拣选品规不正确或对商品造成损坏等，会造成商品的数量和品规的错误以及质量问题。

X_4：冷库设备故障是指在仓储过程中设备温湿度控制不合理，容易引发商品变质，导致不同类型货物交叉感染，最终影响商品的质量。

X_5：包装材料问题是指包装的材料本身存在质量问题而污染商品或者包装材料抗压性低或密封性不好，在物流过程中易损坏，会导致商品变质。

X_6：包装规格问题是指未针对不同货物采取不同的包装措施以及积载不当。例如，鸡蛋属于易碎物品，应采用更稳固的包装方式。若货物积载不当，除了浪费装卸时间，还会在运输途中造成货物之间的碰撞。

X_7：车辆故障是指车辆在运输途中发生零部件故障，会影响货物送达的时间。

X_8：制冷设备投入率低是指商品在途过程中未合理配载制冷设备，会影响商品在途的温湿度，引起商品的腐烂、变质等质量问题。

X_9：基层操作人员问题，一是指拣货操作问题，如拣货人员标签贴错、扫描失误等；二是装卸搬运野蛮操作，装卸过程中的抛、掷、拖等容易使货物发生散包、破洞、变形、污染等问题，从而引起货物破损、散失造成经济损失和质量问题。

X_{10}：管理人员问题是指管理调度人员监控、管理不到位。例如，人员车辆的调配、在途的管理监控以及突发事件的处理不力都会影响配送的时间和质量。

X_{11}：员工培训不足是指对员工培训没有使其具备足够的知识。因此，导致了员工对操作规范、岗位职责、安全意识的缺乏，造成员工安全管理意识的缺失、野蛮操作的发生。

X_{12}：恶劣天气是指风、雨、雪等会对道路交通造成影响，阻碍到货物运输的天气状况，从而影响配送运输过程。例如，由于地震引起的市内道路断层，造成商品在运输环节中受损或无法进行市内运输。由于雪暴、沙（尘）暴的影响，使得路面交通能见度极低，影响配送的及时性。

X_{13}：交通拥堵是指由于交通事故以及限行等发生的拥堵。首先，会造成送货时间超出规定；其次，由于延长了在途时间，可能会影响商品的温度，造成质量问题。

X_{14}：节点故障是指由于物流配送中心、空港、公路枢纽等节点故障造成的运输和转换困难，直接影响货物的送达时间和质量。

（3）节点的值域。确定每个节点的值域，分别用"0""1"表示事件"不发生"和"发生"，因此，每个节点的值域都为 $\{0，1\}$ 两个值。

7.4.2.2　确定贝叶斯网络结构

由于目前我国生鲜农产品电子商务尚处于发展阶段，而有关生鲜农产品电商物流失效的数据样本统计尚未完善，样本数据信息残缺不全，能搜集到的失效事故样本数量有限。有关农产品或电商物流的影响因素研究文献较为丰富，因此，在已有的研究成果的基础上结合专家知识，构建了贝叶斯网络，如图7.5所示。[195]

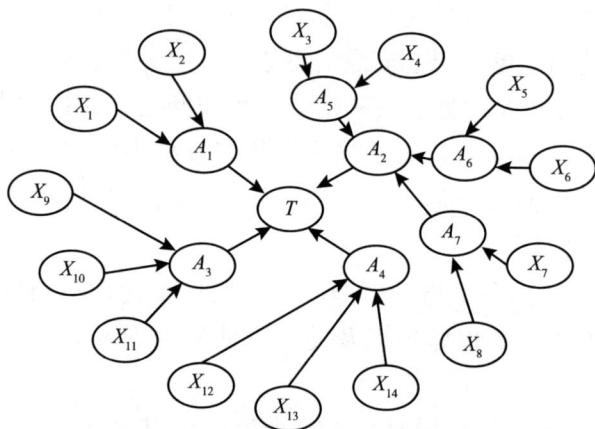

图7.5　生鲜电商物流系统不可靠的贝叶斯网络

如图7.5所示，如果两个节点之间有弧相连，说明这两个节点之间存在着依赖关系，例如，X_2 和 A_1、X_5 和 A_6、A_3 和 T 之间；反之，则不存在

依赖关系，例如，A_1 和 A_2、X_1 和 X_2、X_6 和 X_7 之间。箭头的出发点为父节点，而被箭头指向的节点为子节点。贝叶斯网络中的每个节点都有条件概率表（CPT），对于有父节点的每个子节点都有一个在父节点取值下的条件概率分布，例如，A_3 的 CPT 为 $P(A_3|X_9, X_{10}, X_{11})$。而没有父节点的节点满足边缘分布，例如，$X_9$、$X_{10}$、$X_{11}$ 的 CPT 为 $P(X_9)$、$P(X_{10})$、$P(X_{11})$。

7.4.2.3 确定条件概率表

一个完整的贝叶斯网络包括结构和参数，在确定网络结构后，需要确定描述各个节点之间的概率关系，即确定各个节点的条件概率表，这是进行贝叶斯网络推理的基础。

由于能收集到的样本有限，在无法获得精确概率的情况下，利用问卷调查的方式得到专家关于节点的条件概率并使用三角模糊数法来进行相关数据处理。三角模糊数建立了模糊的不确定语言变量和确定数值之间的一个桥梁，当一个评价对象无法进行准确的度量时，运用模糊评价方法可以将其转化为数值。在收集专家对事件发生概率的评价后为了能和模糊数相联系，引入相应的语言变量，每个语言变量同三角模糊数的对应关系如表 7.20 所示[199]。

表 7.20　　　　事件发生概率的语意值与相应的三角模糊数

概率范围	三角模糊数	表述语句
<0.01	(0.0, 0.0, 0.1)	非常低
0.01~0.1	(0.0, 0.1, 0.3)	低
0.1~0.33	(0.1, 0.3, 0.5)	偏低
0.33~0.66	(0.3, 0.5, 0.7)	中等
0.66~0.9	(0.5, 0.7, 0.9)	偏高
0.9~0.99	(0.7, 0.9, 1.0)	高
>0.99	(0.9, 1.0, 1.0)	非常高

通过问卷调查的方式获得专家对各节点的条件概率评价，若专家人数为 q，则第 k 个专家给出的节点 X_i 处于状态 j 的语言变量，根据表 4.2 可以

转换成三角模糊数 $\tilde{P}_{ij}^k = (a_{ij}^k, m_{ij}^k, b_{ij}^k)$ ($k = 1, 2, \cdots, q$)；再综合各专家的意见得到评判结果，节点 X_i 处于 j 状态的精确概率为：$P_{ij}' = \dfrac{a_{ij}' + 2m_{ij}' + b_{ij}'}{4}$；

最后通过归一化处理得到节点的条件概率值：$P = \dfrac{P_{ij}'}{\sum P_{ij}'}$。

本书所确定的条件概率是基于已发生失效的生鲜农产品电商物流系统中节点发生的概率。在实际运作中，物流系统失效属于小概率事件，并不是所有因素都会导致系统的失效。本书的研究目的是发现生鲜农产品电商物流失效的影响因素及形成机理，因此，所统计的条件概率均是基于已发生的失效事故。

7.4.3 生鲜农产品电商物流失效模型仿真

本书研究的目的是通过建立生鲜农产品电商物流失效贝叶斯网络模型，提炼各影响因素的重要度。根据 7.4.2 节建立的贝叶斯网络模型采用 GeNIe 软件进行分析，如图 7.6 所示。[195]

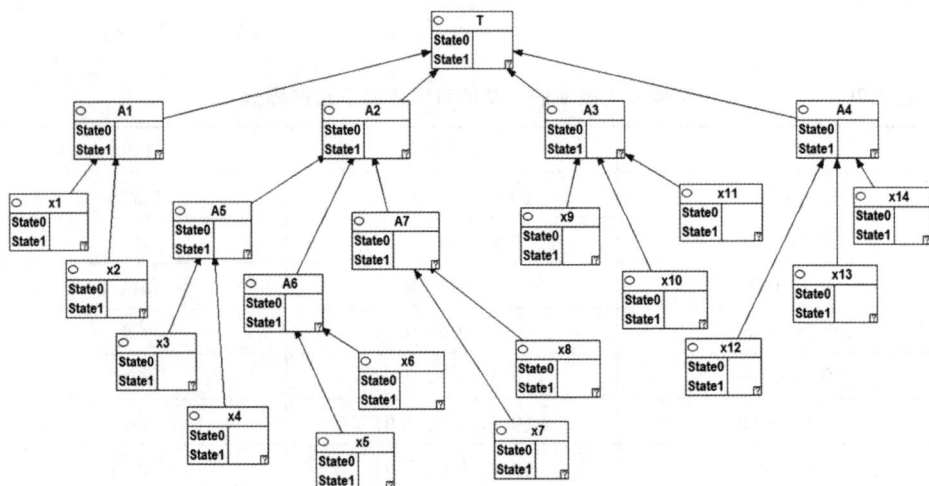

图 7.6 生鲜农产品电商物流失效贝叶斯网络模型仿真

7.4.3.1 致因分析

通过比较节点的后验概率得到生鲜农产品电商物流系统失效的最大致因链，采用了贝叶斯网络诊断推理的模式。从表示最终结果的子节点开始依次找到后验概率最大的父节点，即从导致生鲜农产品电商物流系统失效结果的几个原因中，选择发生概率最大的原因，再以此类推，直至找到最后一层的原因，将这些原因组成的链条即为导致生鲜农产品电商物流失效发生的最大致因链。导致生鲜农产品电商物流系统失效可能存在着多条致因链，但是这种方法明确的是最可能的路径，其他的致因链发生的概率比较小。

利用 GeNIe 软件所建立的贝叶斯网络模型，通过推算在生鲜农产品电商物流失效发生的条件下各个节点的后验概率可以分析最大致因链。将物流系统失效节点 T 设置为发生状态，即令"T"的状态为"State1 = 100%"，通过 GeNIe 进行推理分析，得到各个节点的后验概率，即在生鲜农产品电商物流系统失效必然发生的条件下，各个节点发生的概率，如图 7.7 所示。

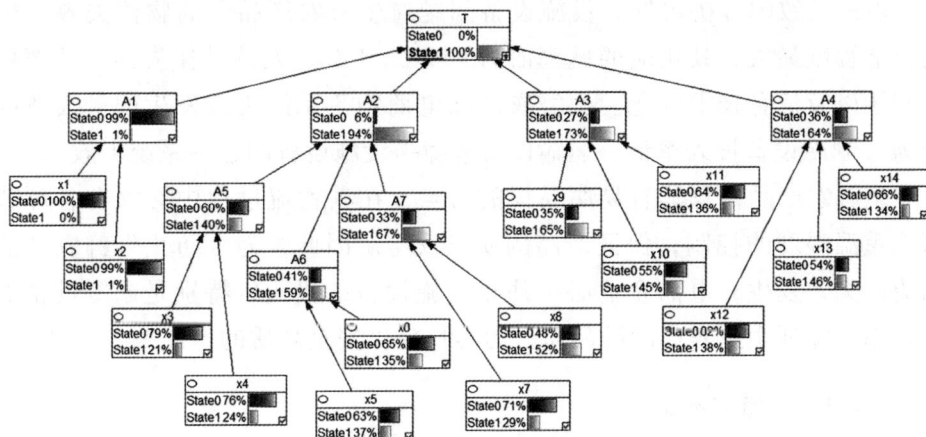

图 7.7　致因分析（1）

通过贝叶斯网络推理结果，从生鲜农产品电商物流系统失效节点 T 沿箭头逆向依次找到后验概率最大的一个父节点。在 T 的四个父节点 A_1、A_2、

A_3、A_4 中，A_2 的后验概率大于 A_1、A_3、A_4，得到链 $\{A_2 \rightarrow T\}$；在 A_2 的三个父节点 A_5、A_6、A_7 中，A_7 的后验概率最大，得到链 $\{A_7 \rightarrow A_2 \rightarrow T\}$；在 A_7 的两个父节点 X_7、X_8 中，X_8 的后验概率最大，最后得到导致系统失效的致因链为 $\{X_8 \rightarrow A_7 \rightarrow A_2 \rightarrow T\}$，如图 7.8 中由粗线条连接的链条所示。

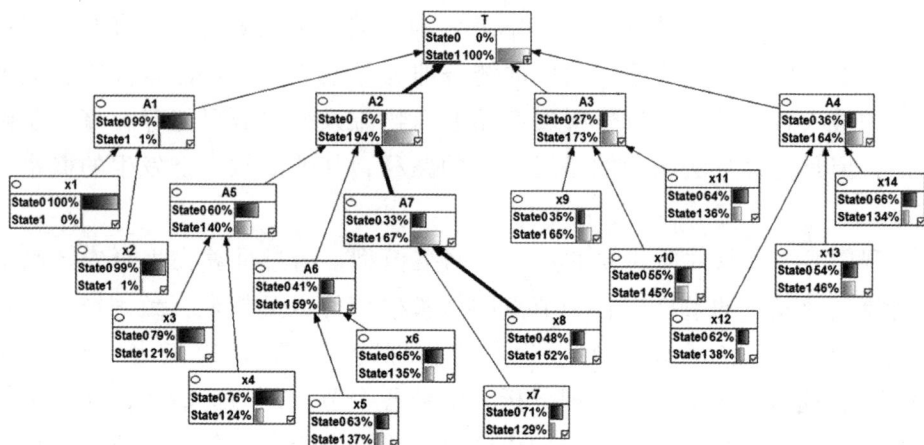

图 7.8　致因分析（2）

由最大致因分析可知，设施设备问题对生鲜农产品电商物流失效发生的影响程度最大，其相应的概率值为 94%，其次是人员操作失误、外部环境问题以及信息技术问题。生鲜农产品电商物流系统失效发生的最大致因链为 $\{$制冷设备投入率低 $\rightarrow$ 运输设备故障 $\rightarrow$ 设施设备问题 $\rightarrow$ 系统失效$\}$。

生鲜农产品自身具有易腐易损的特点，在其物流过程中必须在各环节都注重温湿度的控制，保证产品的质量安全。因此，为了防止生鲜农产品物流的失效发生，电商企业必须注重设施设备的投入，特别是制冷设备的投入率，保证生鲜农产品的品质，为客户提供安全高质的产品。

7.4.3.2　概率推论

利用贝叶斯网络模型进行概率推理，是指在确定了某个节点状态的情况下，计算其他节点的后验概率，从而得到该节点变化对其他节点的影响程度，是预测风险发生以及分析风险来源的重要方法。包括由原因推理结果和由结果推理原因两种方式，由原因推理结果称为风险预测，而由结果推理原因则称为原因推断。本书则是针对生鲜农产品电子商务物流系统失效，分别对信息技术、设施设备、人员操作、外部环境以及各自详细因素进行概率推理，进一步分析其与系统失效的关系。

（1）风险预测。为了分析不同节点状态变化以及节点组合状态的变化对物流系统失效概率的影响，利用贝叶斯网络模型设置单个证据变量及证据变量组合，分析不同影响因素对生鲜农产品电商物流系统失效的影响程度。

为了便于对比分析，首先通过 GeNIe 软件运行构建的生鲜农产品电子商务物流失效模型得到结果如图 7.9 所示。由图 7.9 可知，构建的贝叶斯网络模型可以得到各节点发生和不发生的概率。

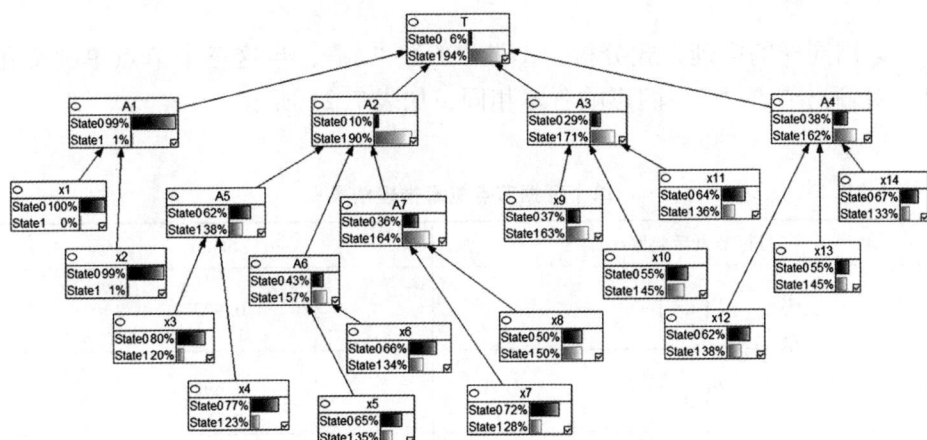

图 7.9　物流系统失效贝叶斯网络模型

①单个证据节点的概率推理。为了研究单个影响因素的状态对整个物流系统失效的影响，分别单独考虑每个节点的状态改变，分析目标节点的后验概率。如图 7.10 所示，基于该贝叶斯网络，把 "A_1" 设为证据变量，将 "A_1" 的节点状态设置为 "State1 = 100%"，其他节点状态不变，表示 "A_1" 节点出现问题必然发生，更新整个网络的概率。这时当 "A_1" 发生的概率由 1% 变成 100%，不发生的概率由 99% 变成 0%，目标节点 "T" 发生的概率由原来的 94% 变为 98%。

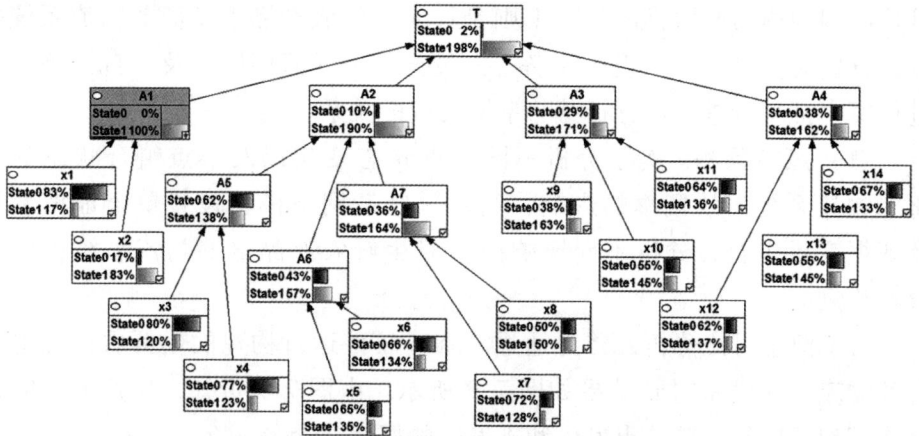

图 7.10 A_1 必然发生时对系统失效的影响模型

运用同样的推理方式分析" A_2 "" A_3 "" A_4 ",当这三个节点单独变化时,对输出节点" T "的影响各不相同,如表 7.21 所示。

表 7.21 单个证据节点概率推理结果

目标节点后验概率	State1
$P\left(\dfrac{T}{A_1}\right)$	0.9777
$P\left(\dfrac{T}{A_2}\right)$	0.9782
$P\left(\dfrac{T}{A_3}\right)$	0.9677
$P\left(\dfrac{T}{A_4}\right)$	0.9620

其中,节点 A_2 状态改为" State1 = 100% "时,目标节点失效概率改变的幅度最大,之后依次为 A_3 、 A_4 、 A_1 。因此说明在其他条件不变的条件下,设施设备问题发生的概率对整个系统失效的概率影响最大。

②两个证据节点的概率推理。如图 7.11 所示,将" A_1 "和" A_2 "同时设置为证据变量,在 GeNIe 中将二者的节点状态设置为" State1 = 100% ",表示两个证据变量同时发生,更新整个贝叶斯网络模型。当" A_1 "发生的

概率由1%变成100%，不发生的概率由99%变成0%，"A_2"发生的概率由90%变成100%，不发生的概率由10%变成0%。目标节点"T"发生的概率由原来的94%变为100%。

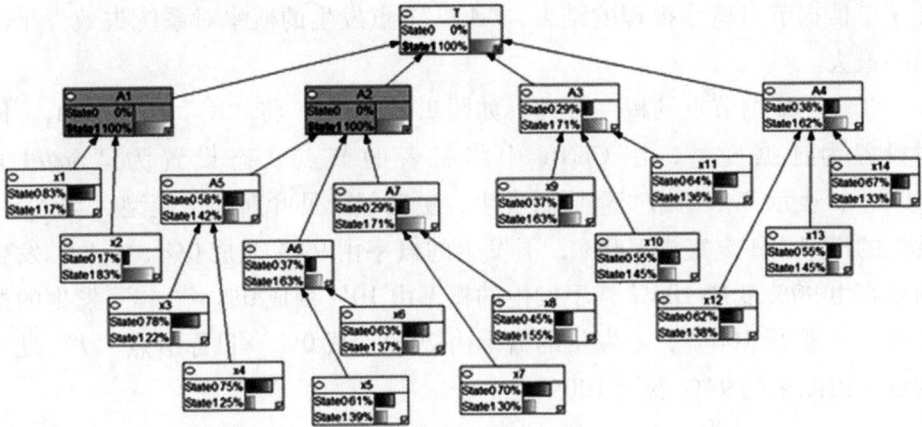

图 7–11 A_1A_2 必然发生时对系统失效的影响模型

运用同样的推理方式分析，当其他两个证据节点发生变化时，对系统失效的影响如表7.22所示。

表 7.22 两个证据节点概率推理结果

目标节点后验概率	State1
$P\left(\dfrac{T}{A_1,\ A_2}\right)$	1.0000
$P\left(\dfrac{T}{A_1,\ A_3}\right)$	0.9928
$P\left(\dfrac{T}{A_1,\ A_4}\right)$	0.9860
$P\left(\dfrac{T}{A_2,\ A_3}\right)$	1.0000
$P\left(\dfrac{T}{A_2,\ A_4}\right)$	1.0000
$P\left(\dfrac{T}{A_3,\ A_4}\right)$	0.9713

分析可知，当两个节点状态改变，其他节点状态不变时，相比单个证据节点，两个证据节点的影响较大。其中三对节点变量状态改变的组合都直接导致系统失效100%发生，其他三对组合也导致系统失效发生的概率大于95%。三对导致系统失效100%发生的组合中都包括"A_2"，这也再次印证了单证据节点概率推理的结果，"A_2"节点发生的概率对系统失效发生的影响最大。

③三个证据节点的概率推理。如图7.12所示，将"A_1""A_2""A_3"同时设置为证据变量，在GeNIe中将三者的节点状态设置为"State1 = 100%"，表示三个证据变量同时发生，更新整个贝叶斯网络模型。当"A_1"发生的概率由1%变成100%，不发生的概率由99%变成0%，"A_2"发生的概率由90%变成100%，不发生的概率由10%变成0%。"A_3"发生的概率由71%变成100%，不发生的概率由29%变成0%。目标节点"T"发生的概率由原来的94%变为100%。

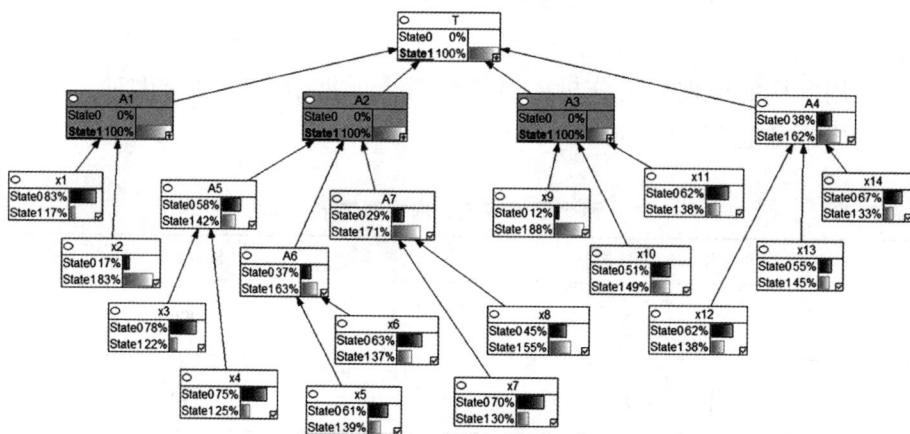

图7.12　$A_1A_2A_3$ 必然发生时对系统失效的影响模型

运用同样的推理方式分析，当其他三个证据节点发生变化时，对系统失效的影响如表7.23所示。

表 7.23   三个证据节点概率推理结果

目标节点后验概率	State1
$P\left(\dfrac{T}{A_1,\ A_2,\ A_3}\right)$	1.0000
$P\left(\dfrac{T}{A_1,\ A_2,\ A_4}\right)$	1.0000
$P\left(\dfrac{T}{A_2,\ A_3,\ A_4}\right)$	1.0000

分析可知，当三个节点状态同时改变，其他节点状态不变时，对目标节点失效概率的影响非常明显，任意三对节点状态改变的组合都直接导致系统失效 100% 发生。因此，如果有三个影响因素同时发生故障，则系统失效必定发生。

根据风险预测的结果，节点发生状态改变的个数越多，对整个系统失效的改变越明显。当两个节点状态改变时，系统失效发生的平均概率相比一个节点状态改变的情况下提高了 2.1%。而当三个节点状态改变时，系统失效发生的平均概率比一个节点状态改变的情况下提高了 2.94%，比两个节点状态改变的情况下提高了 0.84%。

（2）原因推断。在生鲜农产品电商物流失效贝叶斯网络模型中，由结果推理原因，考虑风险的来源。如图 7.13 所示，在 GeNIe 中将"T"的状态设置为"State1 = 100%"，表示系统失效必定发生，更新整个贝叶斯网络模型。"A_2"发生的概率由 90% 提高到 94%，"A_3"发生的概率由 71% 提高到 73%，"A_4"发生的概率由 62% 提高到 64%。

分析可知，当确定生鲜农产品电子商务物流系统失效发生时，"A_2"发生导致的概率高达 94%，其次为"A_3""A_4"，最后为"A_1"。其中由于"A_1"发生的概率最低，仅为 1%。这也说明由于设施设备发生问题而导致系统失效的概率远远高于信息技术。

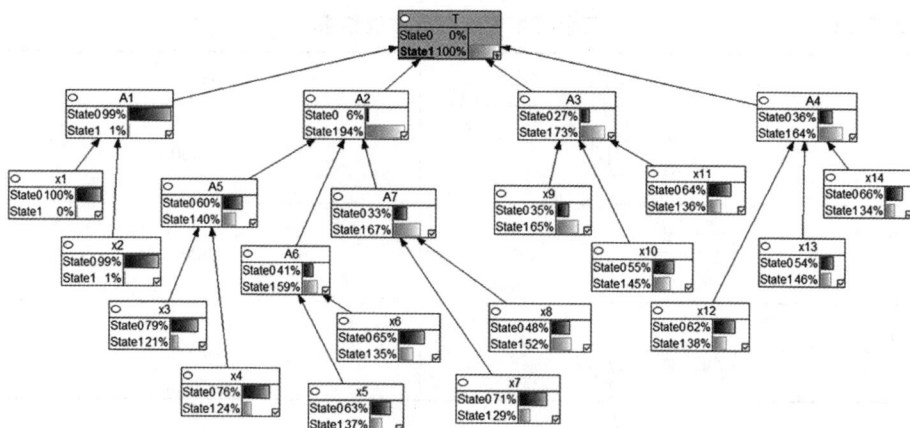

图 7.13　原因推断贝叶斯网络模型

7.4.3.3　敏感性分析

在贝叶斯网络中，敏感性分析是指不同节点状态对目标节点的影响程度分析。需要分析该节点的变化状态，进一步确定对该节点变量状态有很大影响的节点。

以生鲜农产品电商物流失效的贝叶斯网络模型为基础，分析信息技术问题、设施设备问题、人员操作失误以及外部环境问题各节点的概率变化对系统失效的影响。如图 7.14 所示，利用 GeNIe 软件进行分析，当四个影响因素发生的概率分别由不发生到发生，其他各因素保持不变时，即 A_1、A_2、A_3、A_4 的 State1 的发生概率由 0 向 1 均匀增加时，观察系统失效的概率变化。$P\left(\dfrac{T}{A_1}\right)$ 由 93.56% 变为 97.77%，$P\left(\dfrac{T}{A_2}\right)$ 由 53.79% 变为 97.82%，$P\left(\dfrac{T}{A_3}\right)$ 由 85.87% 变为 96.77%，$P\left(\dfrac{T}{A_4}\right)$ 由 89.23% 变为 96.20%。由此可知，A_2 的变动对系统失效的影响程度大，说明 A_2 较其他因素来说更重要。

由图 7.14 生鲜农产品电商物流失效影响因素的敏感性分析可知，当分别改变信息技术问题、设施设备问题、人员操作失误以及外部环境问题的发生概率值时，他们各自对系统失效的影响程度也随之变化。曲线越陡峭，发生和不发生对系统失效的影响数值相差越大，说明该因素的变化幅度对系统失效的影响越大。敏感性由强至弱依次为设施设备问题、人员操作失误、外部环境问题以及信息技术问题。

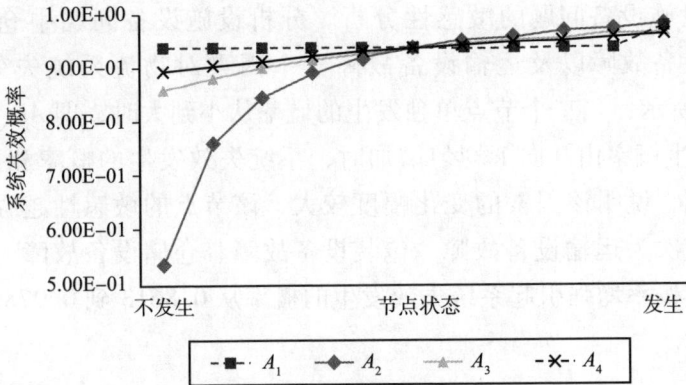

图 7.14　敏感性分析

　　为了进一步分析各个影响因素对系统失效的影响，分别分析四个影响因素下面的节点变化引起的目标节点的变化。

　　（1）信息技术问题的敏感性分析。分析信息技术问题中信息系统故障和订单信息有误两个因素对物流系统失效的影响。如图 7.15 所示，当两个节点单独发生的概率从小到大时，即 X_1、X_2 的 State1 的发生概率由 0 向 1 均匀增加时，系统失效发生的概率相应地增加。在初期两者变化对系统失效的影响比较相似，两个曲线基本处于重合状态，但是当两者的发生概率在 0.85 左右时，信息系统故障对系统失效的影响逐渐增大，表示信息系统故障较订单信息有误的影响更大，因此，企业应当更加注重物流信息系统的构建与维护。

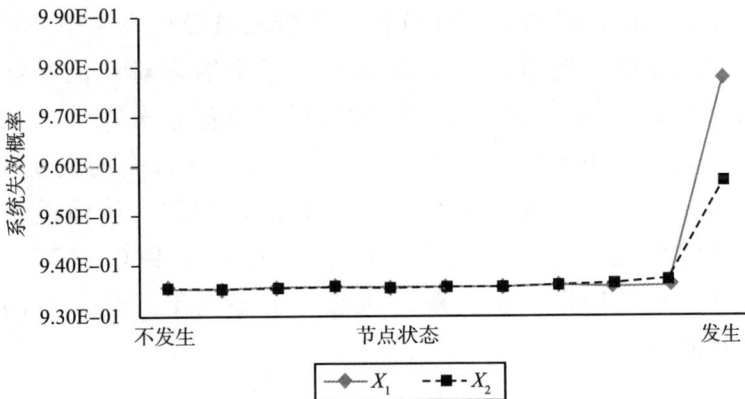

图 7.15　信息技术问题敏感性分析

（2）设施设备问题的敏感性分析。分析设施设备问题中仓储设备故障、包装设备故障以及运输设备故障三个因素对物流系统失效的影响。如图 7.16 所示，当三个节点单独发生的概率从小到大时，即 A_5、A_6、A_7 的 State1 的发生概率由 0 向 1 均匀增加时，系统失效发生的概率相应的增加。曲线越陡峭，说明该因素的变化幅度较大，该节点的敏感性越强。敏感性由强至弱依次为运输设备故障、包装设备故障、仓储设备故障。运输设备故障的发生概率增强引起系统失效发生的概率从 0.8613 到 0.9782，是变化幅度最大的。

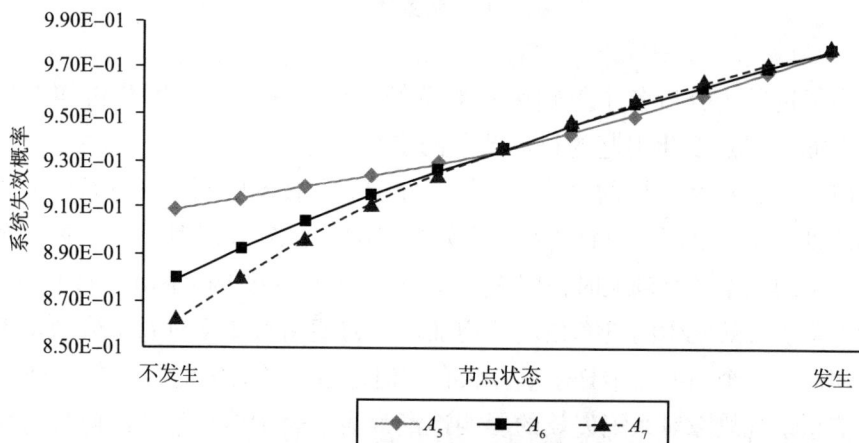

图 7.16 设施设备问题敏感性分析

（3）人员操作失误的敏感性分析。分析人员操作失误中基层操作人员问题、管理人员问题以及员工培训不足三个因素对物流系统失效的影响。如图 7.17 所示，运用 GeNIe 软件进行敏感性分析，当三个节点单独发生的概率从小到大时，即 X_9、X_{10}、X_{11} 的 State1 的发生概率由 0 向 1 均匀增加时，系统失效发生的概率相应地增加。运输设备故障的发生概率增强引起系统失效发生的概率从 0.8828 到 0.9677，是变化幅度最大的。基层操作人员问题的敏感性明显高于管理人员问题和员工培训不足问题。

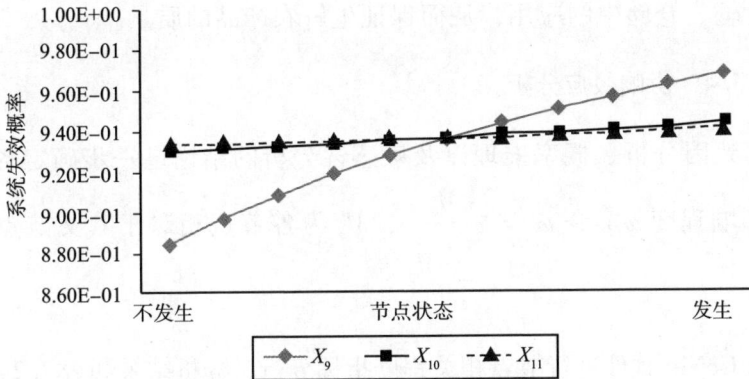

图 7.17　人员操作失误敏感性分析

（4）外部环境问题的敏感性分析。分析外部环境问题中恶劣天气、交通拥堵以及节点故障三个因素对物流系统失效的影响。如图 7.18 所示，当三个节点单独发生的概率从小到大时，即 X_{12}、X_{13}、X_{14} 的 State1 的发生概率由 0 向 1 均匀增加时，系统失效发生的概率相应的增加。节点故障的敏感性高于交通拥堵和恶劣天气。

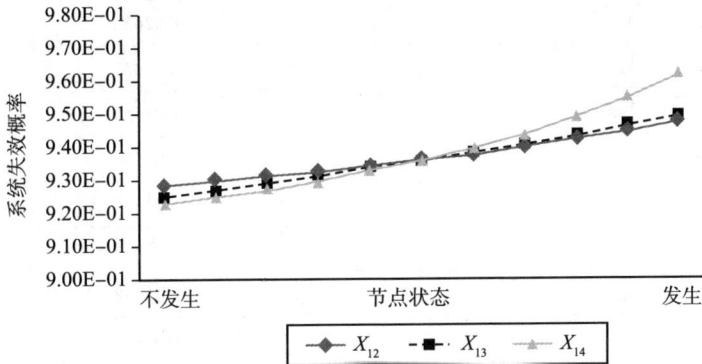

图 7.18　外部环境问题敏感性分析

综合以上分析，在信息技术问题、设施设备问题、人员操作失误以及外部环境问题四个影响因素中，设施设备问题相比其他三个因素更加敏感。而在设施设备问题中，运输设备故障的敏感性最高，这也从印证了概率推理的结果。说明生鲜农产品电商企业应更注重设施设备的投入，保证冷链设备在运输、仓储中的应用，从而保证生鲜农产品的质量。

7.4.3.4 影响效应分析

根据致因分析、概率推理以及敏感性分析的结论进一步确定各个影响因素的影响程度 ω_i。令 $\omega_i = \dfrac{M_i}{\sum\limits_{i=1}^{n} M_i}$，$M_i$ 为各节点相对于其父节点的相关程度。

利用 GeNIe 软件进行节点相关程度指标分析，分析结果如表 7.24 所示。

表 7.24　　　　　　　　　节点相关度分析结果

节点 （Node）	相关度指标 （Mutual Info）
T	0.34375
A_2	0.11111
A_7	0.03672
A_6	0.02934
A_3	0.02632
X_8	0.02337
X_9	0.01954
A_5	0.01557
X_5	0.01367
A_4	0.01315
X_6	0.01298
X_7	0.00994
X_4	0.00796
X_3	0.00674
X_{14}	0.00441
X_{13}	0.00178
X_{12}	0.00097
X_{10}	0.00055

节点 （Node）	相关度指标 （Mutual Info）
A_1	0.00017
X_{11}	0.00015
X_2	0.00006
X_1	0.00003

节点 A_1、A_2、A_3、A_4 相对于 T 的相关度分别为 0.00017、0.11111、0.02632、0.01315，根据计算公式得到 ω_{A1}、ω_{A2}、ω_{A3}、ω_{A4} 分别为 0.001128、0.737048、0.174594、0.087231。

计算节点 A_5、A_6、A_7 相对于 A_2 的相关度分别为 0.07182，0.12676，0.15429，得到 ω_{A5}、ω_{A6}、ω_{A7} 相对于 A_2 的影响程度分别为 0.203531045、0.359225777、0.437243177。

计算节点 X_1、X_2 相对于 A_1 的相关度分别为 0.00751、0.3158，得到 ω_{x1}、ω_{x2} 相对于 A_1 的影响程度分别为 0.02322848、0.97677152。

最后得到节点 X_i 相对于 T 的影响程度，如表 7.25 所示。

表 7.25 各个节点影响程度

节点名称	影响程度
X_1	0.0000262
X_2	0.0011015
X_3	0.0682939
X_4	0.0817182
X_5	0.1359025
X_6	0.1288642
X_7	0.0956707
X_8	0.2265986
X_9	0.1696118
X_{10}	0.0039357

节点名称	影响程度
X_{11}	0.0010462
X_{12}	0.0103367
X_{13}	0.0190599
X_{14}	0.0578339

根据分析结果可知，制冷设备投入率低是主要影响因素，其次依次为基层操作人员问题、包装材料问题、包装规格问题、车辆故障、冷库设备故障、拣选设备故障、节点故障、交通拥堵、恶劣天气、管理人员问题、订单信息有误、员工培训不足、信息系统故障。影响生鲜农产品电商物流系统可靠性的主要因素还是集中在设施设备及人员操作方面。因此，为防止生鲜农产品电商物流失效风险的发生，电商企业应从设施设备与人员操作等方面来提升其服务水平，加强冷链设备的投资与完善，提升物流基层从业人员的素质水平，提高顾客满意度。

7.4.4 可靠性分配模型的参数估计和检验

假设某生鲜农产品电商企业的物流系统有关数据如表7.26所示，由于每个影响因素发生问题或故障都会影响整个物流系统的可靠性，所以各影响因素之间通过串联方式连接，由于外部环境的可靠性不能由主观分配，因此，只考虑信息技术、设施设备以及人员操作三个影响因素。将各单元的最小可靠度 $R_{i,\min}$ 设置为 0.85，将各单元的最大可靠度 $R_{i,\max}$ 设置为 0.999。

表7.26 生鲜农产品电商物流系统可靠度基本参数

序号	单元名称	ω_i	复杂度	u_i	$R_{i,\min}$	$R_{i,\max}$
1	信息技术	0.0012	2	0.1818	0.85	0.999
2	设施设备	0.8075	6	0.5455	0.85	0.999
3	人员操作	0.1913	3	0.2727	0.85	0.999

假设要求整个系统的可靠度 $R^* = 0.83$，使用 Matlab 的 fmincon 进行优化，结果如表 7.27 所示。

表 7.27 不同优化方法优化后各单元的可靠度

影响因素	等分配法	考虑复杂度的分配法	改进的成本系数法
信息技术	0.9398	0.9667	0.8769
设施设备	0.9398	0.9034	0.9713
人员操作	0.9398	0.9505	0.9745
系统可靠度	0.8301	0.8300	0.8300
成本	1077.2061	1571.6502	901.7619

通过计算得到不同分配方法下的可靠性优化方案，其中等分配法采用式（6.37）进行计算，得到的各因素可靠度都为 0.9398。考虑复杂度的分配法采用式（6.38）进行计算，得到的各因素可靠度如表 7.27 所示。最后改进的成本系数法是根据本书构建的可靠性分配模型进行计算。虽然三种方法最后得到的系统可靠度都达到了要求的 0.83，但是比较可知，本书采用的改进的成本系数法在相同可靠度的要求下，成本最低，证明了本模型的可行性。

优化的结果表明，信息技术、设施设备以及人员操作三个因素分配的可靠度较分配初始值 0.85 分别提高了 0.0269、0.1213、0.1245。虽然设施设备的重要度最高，但是其复杂度也最高，因此，在综合考虑复杂度和重要度的情况下，设施设备可靠度提高的值略低于人员操作，此外，设施设备和人员操作提高的可靠度分配增加值明显高于信息技术。

7.4.5 可靠性分配模型的算例分析

7.4.5.1 最小可靠度不同的仿真

系统中各单元的最小可靠度不同，其他条件相同，分析对可靠性分配的影响。系统中各环节的重要度系数 $\omega_i = 1$，复杂度系数 $u_i = 0.6$ 以及最大

可靠度 $R_{i,\min}=0.99$，$R^*=0.83$，当最小可靠度不同时，即 $R_{1,\min}=0.8$，$R_{2,\min}=0.85$，$R_{3,\min}=0.9$。利用 Matlab 进行求解，得到各因素的分配值如表 7.28 所示。

表 7.28   实验一计算结果

影响因素	$R_{\min}$	R_i
信息技术	0.8	0.9259
设施设备	0.85	0.9394
人员操作	0.9	0.9542

信息技术、设施设备、人员操作的可靠度分别较最小值增加了 0.1259、0.0894、0.0542，其中信息技术可靠度分配的值提高的最多。说明在其他参数相同时，由于各单元最小可靠度不同造成了分配结果的不同。信息技术的原有可靠度最低，其可靠度分配的增加幅度最大。因此，在不考虑单元重要度和复杂度时，优先提高可靠度最低的单元对整个系统的可靠度提高影响较大。[195]

7.4.5.2 最大可靠度不同的仿真

系统中各单元的最大可靠度不同，其他条件相同，分析对可靠度分配的影响。系统中各环节的重要度系数 $\omega_i=1$，复杂度系数 $u_i=0.6$ 以及最小可靠度 $R_{i,\min}=0.85$，$R^*=0.83$，当最大可靠度不同时，即 $R_{1,\max}=0.95$，$R_{2,\max}=0.97$，$R_{3,\max}=0.99$。利用 Matlab 进行求解，得到各因素的分配值如表 7.29 所示。

表 7.29   实验二计算结果

影响因素	$R_{\max}$	R_i
信息技术	0.95	0.8596
设施设备	0.97	0.9700
人员操作	0.99	0.9900

信息技术、设施设备、人员操作的可靠度分别较最小值增加了 0.0096、0.12、0.14，其中人员操作可靠度分配的值提高的最多。说明在其他参数相同时，由于各单元最大可靠度不同造成了各单元可靠度分配结果的不同。人员操作的最大可靠度最大，其可靠度分配的增加幅度最大。因此，在不考虑单元重要度和复杂度时，优先提高最大可靠度高的单元对整个系统的可靠度提高影响较大。

7.4.5.3　重要度不同的仿真

系统中各单元的重要度不同，其他条件相同，分析对可靠度分配的影响。系统中各环节的复杂度系数 $u_i = 0.6$、最小可靠度 $R_{i,\min} = 0.85$，最大可靠度 $R_{i,\max} = 0.99$、$R^* = 0.83$，当重要度系数不同时，即 $\omega_1 = 0.0012$、$\omega_2 = 0.8075$、$\omega_3 = 0.1913$。利用 Matlab 进行求解，得到各因素的分配值如表 7.30 所示。

表 7.30　　　　　　　　　　　　　　实验三计算结果

影响因素	ω_i	R_i
信息技术	0.0012	0.8500
设施设备	0.8075	0.9900
人员操作	0.1913	0.9796

信息技术、设施设备、人员操作的可靠度分别较最小值增加了 0、0.14、0.1296，其中设施设备可靠度分配的值提高的最多。说明在其他参数相同时，由于各单元重要度不同造成了各单元可靠度分配结果的不同。设施设备的重要度最大，其可靠度分配的增加幅度最大。因此，在不考虑单元最小、最大可靠度和复杂度时，优先提高重要度高的单元对整个系统的可靠度提高影响较大。

运用 Matlab 的拟合曲线函数得到信息技术、设施设备以及人员操作三个影响因素可靠度增加引起的成本增加值。横轴表示各影响因素的可靠度变动，纵轴表示系统单位可靠度的变化所花费的成本。由图 7.19 分析得知，由于不同单元的重要度不同，因此，它们的可靠度变化引起的系统单位可靠度变化所花费的成本也不同。

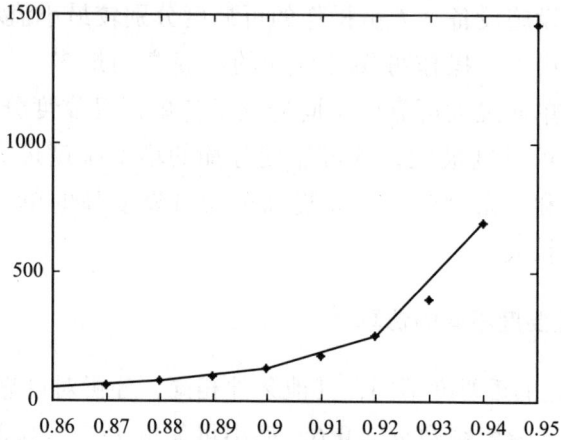

图 7.19　实验三计算结果

图 7.19 表示，信息技术因素的可靠度在［0.86，0.92］时，随着信息技术可靠度的增加，系统单位可靠度变化花费的单位成本匀速增加，但是在信息技术可靠度在（0.92，0.95］时，曲线斜率陡增，并逐渐趋于无穷大。这说明信息技术的可靠度增加的确会引起整个系统可靠度的增加，但是当其增加到一定程度时，再持续增加会引起成本大幅度增加。

图 7.20 表示，设施设备的可靠度在［0.86，0.99］时，随着设施设备可靠度的增加，系统单位可靠度变化花费的单位成本匀速增加，但是在信息技术可靠度在（0.95，0.99］时，曲线斜率陡增，并逐渐趋于无穷大。

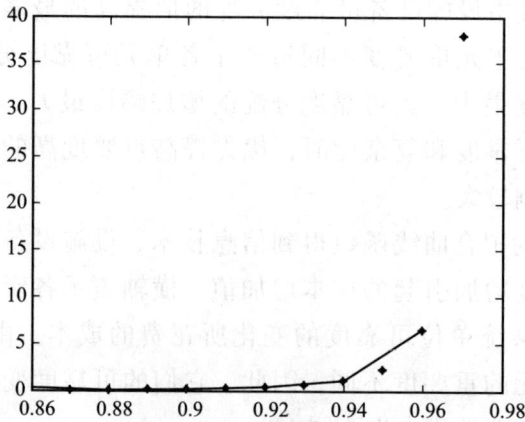

图 7.20　实验三计算结果

图 7.21 表示，人员操作的可靠度在 [0.86，0.99] 时，随着人员操作可靠度的增加，系统单位可靠度变化花费的单位成本匀速增加，但是在人员操作可靠度在（0.95，0.99] 时，曲线斜率陡增，并逐渐趋于无穷大。

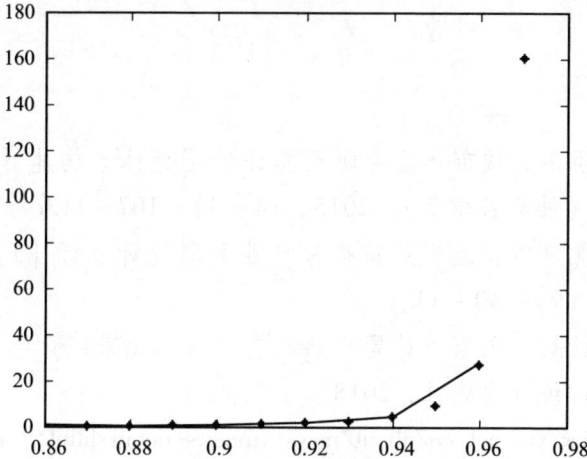

图 7.21　实验三计算结果

在其他参数相同时，由于各单元重要度不同造成了分配结果的不同。设施设备的重要度最大，其增加投入引起的系统可靠度增加幅度越大。因此，在不考虑最大、最小可靠度和复杂度时，优先提高重要高的单元对整个系统的可靠度提高影响较大。单元可靠度的增加会引起系统可靠度的增加，同时也会增加成本。当可靠度增加到一定程度时，继续增加会大幅度增加成本，从而导致系统单位可靠度增加的成本大大增加，此时应综合考虑各因素增加引起的成本变化大小和系统可靠度的要求，对各单元可靠度进行分配。

生鲜农产品电商物流系统是一个复杂的系统，其可靠性受众多因素的影响，并且各因素之间还存在着相互作用。本书对生鲜农产品电商物流系统可靠性的研究，首先构建贝叶斯网络模型，并进行仿真分析，通过致因分析、敏感性分析得到各影响因素的重要度。在此基础上构建基于重要度、复杂度和成本的生鲜农产品电商物流系统可靠性分配模型。在今后的研究中可以将贝叶斯网络和其他方法相结合构建模型，得到更准确的网络结构，还可以通过加入一些变量，使模型更贴近实际。同时，未来还可以考虑技术成熟度、环境等变化对可靠性分配的影响。

参 考 文 献

［1］ 王玫，兰洪杰. 城市物流性能及其评价指标体系构建［J］. 北京交通大学学报（社会科学版），2015，14（4）：107－113.

［2］ 吴海建. 北京市物流产业特征及产业关联统计分析［J］. 中国流通经济，2011（9）：40－44.

［3］ 北京市统计局，国家统计局北京调查总队. 北京统计年鉴2018［M］. 北京：中国统计出版社，2018.

［4］ http：//www. yto. net. cn/about/news/ytonews/detail. html/？id＝6650F54C－42EB－41AE－8DEB－567247A3AAE8.

［5］ 上海市统计局，国家统计局上海调查总队. 上海统计年鉴2018［M］. 北京：中国统计出版社，2018.

［6］ 天津市统计局，国家统计局天津调查总队. 天津统计年鉴2018［M］. 北京：中国统计出版社，2018.

［7］ 重庆市统计局，国家统计局重庆调查总队. 重庆统计年鉴2018［M］. 北京：中国统计出版社，2018.

［8］ 习近平. 决胜全面建成小康社会夺取新时代中国特色社会主义伟大胜利［M］. 北京：人民出版社，2017.

［9］ 国家统计局. 中国统计年鉴2018［M］. 北京：中国统计出版社，2018.

［10］ 许良. 基于可靠性分析的城市道路交通网络设计问题研究［D］. 北京：北京交通大学，2006.

［11］ 胡锦涛. 坚定不移沿着中国特色社会主义道路前进为全面建成小康社会而奋斗［M］. 北京：人民出版社，2012.

［12］ Eiichi Taniguchi. An evaluation methodology for city logistics［J］. Transport Reviews，2000，（1）：65－90.

［13］ 贺红梅. 城市物流关键影响因素研究［D］. 武汉：华中科技大学，

2012.

[14] Benjelloun A., Crainic T. G., Bigras Y. Towards a taxonomy of city logistics projects [J]. Procedia Social and Behavioral Sciences, 2010, 2 (3): 6217 - 6228.

[15] Eduardo B. Q., Romero J. A. An urban freight transport index [J]. Procedia Social and Behavioral Sciences, 2010, 2 (3): 6312 - 6322.

[16] 徐文瑞. 城市物流配送系统的环境影响分析 [J]. 中国商论, 2017 (2): 48 - 49.

[17] Sheu J. B. A novel dynamic resource allocation model for demand-responsive city logistics distribution operations [J]. Transportation Research Part E, 2006, 42 (6): 445 - 472.

[18] Woudsma C., Jensen J. F., Kanaroglou P., et al. Logistics land use and the city: A spatial-temporal modeling approach [J]. Transportation Research Part E, 2008, 44 (2): 277 - 297.

[19] Sathaye N., Harley R., Madanat S. Unintended environmental impacts of nighttime freight logistics activities [J]. Transportation Research Part A, 2010, 44 (8): 642 - 659.

[20] 范月娇. 国家级流通节点城市物流产业效率的时空变化及影响因素 [J]. 中国流通经济, 2015, 29 (11): 1 - 8.

[21] Yurimoto Shigeru, etc. A model for the optimal number and locations of Public distribution centers and its application to the Tokyo area [J]. International Journal of Industrial Engineering, 2002, 9 (4): 363 - 371.

[22] Trevor Hale, Christopher R, Moberg. Improving supply chain disaster preparedness decision process for secure site location [J]. International Journal of Physical Distribution & Logistics Management, 2005, 5: 195 - 207.

[23] Barcelo J., Grzybowska H., Pardo S. Vehicle routing and scheduling models, simulation and city logistics [J]. Dynamic Fleet Management, 2007, 38 (8): 163 - 195.

[24] Tamagawa D., Taniguchi E., Yamada T. Evaluating city logistics measures using a multi-agent model [J]. Procedia Social and Behavioral Sciences, 2010, 2 (3): 6002 - 6012.

［25］ Awasthi A. , Chauhan S. S. A hybrid approach integrating Affinity Diagram, AHP and fuzzy TOPSIS for sustainable city logistics planning ［J］. Applied Mathematical Modelling, 2011, 7 (33): 1 – 12.

［26］ Ehmke J. F. , Steinert A. , Mattfeld D. C. Advanced routing for city logistics service providers based on time-dependent travel times ［J］. Journal of Computational Science, 2012, 1 (6): 1 – 13.

［27］ 赵琨, 白怡, 史晓霞. 基于交通限制下的城市物流配送优化研究 ［J］. 物流工程与管理, 2018, 40 (12): 9 – 10.

［28］ Linet Ozdamar, Ediz Ekinci. Emergency logistics planning in natural disasters ［J］. Annals od Operation Research, 2004, 129: 218 – 219.

［29］ Jesus Munuzuri, Juan Larraneta. Solutions applicable by local administrations for urban logistics improvement ［J］. Cities, 2005, 22 (1): 15 – 28.

［30］ Alex J. Ruiz – Torres, Farzad Mahmoodi. The optimal number of suppliers considering the costs of individual supplier failures ［J］. Omega, 2007, 35 (26): 104 – 115.

［31］ Erdal K. Sermal, Baris L. Ulutasb, and Okyay M. Kaynaka. Grey system theory-based models in time series prediction ［J］. Expert System with Application, 2010 (23): 1784 – 1789.

［32］ Jin Tongdan, Tian Yu. Optimizing reliability and service parts logistics for a time-varying installed base ［J］. European Journal of Operational Research, 2011, 218 (1): 152 – 162.

［33］ 方虹. 城市物流研究 ［M］. 北京: 高等教育出版社, 2006.

［34］ 丁明磊, 刘秉镰. 基于复杂系统观的区域物流系统创新与演化 ［J］. 科技管理研究, 2010 (4): 176 – 178.

［35］ 雷凯. 北京市物流业对经济发展的影响研究 ［D］. 北京: 北京交通大学, 2010.

［36］ 刘秉镰, 陈伟博. 我国城市物流的理论框架 ［J］. 开放导报, 2011 (5): 16 – 20.

［37］ 汪鸣. 我国物流业发展趋势难点和政策问题 ［J］. 物流工程与管理, 2013, 35 (1): 2 – 5.

［38］ 朱长征. 我国城市物流面临的问题及对策研究 ［J］. 物流技术,

2013, 32 (5)：36 - 38.

[39] 龙华, 海峰. 物流业发展对我国城市化进程的积极作用及内在逻辑 [J]. 商业经济研究, 2015 (1)：36 - 38.

[40] 管水城, 申贵成. 城市经济与物流协调发展的影响因素研究——基于可持续性视角 [J]. 商业经济研究, 2018 (17)：92 - 95.

[41] 周艳辉. 物流园区物流量智能预测模型与实证研究 [D]. 长沙：湖南大学, 2009.

[42] 骆世广, 叶赛, 胡蓉等. 基于多输出支持向量机的物流量预测研究 [J]. 华东交通大学学报, 2010 (5)：67 - 70.

[43] 阮清方, 缪立新, 杨朋, 任丽. 基于遗传神经网络的城市物流需求量预测 [J]. 武汉理工大学学报 (交通科学与工程版), 2011, 35 (6)：1276 - 1279.

[44] 邓敬春, 杨梅. 四阶段法在物流需求预测中的应用延吉 [J]. 物流工程与管理, 2013, 35 (4)：75 - 78.

[45] 文培娜. 基于 BP 神经网络的城市物流需求预测模型 [J]. 中国市场, 2016 (63)：43 - 44, 60.

[46] 李捷, 陈彦如, 杨璐. 基于两阶段组合预测模型的区域物流需求预测 [J]. 信息与控制, 2018, 47 (2)：247 - 256.

[47] 王晓平, 闫飞. 京津冀农产品冷链物流需求影响因素及预测模型研究 [J]. 福建农业学报, 2018, 33 (8)：870 - 878.

[48] 蔡婉贞, 黄翰. 基于 BP 和 RBF 神经网络组合模型的港口物流需求预测研究 [J/OL]. 郑州大学学报 (工学版)：1 - 7 [2019 - 09 - 26]. https：//doi. org/10. 13705/j. issn. 1671 - 6833. 2019. 02. 025.

[49] 童孟达. 论区域现代物流发展评价指标体系 [J]. 宁波经济, 2002, 7 (9)：9 - 10.

[50] 史秀苹, 刘志英, 关志民. 城市物流评价指标体系初探 [J]. 冶金经济与管理, 2004, 4 (3)：43 - 45.

[51] 吕璞, 王杨, 徐丰伟. 城市物流发展水平评价指标体系研究 [J]. 物流与采购研究, 2009, 6 (1)：13 - 15.

[52] 王阿娜. 城市物流发展纵向和横向比较研究 [J]. 财富网络, 2010, 6 (1)：66 - 68.

[53] 钟耀广，张智勇. 电子商务环境下城市共同配送模式评价——基于政府公共服务视角 [J]. 企业经济，2016（7）：120-124.

[54] 崔丽，何明珂. 低碳时代的城市物流 [J]. 中国物流与采购，2010，（8）：56-58.

[55] 王皓. 城市物流发展规划研究 [J]. 物流科技，2010，10（3）：61-64.

[56] 周骞，周霞，刘军，等. 基于畅通可靠度的城市物流配送运输网络优化研究 [J]. 公路工程，2011，36（2）：38-42.

[57] 胡琳. 基于改进粒子群优化算法的物流配送中心选址技术 [J]. 决策参考，2011（4）：57-59.

[58] 王国花，刘晋霞，王广先. 三级物流节点的数量规划理论及运用 [J]. 物流工程与管理，2011，33（3）：40-42.

[59] 龙行先，吴瑶，郭胜会. 时变条件下城市物流配送车辆路径优化 [J]. 湖北汽车工业学院学报，2012，26（2）：42-45.

[60] 何珊珊，朱文海，任晴晴. 不确定需求下应急物流系统多目标鲁棒优化模型 [J]. 辽宁工程技术大学学报（自然科学版），2013，32（7）：998-1003.

[61] 龚梦，祁春节. 城市物流网络空间布局规划研究——以江苏省为例 [J]. 城市规划，2013，20（1）：42-48.

[62] 张宏达，戢晓峰，吉选，周飞. 基于时间可靠性的城市物流配送系统优化策略 [J]. 交通信息与安全，2014，32（2）：77-81.

[63] 杨建华，高卉杰. 北京城市物流业碳排放及驱动因素研究 [J]. 数学的实践与认识，2016，46（6）：54-61.

[64] 李国旗. 具有多属性特征的城市物流设施布局优化研究 [D]. 成都：西南交通大学，2010.

[65] 刘治彦，岳晓燕，赵睿. 我国城市交通拥堵成因与治理对策 [J]. 城市发展研究，2011，18（11）：90-96.

[66] 江舟. 城市物流节点战略布局研究 [D]. 武汉：武汉理工大学，2012.

[67] 宋李敏. 物流节点规模及选址研究 [D]. 山西：山西大学，2008.

[68] Hamed, S, Ayyoub, B, Al-Zabin, N. Reliability Optimization of Complex Systems Using Genetic Algorithm under Criticality Constraint [J].

Communications in Computer and Information Science, 2010, 88: 553 – 563.

[69] Xing, YY, Wu, XY, Jiang, P, Liu, Q. Dynamic Bayesian Evaluation Method for System Reliability Growth Based on In-Time Correction [J]. IEEE Transactions on Reliability?, 2010, 59 (2): 309 –312.

[70] Guo, SX. Robust Reliability as a Measure of Stability of Controlled Dynamic Systems with Bounded Uncertain Parameters [J]. Journal of Vibration and Control?, 2010, 16 (9): 1351 –1368.

[71] Chaug – Ing Hsu, Hui – Chieh Li. Reliability evaluation and adjustment of supply chain network design with demand fluctuations [J]. Int. J. Production Economics, 2011, (132): 131 –145.

[72] Jianhua Wang, Dan Li, Difang Chen. E Bayesian Estimation and Hierarchical Bayesian Estimation of the System Reliability Parameter [J] Systems Engineering Procedia, 2012 (3): 282 – 289

[73] 钱进，张涛. 基于 GOOPN_ 的复杂关联系统可靠性分析模型 [J]. 系统工程与电子科技，2008，30 (7): 1370 –1371.

[74] 尹晓伟，钱文学，谢里阳. 基于贝叶斯网络的多状态系统可靠性建模与评估 [J]. 机械工程学报，2009，45 (2): 206 –212.

[75] 陈国华，张根保，任显林，赵喜. 基于故障树分析法的供应链可靠性诊断方法及仿真研究 [J]. 计算机集成制造系统，2009，15 (10): 2034 –2038.

[76] 陈德良，陈治亚. 物流网络的可靠性及概率特征研究 [J]. 中南林业科技大学学报，2010，30 (10): 129 –132.

[77] 陈德良，陈治亚. 网络可靠性优化的双目标机会约束规划模型与算法 [J]. 中南林业科技大学学报，2011，31 (9): 160 –164.

[78] 焦雨洁，穆东. 能源应急物流系统可靠性的分析与度量 [J]. 物流技术，2010，29，(1): 87 –89.

[79] 陈成，薛恒新. 基于 MAS 的供应链可靠性综合评估模型 [J]. 中国制造业信息化，2011，40 (23): 8 –18.

[80] 蔡鉴明，李夏苗，杨光华. 基于时变性和可靠性的地震灾害应急物流运输路径选择 [J]. 铁道科学与工程学报，2011，8 (5): 101 –106.

[81] 刘琴, 孙林岩. 求解系统可靠性优化中指派问题的启发式算法 [J].
运筹与管理, 2011, 20 (6): 15－18.

[82] 刘勇, 马良. 复杂系统可靠性优化的混合万有引力搜索算法求解 [J].
上海理工大学学报, 2012, 34 (4): 333－336.

[83] 阮渊鹏, 何桢. 基于 MCS－CA 的考虑共因失效的复杂系统可靠性评
估 [J]. 系统工程与电子技术, 2013, 35 (4): 900－904.

[84] 杨乐昌, 郭艳玲. 基于贝叶斯混合概率分布融合的系统可靠性分析与
预测方法 [J]. 系统工程与电子技术, 2018, 40 (7): 1660－1668.

[85] 张玉刚, 孙杰, 喻天翔. 考虑不同失效相关性的系统可靠性分配方法
[J]. 机械工程学报, 2018, 54 (24): 206－215.

[86] 王任泽, 张建岗, 李国强, 庄大杰, 杨亚鹏, 冯宗洋, 贾林胜, 王
宁, 徐潇潇. GO 法进行有共因失效系统可靠性分析的新算法研究
[J]. 安全与环境学报, 2019, 19 (3): 737－742.

[87] 任豪祥. 全面推动智慧物流业高质量发展 [N]. 现代物流报, 2019－
07－01 (A05).

[88] 闫枫逸. 城市物流系统布局研究 [D]. 南京: 东南大学, 2005.

[89] 魏修建. 现代物流与供应链管理 [M]. 西安: 西安交通大学出版社,
2008.

[90] 张京敏. 物流运作管理 [M]. 北京: 中国财富出版社, 2015.

[91] 毛太田. 城市物流规划理论研究 [D]. 湘潭: 湘潭大学, 2005.

[92] 陈永岚. 基于网格化管理的城市物流资源整合研究 [D]. 北京: 北京
交通大学, 2009

[93] 王素欣. 城市和区域物流 [M]. 上海: 上海交通大学出版社, 2009.

[94] 张浩, 杨浩雄, 郭金龙. 供应链网络可靠性的多层 Bayes 估计模型
[J]. 系统科学与数学, 2012, 32 (1): 45－52.

[95] 康双喜. 基于物元分析的一体化流程生产系统 可靠性评价研究 [D]. 重
庆: 重庆大学, 2012.

[96] 胡尊国. 可靠性理论在物流配送中的应用研究 [D]. 长沙: 长沙理工
大学, 2011.

[97] 杨锴. 城市物流中心规划的决策模型及实证研究 [D]. 长沙: 中南大
学, 2008.

［98］ 长征三号乙火箭发射失利［J］. 中国航天，1996（3）：28－29.

［99］ 卢明银，徐人平. 系统可靠性［M］. 北京：机械工业出版社，2008.

［100］ 余小川，季建华. 物流系统的可靠度及其优化研究［J］. 管理工程学报，2007（1）：67－70.

［101］ 郭波，武小悦. 系统可靠性分析［M］. 北京：国防科技大学出版社，2002.

［102］ 王吉平. 城市道路网络系统可靠性研究［D］. 西安：长安大学，2005.

［103］ 秦璐. 城市物流空间结构特征及演化理论研究［D］. 北京：北京交通大学，2012.

［104］ 张健. 快递爆仓频发背景下物流技术应用现状与对策探析［J］. 物流技术，2013，32（5）：96－99.

［105］ 曹媞，李晓晖. 我国物流业从业人员素质分析［J］. 中国流通经济，2013（6）：103－107.

［106］ 李涛，张则强，程文明. 装卸搬运在物流活动中的地位及提升策略［J］. 铁道货运，2004（6）：33－35，2.

［107］ 白卫东. 物流装卸搬运作业的研究分析［J］. 科技视界，2012（26）：177－178.

［108］《物流业发展中长期规划（2014－2020 年)》，国务院，2014.

［109］《物流业降本增效专项行动方案（2016－2018 年)》，国务院办公厅，2016.

［110］《关于推进电子商务与快递物流协同发展的意见》，国务院办公厅，2018.

［111］ 姚杰，田英. 交叉运输柔性对物流可靠性的影响研究［J］. 新技术新工艺，2007（8）：9－11.

［112］ 吴清一. 物流需求变化对企业影响较大，物流企业调整业务结构以应对［J］. 物流技术与应用（货运车辆），2009（2）：26－27.

［113］ 杨洪涛. 电子商务对消费者需求的影响与企业营销策略［J］. 中国科技信息，2005（6）：59.

［114］ 马超，郭军利，张晓东，李向国. 美国铁路发展历史及现状［J］. 铁道运输与经济，2011，33（9）：58－61.

［115］ 杨晓莉. 美国铁路发展现状及启示［J］. 综合运输，2010（2）：67－71.

［116］ http://www.nra.gov.cn/xwzx/zlzx/jytddt/201309/t20130917_2574.shtml.

［117］ 国家统计局.中国统计年鉴2019［M］.北京：中国统计出版社，2019.

［118］ 陈德良.物流网络可靠性的关键问题与应用研究［D］.长沙：中南大学，2010.

［119］ 陈丽春，缪立新.路网可靠度模型的研究与拓展［J］.中南公路工程，2005（4）：119－123.

［120］ 衡玉明.城市公交网络可靠性研究［D］.北京：北京交通大学，2007.

［121］ 吴俊，谭跃进.复杂网络抗毁性测度研究［J］.系统工程学报，2005（2）128－131.

［122］ 杨凡，蒋建春，陈松乔.网络生存性研究概述［J］.计算机应用研究，2001（6）：12－14.

［123］ 韩晓莉，刘鸿，李熊达.宽带IP网QoS中的性能参数及网络有效性分析模型［J］.重庆邮电学院学报（自然科学版），2005（3）：344－346.

［124］ 刘海旭.城市交通网络可靠性研究［D］.成都：西南交通大学，2004.

［125］ 贺国光，周良生.基于可靠性单元的网络系统可靠性简化算法［J］.机械设计，2008（7）：62－65.

［126］ 张焱.基于可靠性的生鲜农产品物流网络优化［D］.成都：西南交通大学，2009.

［127］ 朱婷婷.基于可靠性约束的煤炭物流网络优化研究［D］.北京：北京交通大学，2013.

［128］ 蔡鉴明.地震灾害应急物流时变性及可靠性相关问题研究［D］.长沙：中南大学，2012.

［129］ 文静.基于可靠性的医药冷链物流网络优化研究［D］.武汉：武汉理工大学，2016.

［130］ 唐磊，徐兵，黄国日，向真，李伟华，文福拴.电力配电系统的可靠性评估［J］.电力系统及其自动化学报，2016，28（1）：32－38.

［131］ 梁惠施，程林，刘思革.基于蒙特卡罗模拟的含微网配电网可靠性

评估 [J]. 电网技术, 2011, 35 (10): 76 - 81.

[132] 王之泰."第三方利润源"及其对我国经济发展的意义 [J]. 中国经贸导刊, 2001 (6): 14 - 15.

[133] 廖敏秀, 邹凯. 浅谈城市物流在促进经济发展中的影响及其对策 [J]. 科技情报开发与经济, 2005, 15 (18): 143 - 144.

[134] 王博. 商贸物流发展策略研究 [D]. 北京: 北京交通大学, 2007.

[135] 袁国锋. 物流要成为城市经济发展的加速器 [J]. 物流时代, 2011 (4): 32 - 36.

[136] 雷凯. 北京市物流业对经济发展的影响研究 [D]. 北京: 北京交通大学, 2010.

[137] 程五一, 王贵和, 吕建国. 系统可靠性理论 [M]. 北京: 中国建筑工业出版社, 2010.

[138] 沈君, 郭建斌. 北京市物流业对城市经济发展的促进作用 [J]. 经济师, 2012 (9): 200 - 201.

[139] 苏静. 城市物流对区域经济发展的影响 [J]. 中国商贸, 2011 (14): 141 - 142.

[140] 姜琰. 论现代商贸物流配送的重要性 [J]. 商业经济文荟, 2002 (3): 13 - 15.

[141] 杨洋, 黄少阳. 北京市工业物流发展状况调查与研究 [J]. 物流技术应用, 2013 (3): 118 - 121.

[142] https://www.ndrc.gov.cn/fgsj/tjsj/jjyx/xdwl/201302/t20130227_1182332.html.

[143] 刘兆. 推广现代物流管理技术, 促进工业物流系统化发展 [J]. 物流工程, 2009 (5): 75 - 76.

[144] 敏青. 京城工业物流的供应链集成创新 [N]. 现代物流报, 2013 - 5 - 7 (B04).

[145] 张茜. 山东省县级市城市建设用地比较研究 [D]. 济南: 山东建筑大学, 2010.

[146] 宋现震. 高速公路对区域物流影响研究 [D]. 成都: 西南交通大学, 2006.

[147] 刘伟华, 葛美莹. 制造业物流 2010 年回顾 2011 年展望 [J]. 物流

技术与应用：货运车辆，2011 (2)：70-71.

[148] http://www.spb.gov.cn/xw/dtxx_15079/201601/t20160114_710673.html.

[149] 庞彪.内需带动民生物流 [J].中国物流与采购，2013 (1)：32-34.

[150] 姬献峰.现代物流激活伊宁城市竞争力 [N].新疆日报，2011-09-03 (7).

[151] 张敏，郑秦冰，戴学军.城市环境与物流合理化的耦合关系分析——以惠州市为例 [C].武汉：武汉大学出版社，2010.

[152] 赵妍，尚金城，焦连成.城市化战略环境评价促进城市可持续发展作用探讨 [J].上海环境科学，2007 (4)：146-150.

[153] 周喆.城市物流外部不经济的解决方案初探 [J].对外经贸实务，2011 (5)：86-88.

[154] 王国文，王文博.城市物流：理论与政策若干思考 [J].开放导报，2011 (5)：10-15.

[155] 杨建华，郭继东，马书刚.城市物流配送系统的环境影响评估 [J].城市问题，2012 (12)：37-41.

[156] 翁心刚.城市环境与物流合理化 [J].中国流通经济，2000 (3)：10-13.

[157] 汪晓霞.城市物流配送管理 [M].北京：清华大学出版社，2012：288-289.

[158] Munuzuri J., Larraneta J., Onieva L, et al. Solutions applicable by local administrations for urban logistics improvement [J]. Cities, 2004, 22 (1)：15-28.

[159] Shao J. P., Ma T. Y., Dong S. H., et al. Evaluation and analysis：development trend of China's logistics industry under supply chain globalization environments [J]. Service Science & Management, 2009, 2 (1)：71-79.

[160] Kuse H., Endo A., Iwao E. Logistics facility, road network and district planning：establishing comprehensive planning for city logistics [J]. Procedia Social and Behavioral Sciences, 2010, 2 (3)：6251-6263.

[161] Russo F., Comi A. A classification of city logistics measures and connected impacts [J]. Procedia Social and Behavioral Sciences, 2010, 2

（3）：6355 – 6365.

[162] 张浩. 射频识别技术在蔬菜冷链物流管理中的应用研究 [J]. 物流技术，2013（6）.

[163] 熊颖. 城市物流配送系统模型与优化 [D]. 广州：广东工业大学，2007.

[164] 石玮. 面向物联网的在途物流管理优化研究 [J]. 长春工业大学学报：社会科学版，2011，23（4）：45 – 46.

[165] 张育益，王桂强. 装卸搬运系统对军事物流影响分析 [J]. 物流技术，2005，3：027.

[166] 王小建，王建伟. 物流信息化评价指标体系与评价方法研究 [J]. 铁道运输与经济，2009，31（10）：70 – 74.

[167] 徐晶，王喜富. 物流运输网络风险评价指标体系分析研究 [J]. 物流技术，2010（216）：80 – 82.

[168] 高玉玲. 物流设施设备的现状与发展对策 [J]. 科技向导，2011（11）：169 – 198.

[169] 李永飞. 公路施工项目物流管理研究 [D]. 西安：长安大学，2007.

[170] 胡琨鹏. 物流车辆监控系统的研究与设计 [D]. 成都：西南交通大学，2010.

[171] 刘晓华，纪正广. 第三方物流企业物流设备现代化水平评价指标体系的研究 [J]. 商场现代化，2008（538）：83 – 84.

[172] 崔鹏. 电子商务：奋起发展谋多赢 [N]. 人民日报，2011 – 08 – 10（4）.

[173] 唐志忠. 基于 RFID 的运输车辆自动监控系统研究 [J]. 铁路采购与物流，2012，7（7）：59 – 61.

[174] 林勇，王健. 我国现代物流政策体系的缺位与构建 [J]. 商业研究，2006，18：056.

[175] 宋健峰，袁汝华. 政策评估指标体系的构建 [J]. 统计与决策，2006（22）：63 – 64.

[176] 张雨雁. 市场博弈：一盘没有下完的棋 [J]. 中国储运，2007（7）：7.

[177] 杨川梅. 火山灰困扰中欧物流 [N]. 中国经济导报，2010 – 04 – 22

（A04）.

[178] 杨启敏. 解读"神秘力量"——浅谈物流管理专业 [J]. 湖北招生考试, 2011（316）: 26 – 27.

[179] 张海刚, 吴燕翔, 顾幸生, 等. 基于改进免疫算法的带模糊需求车辆调度问题 [J]. 重庆工学院学报（自然科学版）, 2008: 87 – 91.

[180] 刘思峰, 郭天榜, 党耀国, 等. 灰色系统理论及其应用（第二版）[M]. 北京: 科学出版社, 1999, 1 – 18.

[181] 邓聚龙. 灰色系统基本方法 [M]. 武汉: 华中科技大学出版社, 2005: 67 – 75.

[182] 周秀文. 灰色管理杜的研究与应用 [D]. 长春: 吉林大学, 2006.

[183] 于鹏生. 基于灰色关联度的甘肃省工业结构优化升级评价研究 [D]. 兰州: 兰州理工大学, 2012.

[184] 刘思峰, 党耀国, 方志耕, 等. 灰色系统理论及其应用 [M]. 北京: 科学出版社, 2010.

[185] 刘加仕, 柯新生. 熵权系数法在城市铁路列车选型中的应用 [J]. 北京交通大学学报（社会科学版）, 2013, 12（3）: 47 – 51.

[186] 涂颖菲, 杨超, 陈小鸿. 路网拓扑脆弱性及关键路段分析 [J]. 同济大学学报（自然科学版）, 2010, 38（3）: 364 – 379.

[187] 郑慧敏, 李旭宏. 公路网运行时间可靠度研究 [J]. 西部交通科技, 2009（8）: 52 – 56.

[188] 高永, 温慧敏, 郭继孚, 等. 基于关键路段的路网连通可靠性评价方法 [M]. 北京: 人民交通出版社, 2008: 575 – 579.

[189] Timothy C. Matisziw, Alan T. Murray. Modeling s-t path availability to support disaster vulnerability assessment of network infrastructure [J]. Computers & Operations Research, 2009（36）: 16 – 26.

[190] 何湘锋. 基于灾害应急交通保障的关键路段管理研究 [D]. 长沙: 西南交通大学, 2008.

[191] 刘龙政, 焦岳红. 电子商务下的物流配送流程分析 [J]. 物流技术, 2009（12）: 36 – 39.

[192] 焦吉茹. 城市物流配送的现状与展望 [J]. 交通与运输, 2009（4）: 44 – 45.

［193］ Boesch F T，Satyanarayana A，Suffel C L. A survey of some network reliability analysis and synthesis results ［J］. Networks，2009，54（2）：99 – 107.

［194］ 陈思明，毛惠彬，王芹. 对我国突发公共事件的经济学思考 ［J］. 同济大学学报，2008（5）.

［195］ 许慎思. 生鲜农产品电子商务的物流系统可靠性分配模型 ［D］. 北京：北京工商大学，2016.

［196］ 鄢勇飞，朱顺应，王红，等. 基于物元分析法的火车站交通影响评价模型 ［J］. 城市交通，2008，6（6）：71 – 75.

［197］ 郭瑞军，王挽香. 城市交通拥挤的社会成本分析初探 ［J］. 城市公共交通，2008（4）.

［198］ 李朝君，依岩，宋维，陈妍，左嘉旭，兰冰. 停堆保护系统可靠性指标分配测算 ［J］. 核电子学与探测技术，2018（5）：114 – 119.

［199］ 马德仲，周真，于晓洋，樊尚春. 基于模糊概率的多状态贝叶斯网络可靠性分析 ［J］. 系统工程与电子技术. 2012，34（12）：2607 – 2611.

［200］ 牛东来. 现代物流信息系统 ［M］. 北京：清华大学出版社，20011.

［201］ 胡祥培，黄敏芳，李永先等译. 城市物流——网络建模与智能交通系统 ［M］. 北京：电子工业出版社，2011.

［202］ 江伟，秦勇，季全刚，等. 路网中关键路段识别的理论方法研究 ［J］. 道路交通与安全，2011，10（2）：38 – 40.

［203］ 唐夕茹，陈艳艳，段卫静. 城市路网畅通可靠度计算方法及其一应用 ［J］. 城市交通，2011，9（2）：40 – 46.

［204］ 韩景倜，覃正，徐颖凯. 应急物流体可靠性指标仿真 ［J］. 计算机应用研究，2006（11）：134 – 136.